U0544993

優渥叢書

優渥叢書

優渥叢書

# 用一本書詳解
# 量價操作法
## 讓我股票賺3倍

**200張K線圖看透主力和法人，
在低價買進的軌跡！**

100億資金經理人 楊金◎著

# CONTENTS

前言　3小時學會量價操作，讓你投資勝率提高90％！　008

## 第1章　想學會量價操作法，你必須懂的基礎知識

1.1　量價圖有兩種——K線圖與分時圖　011
1.2　如何看懂成交量的含義？　016
1.3　如何建立交易前的完善系統？　022
1.4　如何抓出股價漲跌趨勢？　031
1.5　如何掌握股價大幅變動的買賣時機？　040

## 第2章　看懂放量與縮量，因為「有量才有價」！

2.1　循序漸進的放量：溫和式放量　046
2.2　突然大幅度放大：突兀式放量　051
2.3　大單交易頻繁：連續式放量　055
2.4　回檔走勢中的縮量，反映投資人心態　056
2.5　滯漲走勢，應結合整體價格走勢分析　063
2.6　下跌趨勢的典型量價關係：跌勢無量　067

## 第3章　用均線結合量價，操作「中短線交易法」！

3.1　葛蘭碧的8大買賣法則　072
3.2　趨勢中的築底及升勢量能特徵　080

3.3 趨勢中的見頂及築頂量能特徵 *085*
3.4 趨勢中的跌勢及反彈量能特徵 *088*
3.5 趨勢關鍵點量能特徵 *090*

## 第 4 章　跟著主力，進行低買高賣的「波段獲利法」！

4.1 什麼是主力？他們的獲利手段是什麼？ *098*
4.2 主力的類型及投資風格有哪些？ *105*
4.3 中長線主力與短線主力，持股方式大不同 *113*
4.4 主力洗盤出現時，是入場好時機 *117*
4.5 主力拉升時常見的量價形態 *120*
4.6 主力常見的整理方式及量價形態 *124*
4.7 主力出貨的量價關係，可作為風險評估 *129*

## 第 5 章　我用日 K 線與成交量，預測「上漲股」！

5.1 3 個交易日的量價形態：進攻式三日放量組合 *134*
5.2 長陽線突破點的窄幅整理區，有望展開突破行情 *135*
5.3 圓弧右側的滑落低點，是短線入場的好時機 *137*
5.4 「紅三兵」是可靠的上攻訊號 *139*
5.5 回檔後的縮量整理平台，主力隨後快速拉升 *140*
5.6 穿越型的長陽線，可以積極買入佈局 *141*
5.7 縮量雙（三）探低形態，有望展開上攻行情 *142*
5.8 強縮量出現，表示有主力資金積極吸籌 *144*
5.9 縮量倒三角形態出現，可積極買股入場 *145*

5.10 看到平量式攀爬上穿震盪區間，應耐心持股待漲 146
5.11 中短線急跌後回升縮量，有望出現一波反彈走勢 148
5.12 放量突破後，應逢短線回檔之際買入 149
5.13 震盪活躍式量能，可累計的漲幅不大 150
5.14 跌勢中巨量陰線後的反彈點，可能有下跌風險 152
5.15 漲停板次日巨量陰線，為股價短暫的快速回落走勢 153

## 第6章 我用日K線與成交量，預測「暴跌股」！

6.1 單日放量長上影陽線，應賣出股票以迴避風險 158
6.2 放量陰孕線組合，表示空方賣壓較重 159
6.3 短線上衝單日天量，回落幅度大 160
6.4 放量上漲中探頭式量能，隨時可能反轉下行 162
6.5 遞增放量下的量能峰，是股價的階段性高點或低點 165
6.6 大幅放量式滯漲有兩種表現形式 167
6.7 高位整理區突然縮量，股價走勢多會震盪緩跌 169
6.8 震盪破位前突然縮量，預示主力參與能力提升 171
6.9 穿越式長陰放量反轉，此時應果斷賣出 172
6.10 跳空破位放量長陰線，此時不宜過早抄底買入 174
6.11 高點收漲的天量陰線，其轉向後的下跌幅度會較大 176
6.12 飆升股量價緩慢下滑時，應果斷賣出 178
6.13 巨量的長下影線，應短線賣出離場 179
6.14 雙陽天量出現時，應賣出股票以迴避風險 181
6.15 連續小陰線縮量下滑形態，預示股價即將下跌 183

## 第 7 章 我用分時圖，抓到個股「最佳買賣點」！

7.1 早盤中出現放量上揚，應逢回落的低點買入 *186*
7.2 盤中量價齊升不回落，收盤前應積極短線買入 *187*
7.3 量堆推升節節高，股價中線的上漲空間可觀 *189*
7.4 活躍量能的斜線式拉升，是低風險的買入時機 *191*
7.5 開低下探帶量震盪上揚，應趁回檔低點買入 *192*
7.6 早尾盤二度上揚，預示買入的訊號 *193*
7.7 水平式巨量，應第一時間離場以規避風險 *195*
7.8 「皮球落地」巨量跌停，應逢反彈及時賣出 *197*
7.9 破位前跳水式出貨，是股價破位前的警告 *199*
7.10 向上試盤型溫和放量，當日不是最好的入場時機 *200*
7.11 「向下試盤」是主力以拋售大單快速出貨 *201*
7.12 單筆天量買單，是主力有意拉升的訊號 *203*
7.13 漲停板進貨，是主力黑馬股常用的手法 *204*
7.14 衝高跌至均價線下方，與主力出貨有關 *206*
7.15 45 度角放量下行，是趨勢反轉的訊號 *208*
7.16 開盤後的閃擊漲停板，可用兩要素分析後期走勢 *210*
7.17 凹形板形態是籌碼加速換手的標誌 *213*
7.18 10 點前強勢的漲停板，是典型的看漲形態 *217*
7.19 早盤大漲後、午盤前後的直線漲停形態 *220*
7.20 早盤 15 分鐘內快速上漲的二次漲停板 *222*

# CONTENTS

## 第 8 章　一出手賺 3 倍！13 支黑馬股實戰案例

8.1　進貨後極度縮量整理（電信類股）　226

8.2　盤整中的極度縮量（物流類股）　227

8.3　獨立股回落啟動點縮量盤整（電子類股）　230

8.4　震盪上行區間整體縮量（醫藥製造類股）　232

8.5　漲停突破點強勢放量整理（電子類股）　233

8.6　突破點連續加碼式放量（能源類股）　235

8.7　N 字形放量漲停（造紙印刷類股）　237

8.8　跳空漲停板放量平台（文化傳媒類股）　238

8.9　不放量收復前期跌停區（汽車類股）　240

8.10　啟動前的逆市放量震盪平台（紡織服裝類股）　241

8.11　漲停震盪平台溫和放量區（航空類股）　243

8.12　弱勢漲停板小量突破低位震盪區（醫藥製造類股）　244

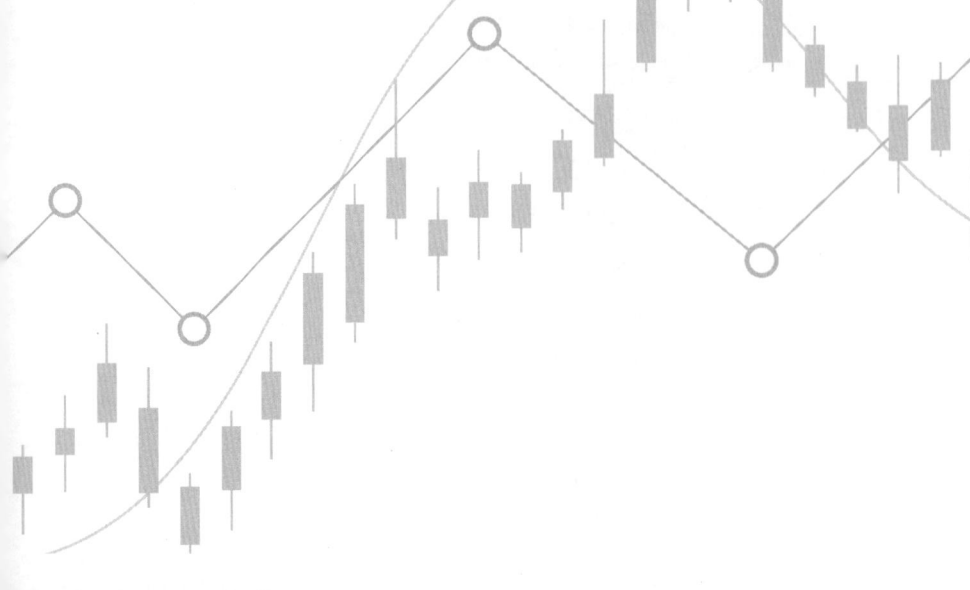

8.13　平量式突破震盪區（機械類股）　246

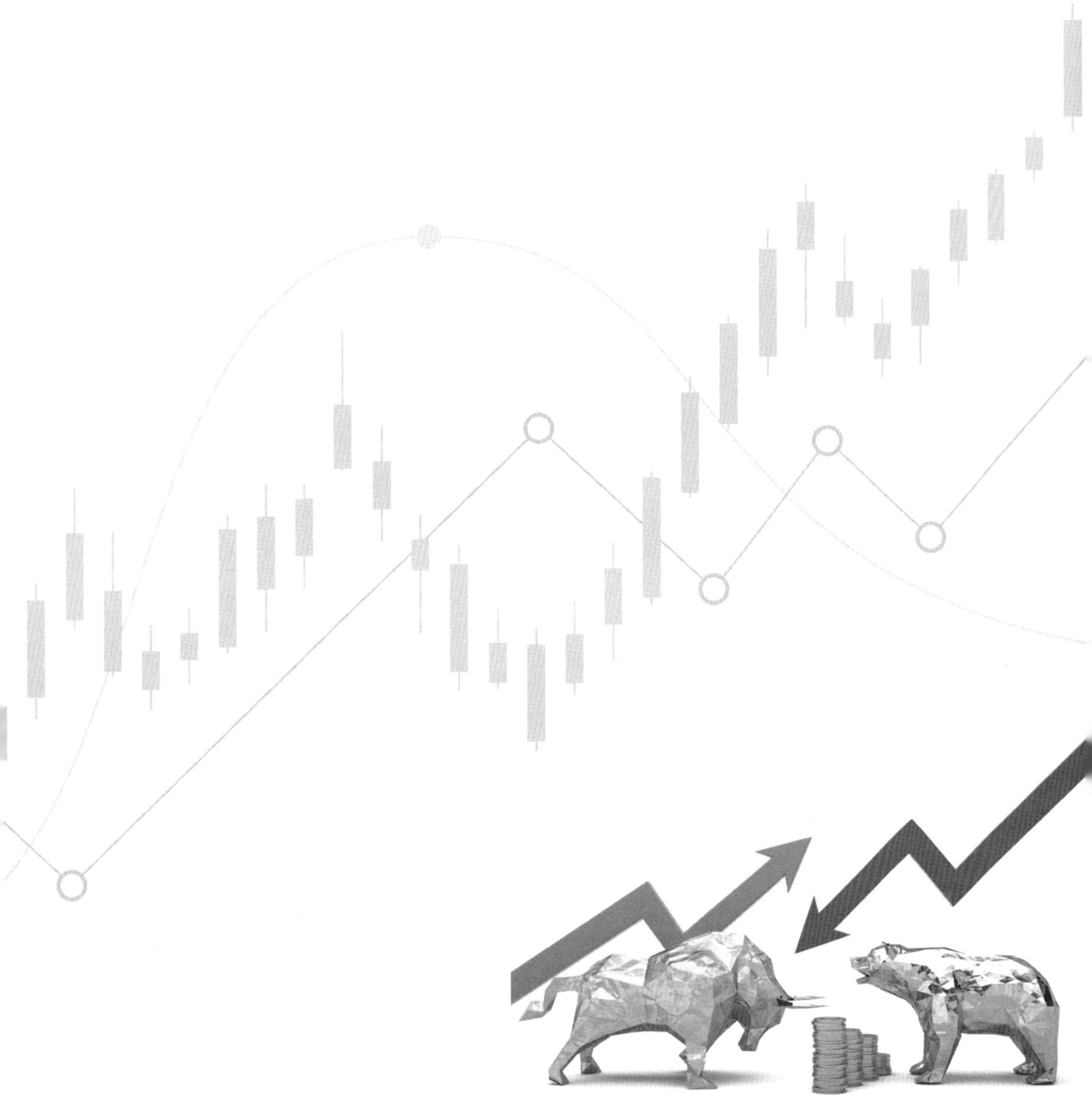

## 前言
# 3小時學會量價操作，
# 讓你投資勝率提高90%！

技術分析有4大要素：價、量、時、空。價指「股價走勢」，量指「成交量」，時與空指「時間與空間」。在結合時間與空間的基礎上，股價走勢與成交量是核心要素，而量價操作技術將這4種要素全部納入其中，為我們指出技術分析的正確方向。

很多投資人往往擅於分析 K 線形態，熟悉很多頂部形態、底部形態，如雙重頂、頭肩頂、雙重底、頭肩底、圓弧底等，但是在實戰運用中，往往會遇到以下情形。
1. 標準的 K 線組合形態很少見。
2. 相同的 K 線組合形態，會演變出完全不同的後期走向。

可以說，僅從 K 線形態著手，我們只能「得其表象，不得其寓意」，最後的交易成功率也不高。然而，這只是我們對於技術分析片面解讀的結果。**在技術分析要素中，「價」與「量」是不可分割的一個整體，股價走勢是外在表現，成交量則是內在驅動力**，只有當驅動力與股價走勢正確匹配時，我們才能準確預測股價中短線的運行方向。

量價的重要性，投資人或早已熟知。但是，如何正確地學習量價知識、如何運用好量價知識、如何從 A 股實際運行中總結出具體又有效的量價形態，都是決定交易是否成功的重要因素。

量價操作的實質是動力與方向的分析，美國著名投資專家葛蘭碧（Joseph Granville）曾經說過：「成交量是股票的動力，而股價只是成交量的反映罷了，成交量的變化是股價變化的前兆。」因此成交量是動力，股價走勢是方向。若股價在上升，成交量也在放大，表示上漲勢頭仍在延續；若股價在上升，但成交量卻在縮小，這意味著升勢已到了盡頭，是大勢反轉的前兆。如股價在下跌，而成交量在大增，顯示跌

勢初起；如股價續跌，但成交量卻越來越小，反映跌勢已差不多了，這是大勢反彈的訊號。

理解量價操作的原理並不難，但是想要掌握量價分析技術，卻需要下一番功夫。我們既得具備關於量價的相關知識，也要瞭解主力風格及路線，還要結合大盤運行、個股特點、趨勢方向來綜合分析。

其中，最為核心的分析點則是具體的量價形態，**每一種量價形態都處於特定的運行階段，展現特定的市場含義**。在全面理解量價操作的原理之後，我們就可以解讀這些具體的量價形態，藉此掌握個股運行特點，進而預測股價走向。

# 第 1 章
# 想學會量價操作法，你必須懂的基礎知識

## 1.1 量價圖有兩種——K線圖與分時圖

「量、價、時、空」是技術分析的4大要素。「量」是指成交量，「價」則是由K線圖來表示，利用量與價的配合，再結合時間與空間兩個維度，我們就可以展開技術分析，由此也展現量、價的不可分離性。**量價圖主要有兩種，一種是以一個交易日為時間單位的「日K線圖」，另一種是表現盤中即時成交情況的「分時圖」。** 在本節中，我們先結合案例來認識兩種量價圖。

### 1.1.1 什麼是K線

K線也常被稱為蠟燭線、棒線、酒井線等，它起源於300多年前的日本，起初是用於記錄米價漲跌情況的一種工具，因其直觀、立體，並且具有東方人擅長的形象思維特點，後來被應用到金融市場中，是投資人在證券交易分析中較早接觸的技術工具。

K線中以「一個交易日」為時間週期的日K線最常用，一根K線可以大致反映一日的價格波動情況，它包含4個價位，分別是開盤價、收盤價、最高價、最低價。

1. 開盤價：開盤前為集合競價，確定開盤價。
2. 收盤價：該交易日收盤時的價位。
3. 最高價：該交易日盤中所出現的最高成交價。
4. 最低價：該交易日盤中所出現的最低成交價。

圖1-1為單根K線形態示意圖，單根K線可以分為兩種——陽線、陰線。陽線的收盤價在上方，收盤價高於開盤價，代表著股價上漲；陰線的收盤價在下方，收盤

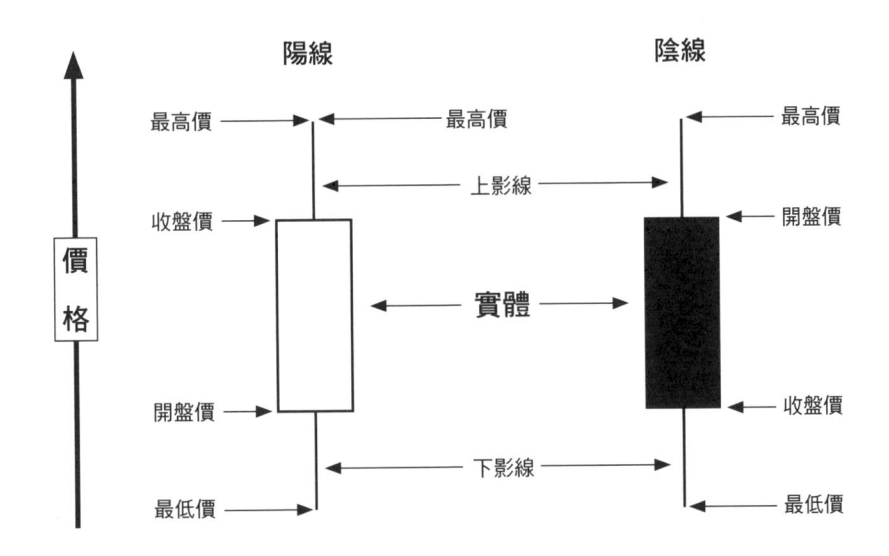

▲圖 1-1　單根 K 線形態示意圖

價低於開盤價，代表著股價下跌。陽線多用紅色表示，陰線多用黑色或綠色表示。

對於 K 線來說，開盤價與收盤價之間的矩形部分被稱為實體，實體上方的線為上影線，實體下方的線為下影線。

一根日 K 線記錄的是在一個交易日內的股票價格變動情況，將每個交易日的 K 線以時間為橫軸、以股票價格為縱軸依次排列在一起，就組成日 K 線圖，這也是反映股票價格變動情況的圖。

## 1.1.2　認識成交量

成交量以單邊的方式進行統計，這表示當日成交了 1000 股，即買方買進 1000 股，同時賣方賣出 1000 股。

與成交量相關的概念還有成交額。成交額就是某檔股票每筆成交股數，乘以成交價格的金額總和。如果說成交量只是單純表現出這檔股票的交投活躍程度，那麼成交額則代表這檔股票所涉及的資金量。同樣的成交量，如果股價越高，買賣這檔股票所需要的資金就越多。成交額常用於大盤分析，它排除了因大盤中的各種股票價格高低不同所形成的干擾，也直接反映出市場中參與股票買賣的資金量多寡。

### 1.1.3 量價圖就是 K 線圖

在股票行情軟體中，量價圖也就是常說的日 K 線圖，是我們瞭解大盤、個股運行的窗口，它直接且清晰地呈現出股市及個股的運行情況。股票行情軟體很多，但操作方法基本相同。

圖 1-2 為中國石油日 K 線圖，每一根 K 線都代表著一個交易日的價格波動，下方有相對應的柱形成交量，柱形長短代表成交量的大小。

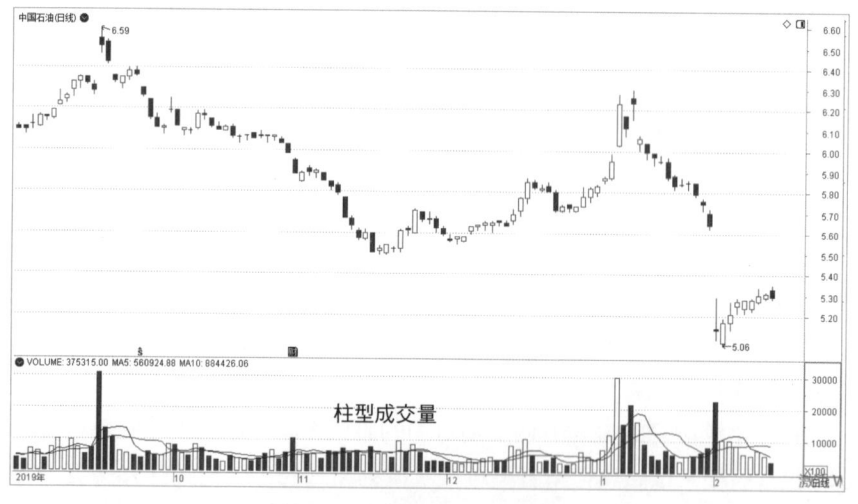

▲圖 1-2　中國石油日 K 線圖

### 1.1.4 以「分鐘」為週期的分時圖

K 線圖一般以「日」為時間週期，它是我們用於查看股票價格歷史走勢情況的圖。分時圖則以「分鐘」為時間週期，是我們用於查看每個交易日股票盤中價格、即時走勢情況的圖。

圖 1-3 中，左側為該股的即時走勢圖，包括分時線、分時量、均價線，圖中右側顯示該股的掛單情況、成交細節等內容。

**1. 分時線是分時圖中最主要的部分**。它以分鐘為時間單位，即時反映出個股的盤中價格波動情況，是我們瞭解個股價格即時變化情況的窗口。分時線呈現多空力量

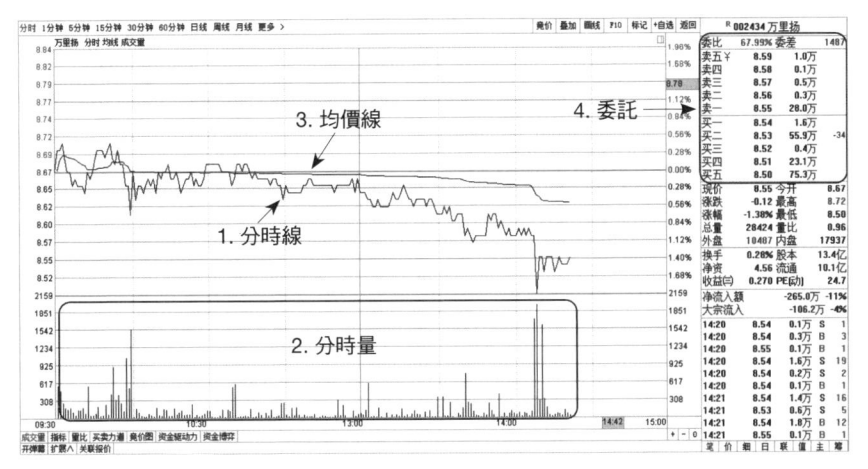

▲圖 1-3　萬里揚 2019 年 12 月 2 日分時圖

的即時轉換情況，一些較為特殊的異常分時圖形態，往往是對主力某種特定市場行為的直接表現。此外，分時線的最大作用，是可以揭示個股價格走勢的強弱情況。

**2. 分時量位於分時線下方**，同樣以「分鐘」為時間單位，它以圖形來表現成交量，每一根柱條的長短，代表了這一分鐘的成交量多少。

**3. 均價線呈現了當日入場買股者的平均持有成本**。均價線的計算方法為：到目前這一時刻為止的當日總成交金額 ÷ 到目前這一時刻為止的當日總成交股數。透過分時線與均價線的位置關係，我們可以瞭解到當日買賣雙方的力量對比：若分時線穩健地運行於均價線上方，則說明買方力量更強；若分時線持續運行於均價線下方，則說明賣方力量更強。在分時圖中，有的軟體上方會顯示「均線」，有的軟體上方會顯示「均價」，但它們都指均價線。

**4. 委託買賣盤視窗呈現了掛單情況**。透過它，我們可以瞭解壓在上方的賣單多一些，還是聚在下方的託單更多一些。就一般的情況來說，委賣盤中的壓單多，代表上方壓力較大，是股價上漲較難的展現；聚在下方的買單多，代表承接力量較強，是股價下跌較難的展現。就市場的自然交投情況來說，上方的委賣單與下方的委買單，數量上雖存在差異，但差異一般不會過大。

## 1.2 如何看懂成交量的含義？

雖然成交量的重要性是毋庸置疑的，但它並未受到所有投資人的關注。其原因在於這些投資人不瞭解其意義，仍舊只將成交量看作是一種交易訊息的回饋。在本節中，我們將結合案例，從多個角度來解讀成交量的深層市場含義，在具體學習量價操作技術之前，希望可以達到引導的作用。

### 1.2.1 多空的分歧情況

很多投資人僅把成交量單純地看作是交易量，但其實，只要我們稍微深入分析，就可以得出這一判斷：**成交量是多空競爭規模、競爭力度的展現。**

多空雙方的競爭力度，也代表著雙方分歧的大小。同樣的股價走勢，多空雙方的競爭力度不同，其所蘊含的市場含義不同，預示的後期股價走向自然也不會相同。

例如，同樣處於橫向盤整中，成交量放大表示多空分歧加劇，強烈的多空分歧勢必導致股價的方向性選擇儘快出現；而若是縮量情況下的橫向盤整，代表著多空競爭力度較小，這種走勢若無外在因素影響，持續的時間就會更久一些。

又如，上漲走勢中未出現放量，說明這種上漲僅是因為大量的持股者暫時穩定，股價在高位區的支撐力度就會弱一些；反之，上漲時有成交量放出，說明買盤入場力度較強，股價的支撐性就會更好一些。經由以上的分析可以看出，**同樣的股價走勢，由於成交量的形態不同，其所蘊含的市場含義也是不同的，其所預示的後期股價走勢往往也不同。**

可以看到圖 1-4 在股價的一波上漲走勢中，股價於短線高點橫向震盪整理，此時的成交量明顯放大，這是此位置區域中多空分歧加劇的標誌。在這個位置點，上攻明

顯受阻,劇烈的多空分歧將使股價走勢再次發生變化。結合股價的短線上漲情況來看,股價走勢反轉回檔的機率更大一些。

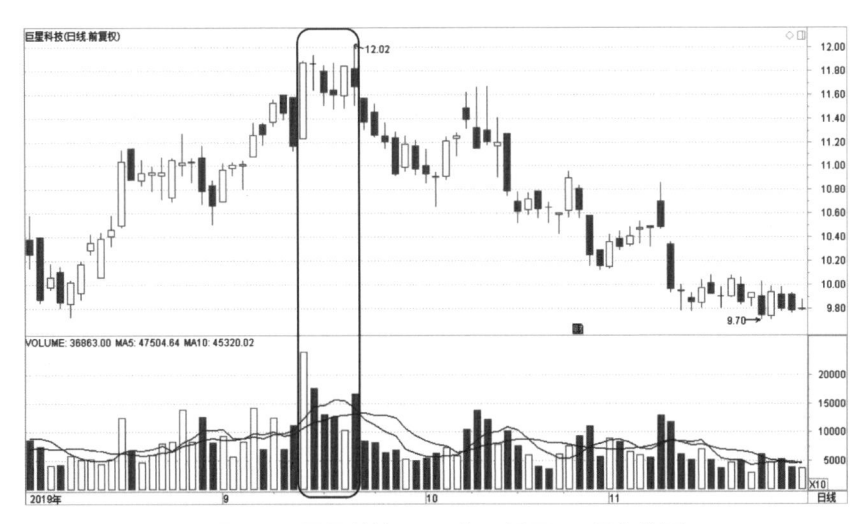

▲圖 1-4　巨星科技 2019 年 8 月至 11 月走勢圖

股價走勢無太大的變化,僅是橫向整理,但成交量的放大卻提示我們在此位置區域中多空分歧加劇。其隱藏的這一深層含義被揭開後,對於股價的走向,我們將能做更準確的預測。

## 1.2.2　籌碼的供求關係

成交量的直接含義僅是指成交的數量,但是如果我們把成交量與股價走勢聯繫起來,它就有了更深一層的含義,即成交量可以呈現市場或個股的供求狀況。股價上漲但成交量卻未見放大,說明賣盤少、賣壓小,少量的買盤入場即可推動股價上漲,個股籌碼「求大於供」。

反之,當股價下跌但成交量未見放大,說明少量的賣盤就可以降低股價,入場接盤者少,個股籌碼「供大於求」。當籌碼供求關係較為明顯時,則是趨勢沿著這一方向持續運行的可靠保障;當籌碼供求關係改變時,則應提防趨勢的轉向。

圖 1-5 的標注處,股價震盪上行量能未見放大,該股籌碼處於「求大於供」的狀

態中。如果此時的震盪區間位於相對低位區，那這種籌碼供求關係多預示著突破上升的走勢。

▲圖 1-5　百川股份 2019 年 3 月至 6 月走勢圖

### 💰 1.2.3　動力與方向的關係

　　汽車跑得快不快，主要看引擎；沒有足夠的動力，再漂亮的車也只能成為擺設。**量價分析的實質就是動力與方向的分析：成交量是動力，而股價走勢則是方向**，這種動力作用尤其會展現在股價的上漲過程中。一般來說，如果沒有放大的量能作為股價上漲的動力，那麼上升走勢是難以維持的。

　　雖然公司的基本面情況、經濟因素、政策因素等都會影響到股價的走勢，但歸根究柢，決定股價漲跌的力量，還是來自市場本身的買賣活動。股價上漲時，量能穩步放大，這表示漲勢仍在延續；股價上漲但成交量卻在縮小，這意味漲勢已到盡頭，是大盤反轉的徵兆。反之，股價下跌而成交量大增，顯示跌勢初起；股價持續下跌，但成交量越來越小，反映跌勢將結束，是大盤反彈的訊號。

　　我們看圖 1-6 中的方框標注處，股價穩步上漲時，可以看到此時的成交量一直處於溫和放大的狀態。溫和放大的量能，代表著股價上漲時的動力，只要這種量價關係可以有效地保持，股價的上漲就具有較強的持續性。

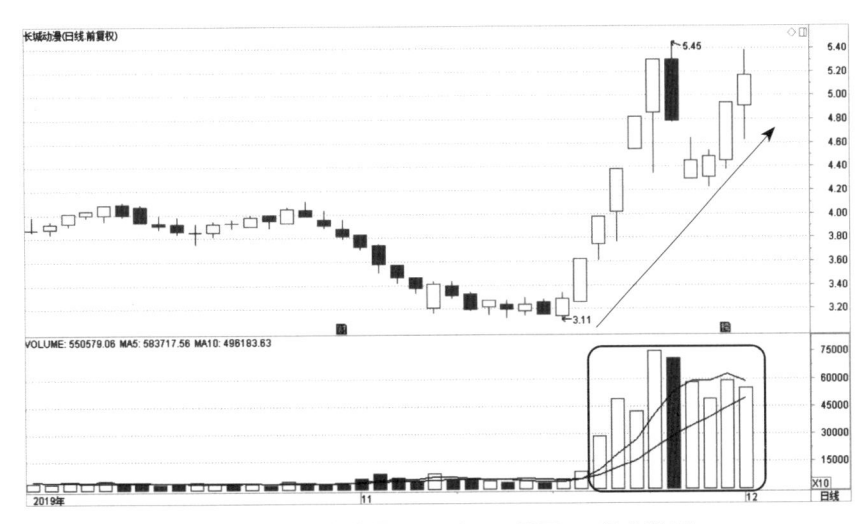

▲圖 1-6　長城動漫 2019 年 10 月至 12 月走勢圖

## 1.2.4　股價走勢的前兆

　　成交量蘊含了豐富的交易資訊。尤其是多日成交量的不同組合，對於預測股價的後期走勢具有極為重要的作用。

　　不同的量價關係蘊含了不同的市場含義，有一些經典的量價關係呈現著趨勢的運行情況，也有一些量價關係反映著短期波動情況。利用量價關係的不同形態進行分析，無論是在中長線交易中，還是在短線交易中，都更能幫助我們把握買賣時機。

　　圖 1-7 方框標注處可以看到，股價在中短線大幅下跌之後，出現了止穩走勢，此時的成交量大幅萎縮。結合股價之前的下跌情形來看，這是短期內做空力量消失的訊號。股價中短線的連續大幅下跌，已使得該股在短期內處於超賣狀態。成交量的形態變化，可以作為判斷反彈行情的依據，並提前預示股價運行方向。

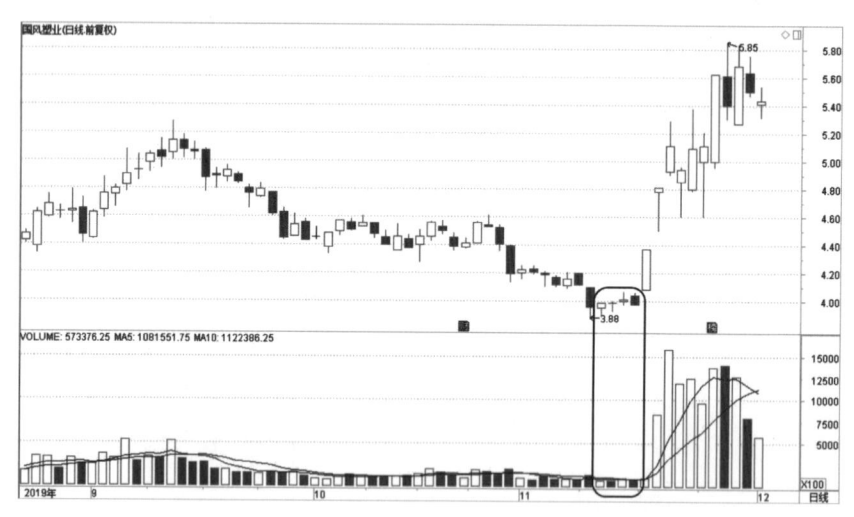

▲圖 1-7　國風塑業 2019 年 8 月至 12 月走勢圖

## 💰 1.2.5　主力行為的線索

　　有主力參與的個股，其走勢往往「特立獨行」，甚至出現大行情。因此，關注主力的市場動向，是在股市中獲利的有效手段。**主力的買賣方式不同於散戶投資人（簡稱散戶），由於主力的加入，個股量能的放大與縮小會一定的規律**，發現這種規律後，我們就能好好把握主力動向。

　　主力在參與個股時，會結合大盤進行進貨、震倉、拉升、整理、再度拉升、出貨等操作。

　　在這些環節中，進貨、拉升、出貨這 3 個環節是必然會出現的，其他幾個環節是否出現，則與主力的風格、大盤走勢等因素相關。但無論哪一個環節，主力都會透過其買賣方式暴露動向，而成交量就是反映主力動向最重要的線索之一。

　　由圖 1-8 可以看到，股價在經歷大幅下跌之後，先在低位區止跌止穩，隨後放量上漲。結合隨後短線高點的強勢止穩、不回落的股價走勢來看，這波溫和放量上漲呈現出主力能力較強、拉升壓力較小。由於股價的上漲走勢才剛剛展開，因此隨後仍有較大的上漲空間。

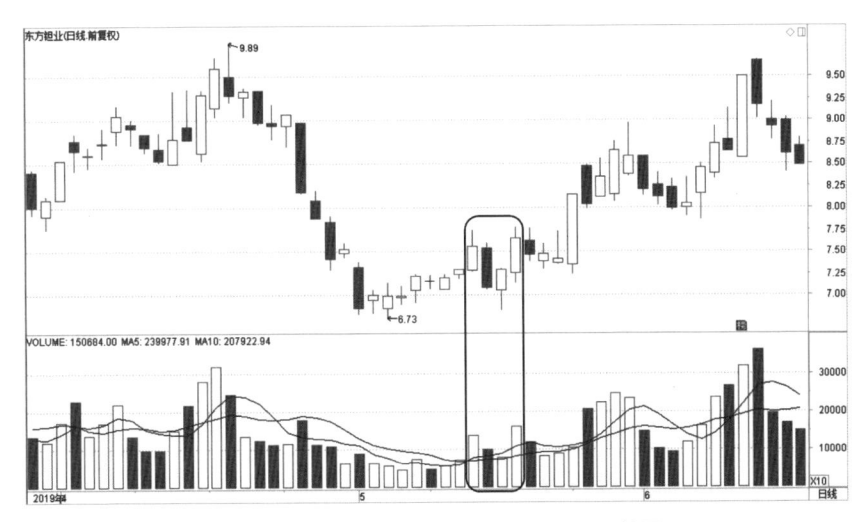

▲圖 1-8　東方鉭業 2019 年 4 月至 6 月走勢圖

## 1.3 如何建立交易前的完善系統？

投資人依據量價關係展開實盤交易時，不應只關注局部。對於剛剛接觸這一技術分析領域的投資人來說，首先應建立一套較為完善的交易系統，在熟練掌握之後，就可以從量價圖，輕鬆辨識出交易系統中需提前關注的盤面資訊，進而快速地依據量價關係展開實盤交易。

一般來說，**量價分析流程應是先進行全域分析，再看局部運行，最後進行細節化分析**。全域分析主要是對於趨勢的判斷；看局部運行則是關注股價的短期波動情況；細節化分析是結合個股的具體量價形態，依據它的歷史表現來分析多空力量的變化情況，進而預測股價漲跌趨勢。在本節中，我們將以流程化的方法，來簡單介紹量價實盤交易的各個環節。

### 1.3.1 市場趨勢運行情況

「趨勢」一詞的字面意思是：事物或局勢發展的動向，並且這種發展動向具有客觀性，不以人的主觀意志為轉移。在統計學中，趨勢具有時間性，主要是指時間軸上的某個可見的動向，是一種線性發展的客觀規律。可以看出，趨勢代表一種較為確定的發展方向。將「趨勢」一詞引入金融市場中，它是指價格走勢的某種客觀規律性，而且這種走勢不以人的意志為轉移。那麼，股市中的「趨勢」究竟是指什麼呢？

**股市中的趨勢是指股價運行的大方向，而股價運行的大方向無非 3 種，即上升、橫向震盪、下跌**。因此，股價運行的 3 種趨勢相應地分為上升趨勢、橫向震盪趨勢、下跌趨勢。順應趨勢發展方向來操作，我們可以最大限度地獲取利潤、迴避風險；反之，「逆市而動」將使我們處於一種極為不利的境地。

在分析量價關係、預測股價走勢時，市場趨勢運行情況就是我們展開交易的背景環境，也直接關係著我們的倉位調度。在上升趨勢中，我們的操作可更為積極一些，短線交易也可以更為頻繁一些；在下跌趨勢中，我們則更應關注本金安全，更宜輕倉參與。

因此，在展開交易前，首先應判斷市場趨勢運行情況，判斷當前的趨勢是處於橫向震盪之中，還是處於上升趨勢或下跌趨勢之中；是處於上升趨勢的回檔階段，還是處於大幅下跌後的探底階段。可以說，趨勢分析是一項重要的工作，在之後的 1.4 節中，筆者將結合移動平均線來進行詳細講解。

對於大盤指數來說，它反映的是市場多空力量整體對比情況，一旦多空力量對比格局形成，就具有較強的持續性。

一般而言，日 K 線時間週期太短、變化過於頻繁，容易產生太多的雜亂資訊誤導投資人。但是週 K 線就完全不同了，週 K 線反映的是一週的交易狀況。因為股市的變化是有趨勢的，趨勢一旦形成，短時間內無法改變。就中長期來看，大的趨勢是一般資金難以影響的，對於有的個股價格走勢，用日 K 線可能難以判斷，而用週 K 線則能一目了然。**所以在判斷趨勢的時候，就 K 線形態而言，週 K 線才是中線大波段的真正代表。**

圖 1-9 中利用週 K 線的走勢及形態特徵，我們可以很完整地把握市場中的多空力

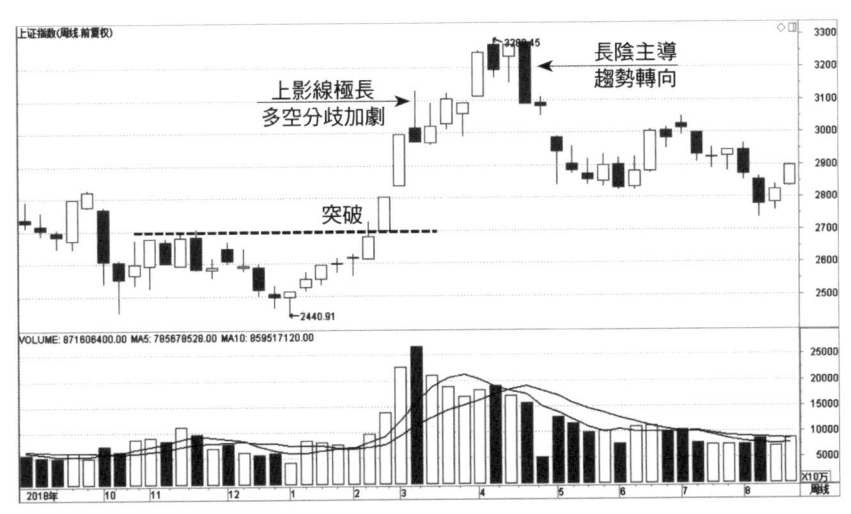

▲圖 1-9　上證指數 2018 年 8 月至 2019 年 8 月週 K 線走勢圖

量對比格局。如圖中的標注所示，上證指數在經歷長期的橫向整理之後，週 K 線出現長陽突破形態，這是方向性的選擇，空方無力再將上證指數壓低至原來的震盪平台區內，這也預示著上升趨勢的出現。

在經歷長期的上漲之後，出現一根上影線極長且當週收陰的 K 線，這是空方賣壓明顯增加的訊號，結合上證指數的長期大漲、市場處於歷史上的高估值狀態來看，這是大盤加速趕頂的訊號。隨後的長陰線，則是趨勢開始反轉的明確訊號。

可以說，利用週 K 線圖的典型位置點及週 K 線形態特徵，我們可以更準確地判斷趨勢運行情況，進而展開順勢交易。

## 1.3.2 個股整體價格走勢情況

在股市中，個股雖然受到大環境的影響，但往往也有自己獨特的運行格局，因此我們在關注市場趨勢運行情況之後，應把目光更多地集中在個股上。特別是當股市處於橫向盤整的止穩態勢中時，個股的價格走勢差異十分明顯，有的強勢上攻、漲幅驚人，有的則走勢平穩、漲幅不大。

在關注個股整體價格走勢情況時，分析其歷史運行軌跡、把握「高低點」至關重要。當個股價格經歷中線大幅下跌而進入低位區時，下跌動力減弱，反彈甚至反轉的

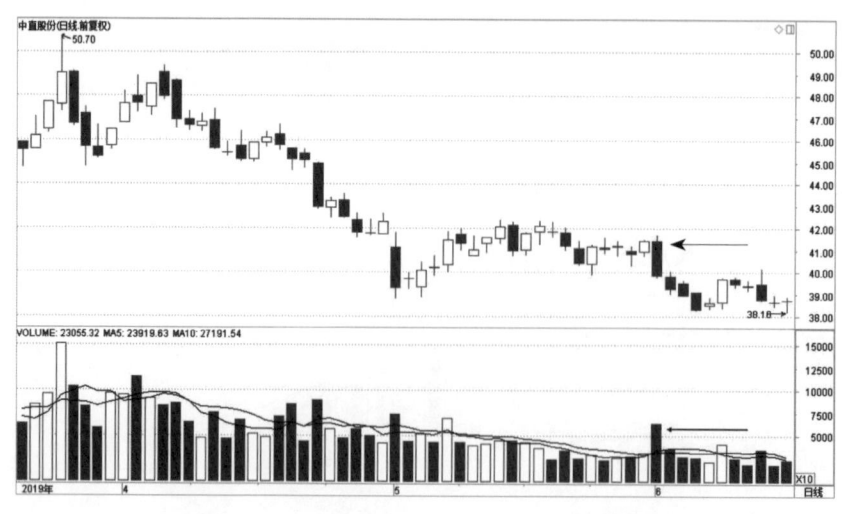

▲圖 1-10　中直股份 2019 年 3 月至 6 月走勢圖

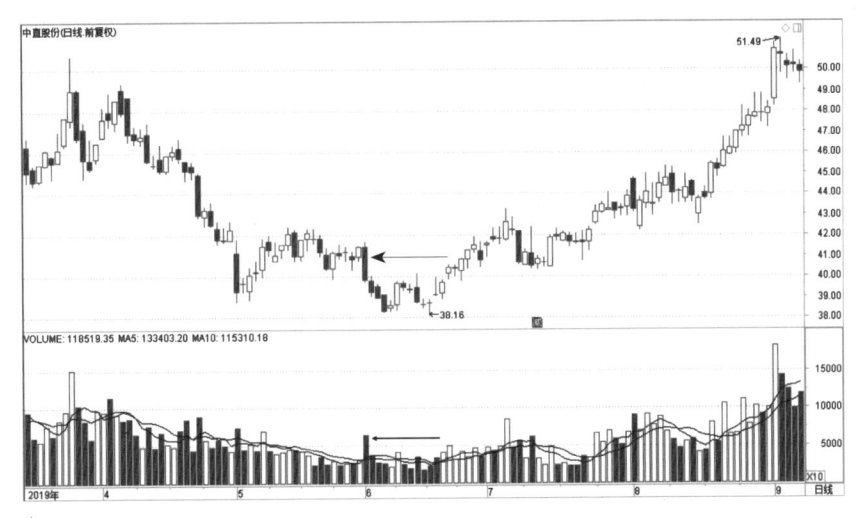

▲圖 1-11　中直股份 2019 年 3 月至 9 月走勢圖

機率增加；在持續上漲後進入高位區時，則應提防突破後的快速反轉風險。

圖 1-10 中，2019 年 6 月 3 日該股收出放量陰線。當日成交量較大，市場賣壓很大，僅從局部走勢來看，股價處於窄幅震盪整理中，這根放量長陰線似乎是股價易破位下行的訊號。但是，在查看該股整體價格走勢情況後，我們的這個結論就顯得很片面了。

將日 K 線圖的時間範圍擴大，如圖 1-11 中我們可以看到，股價經歷兩輪大幅度下跌，當前正處於低位。因此，2019 年 6 月 3 日的放量陰線只能預示股價的短線回檔，破位下行的機率很小。在操作上，我們可以在隨後股價短線回落期間積極入場。

### 1.3.3　股價的短期走勢

短線交易要「長短兼顧」：所謂的「長」是指趨勢運行情況，「短」則是指短期走勢情況、波段運行情況。

當股價經歷一波上漲而達到短線高點時，必然會有較大的賣壓，容易出現回落。在這種情況下，那些具有下跌含義的量價配合關係則更為準確。當股價經歷一波下跌而達到短線低點時，會引發一定的抄底盤入場，市場承接力增強，在這種情況下，具有上漲含義的量價配合關係則更為準確。

將股價的短期走勢與量價關係相結合，當其形成「共振」時，我們依據量價形態

展開短線交易的成功率，將大大提高。

我們可以看到圖 1-12 中，股價以一根放量陰線跌破短期支撐點位，有加速下跌之勢。但是，從短期走勢來看，股價正處於箱體震盪區的低位，這是一個短期承接力較強的位置區，只要大盤不出現大幅下跌，在短線抄底盤入場承接的情況下，股價很難破位下行。在實盤操作中，我們不必恐慌拋售，可以等股價反彈後，尋找一個相對高點再賣出離場。

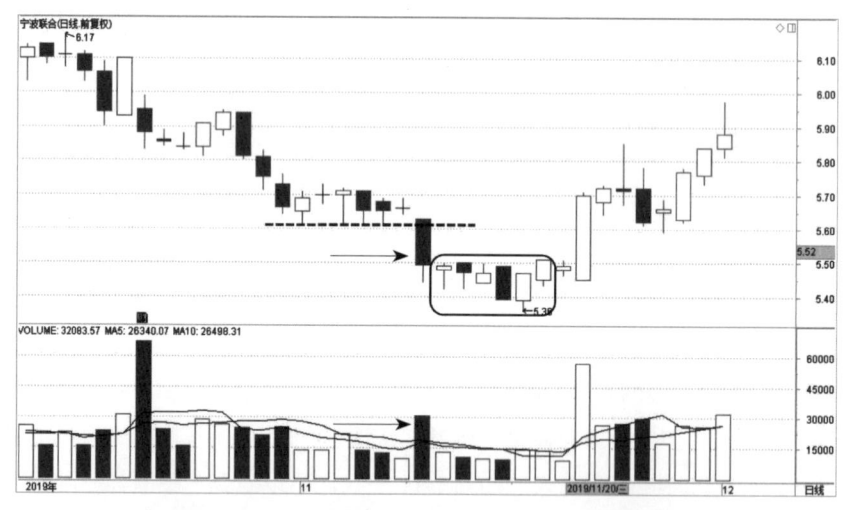

▲圖 1-12 寧波聯合 2019 年 10 月至 12 月走勢圖

## 1.3.4 異動量能的盤面特徵

盤中的成交細節，是短線交易時需特別注意的一個要素，特別是主力在盤中參與，使得收盤價較高的個股。對於這類個股，若僅查看它的日 K 線圖，利用量價配合關係來預測股價走勢，很可能會得出錯誤結論。

我們可以看到圖 1-13 中，該股在 2019 年 3 月 6 日、月 7 日連續兩日放量，股價突破長期的整理區間，這種形態多預示著上攻行情的出現。2019 年 3 月 8 日，即圖中最後一根長陰線，股價開低走低，這是突破後整理的開始，還是應逢高拋售的停利點？從日 K 線圖的理想量價關係來看，此時應短線持有，但若查看 3 月 6 日和 3 月 7 日的分時圖，就會得出相反的結論。

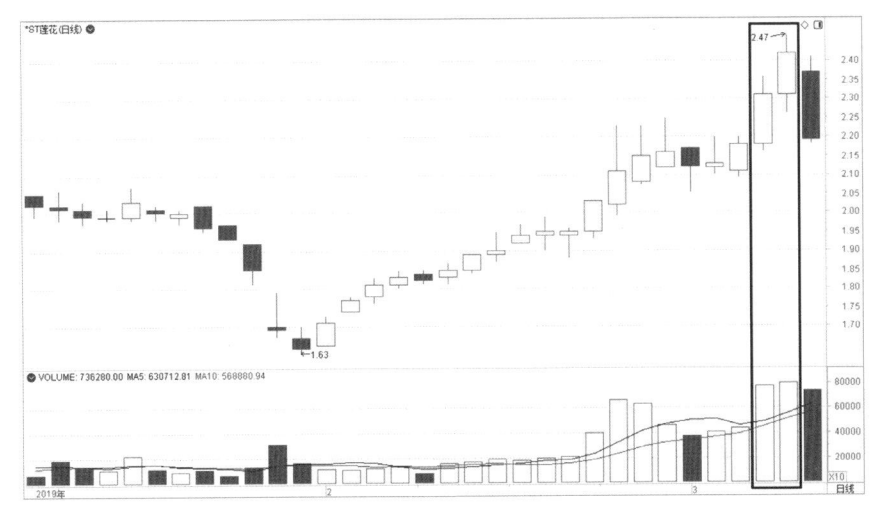

▲圖 1-13　*ST 蓮花 2019 年 1 月至 3 月走勢圖

圖 1-14、圖 1-15 為該股 2019 年 3 月 6 日、3 月 7 日的分時圖，這兩日的盤面有一個重要特徵，就是尾盤上揚、收盤價較高。

在真正的短線上攻行情中，控盤能力較強的主力資金，不會以參與提高收盤價來

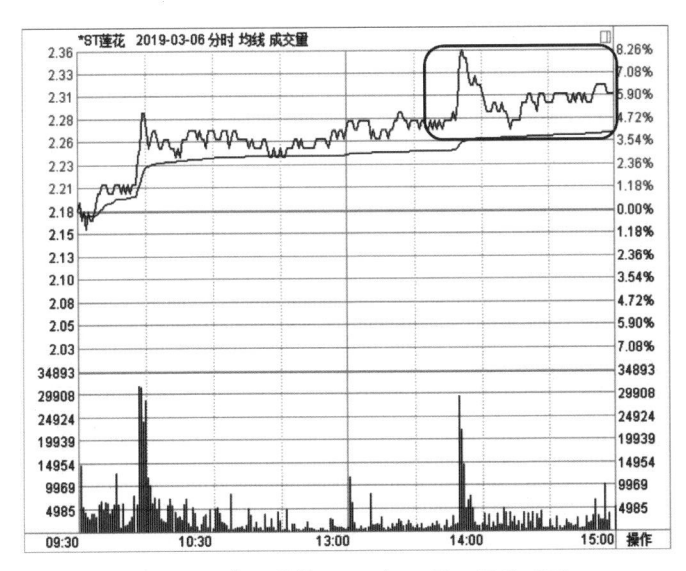

▲圖 1-14　*ST 蓮花 2019 年 3 月 6 日分時圖

27

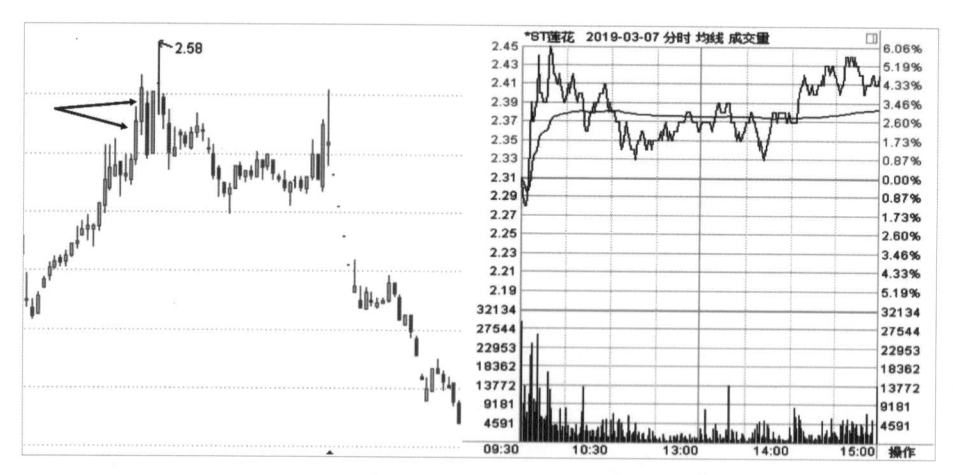

▲圖 1-15　*ST 蓮花 2019 年 3 月 7 日分時圖

實現拉升目標。但主力短期內有意出貨時，往往會參與拉高收盤價，為次日出貨預留空間。經過全面分析後，判斷出股價加速上攻的機率較小，因此 2019 年 3 月 8 日股價開低走低並且無力上衝時，我們的短線操作應是果斷賣出、鎖定利潤。

## 1.3.5　局部量能與整體量能對比

　　我們分析成交量時，要有宏觀的視野，不能只局限於量能的局部縮放情況。放量與縮量都是相對的，要有一個明確的參照。例如，我們說股價突破盤整區時出現放量，這時的「放量」是相對於之前盤整區的低迷整理走勢而言，若將視野放大，以股價在盤整區之前的上漲波段作為參照，則可能就是縮量。不將視野放大，我們就不能兼顧全域，也不能從整體的角度解釋主力的市場行為，進而準確預測股價運行趨勢。

　　我們可以看到圖 1-16 中，2019 年 1 月 15 日股價以放量長陽線突破盤整震盪區，所有籌碼都處於短線獲利狀態。從局部走勢來看，當日量能放大明顯，似乎是賣壓較重、主力參與能力較差的標誌，股價的突破上漲走勢並不被看好。

　　但是，將視野放大，對於 2018 年 3 月之後的運行趨勢來說，2018 年 12 月 26 日的放量形態是較為溫和的，而且考慮到股價一舉突破長期的盤整震盪區間，在全盤獲利的背景下，量能才放大到這樣的程度，也從側面反映了主力較強的參與能力。從短

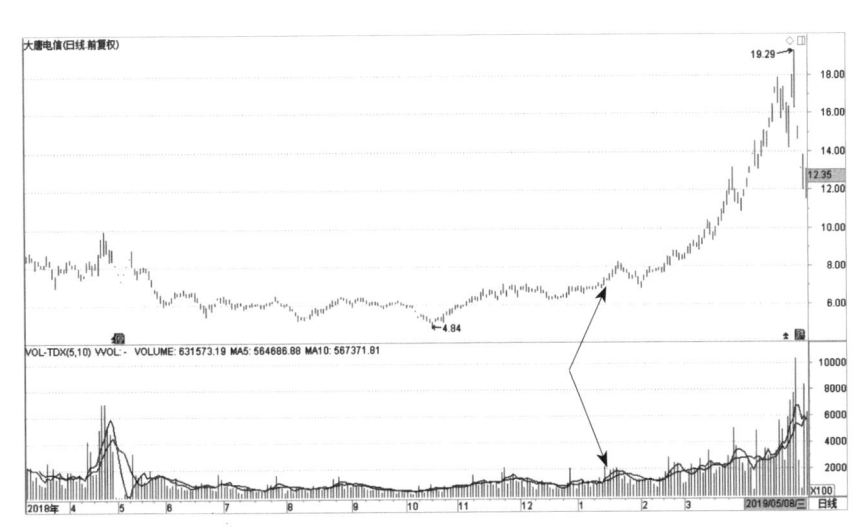

線走勢來看，股價也許有小幅回落，但中線走勢還是被看好的。

▲圖 1-16　大唐電信 2018 年 3 月至 2019 年 4 月走勢圖

## 💰 1.3.6　認識典型量價形態

　　量價形態分析既要考慮成交量形態，也要考慮股價走勢。在 A 股市場中，有一些常見的量價形態，它們有著相對固定的市場含義，只要個股的盤面運行平穩、盤中大筆交易數量相對較少，即這種量價形態是市場真實交投的結果，則當相同的量價形態出現時，它們也預示著相同的股價走勢。

　　對於中短線交易的學習者來說，在深入學習、理解，並且懂得分析各種不同的量價形態之前，熟悉這些典型的量價形態，可以幫助他們快速找到突破點。在本書中，筆者既講解葛蘭碧的經典量價關係 8 大法則，也結合長期實戰經驗，總結近百種量價配合形態，力求幫助讀者快速掌握量價操作之道。

　　我們可以看到圖 1-17 中，該股在一波快速上漲走勢中出現遞增放量，這就是一種典型的量價配合形態。對於這種量價形態來說，量能的峰值處將是股價的短線頂點，而且隨後多會出現大幅整理。依據這種典型的量價形態，當我們預判該股的成交量無法再度放大時，應果斷賣出以鎖定利潤。

29

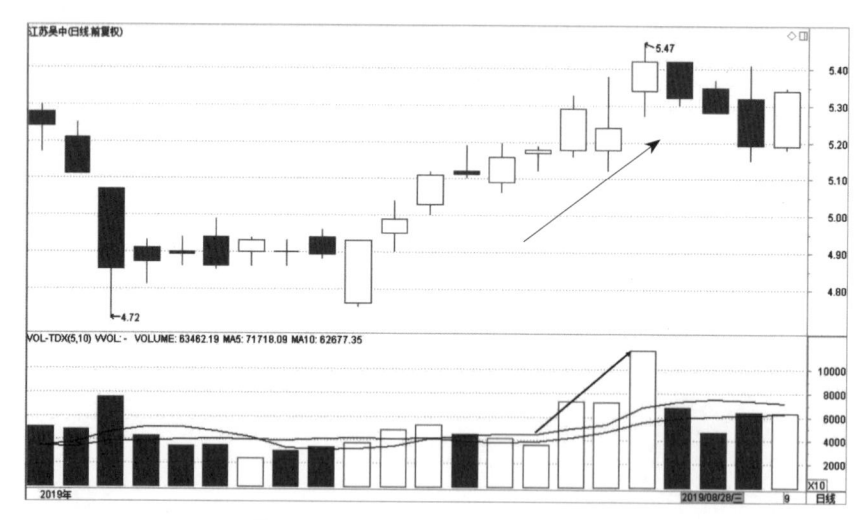

▲圖 1-17　江蘇吳中 2019 年 8 月走勢圖

# 1.4 如何抓出股價漲跌趨勢？

移動平均線（Moving Average，MA）是道氏理論的形象化表述。它以查理斯・道（Charles Henry Dow）的「平均成本概念」為基礎，採用統計學中的「移動平均」原理，透過由若干條不同時間週期的均線所組成的均線系統，來表現市場平均持有成本的變化情況，進而清晰地呈現股市及個股的趨勢運行情況。在本節中，我們將結合均線系統的不同排列形態，來看看它是如何呈現趨勢運行情況的。

## 1.4.1 均線的含義及原理

股價走勢只是趨勢運行的表象，市場平均持有成本的變化情況才是趨勢運行的內在本質。市場平均持有成本，展現了多空雙方的出入意願及力度，這種意願及力度具有明顯的傾向性，可以維持較長的時間。一般來說，股價走勢的變化主要取決於兩點：一是市場平均持有成本及其變化情況，二是場外投資人的買賣意願。兩者對股價走勢的變化各有一半的影響力。

在具體設計上，移動平均線以每個交易日的收盤價，近似地代表當日市場平均持有成本。將最近 n 日的收盤價進行算術平均，就可以得到這一時間週期內的市場平均持有成本的數值。

下面我們以 5 日作為計算週期，來看看移動平均線 5 日均線，也就是 MA5 的計算方法。

$$MA5(n) = (C_n + C_{n-1} + C_{n-2} + C_{n-3} + C_{n-4}) \div 5$$

$C_n$ 表示第 n 日的收盤價，在此公式中近似地代表這一交易日的平均成交價，MA5（n）表示第 n 日的移動平均值。

將每一日的 MA5（n）連成平滑的曲線，我們就會得到移動平均線 MA5。同理，我們還可以得到其他時間週期的移動平均線，其中的 5 日、15 日、20 日、30 日這 4 種時間週期較為常用，它們是中短期市場平均持有成本走向的反映。

### 1.4.2 中期主導的多頭、空頭形態

多頭形態與空頭形態是均線系統中最經典的形態，多頭形態代表著升勢的出現與持續，空頭形態代表著跌勢的出現與持續。

多頭形態也稱為「多頭發散形態」。當股市進入上升週期後，後入場的投資人持有成本更高，這將使得週期相對較短的均線，運行於週期相對較長的均線上方。整個均線系統呈向上發散狀，這種組合形態稱為多頭發散形態。

空頭形態也稱為「空頭發散形態」。在整個均線系統中，週期相對較短的均線運行於週期相對較長的均線下方，整個均線系統呈向下發散狀。空頭形態是跌勢出現、持續的標誌，也是空頭佔據主動的訊號。

當多頭形態出現後，表明當前的市場處於多方佔優勢階段，是中期趨勢向上的訊號，只要多頭形態未被明顯破壞，我們宜以升勢思維來交易；當空頭形態出現後，表明當前市場處於空方佔優勢階段，是中期趨勢向下的訊號，此時，我們只宜參與超跌反彈的短線交易。

圖 1-18 的均線系統由 MA5、MA10、MA20、MA30 這 4 條均線組合而成。股價在經歷了整理之後開始上揚，此時的均線系統呈多頭發散形態，這是多方佔優勢並且發動攻勢的標誌，也是中期股價走勢向上的反映，標誌著升勢的持續。

圖 1-19 中股價持續震盪走低，雖然此時的中短線下跌幅度已經較大，但明顯的均線空頭發散形態，提示我們此時的市場仍是空方佔優勢，不宜過早抄底入場。

### 1.4.3 途中整理的黏合形態

在股價上升（或下跌）途中往往會有整理走勢出現，這不是趨勢轉折的訊號，它僅是原有趨勢運行中的整理。所謂的黏合形態是指在上升趨勢中，短期均線向下靠攏中長期均線（下跌趨勢中，短期均線向上靠攏中長期均線），使得多條均線黏合在一起。當黏合形態出現後，隨著交易的持續進行，這種多空平衡狀態會被打破，股價很

▲圖 1-18　生物股份 2019 年 7 月至 11 月走勢圖

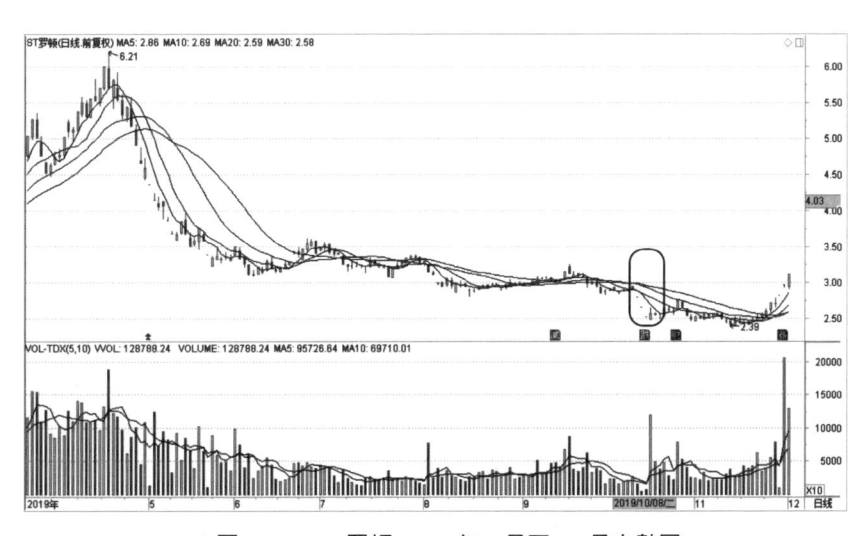

▲圖 1-19　ST 羅頓 2019 年 3 月至 12 月走勢圖

大的機率會沿原有趨勢的方向運行。

我們可以看到圖 1-20 中，股價在上升途中的回落、震盪使得短期均線向下靠攏中期均線，多條均線之間的距離極短，呈黏合形態。但此時的 MA30 仍舊在穩健上行，這說明多方力量依舊佔優勢。此時的均線黏合形態，代表著當前的橫向震盪走勢為途中整理，隨著整理走勢的結束，股價仍將保持原有的上升趨勢。

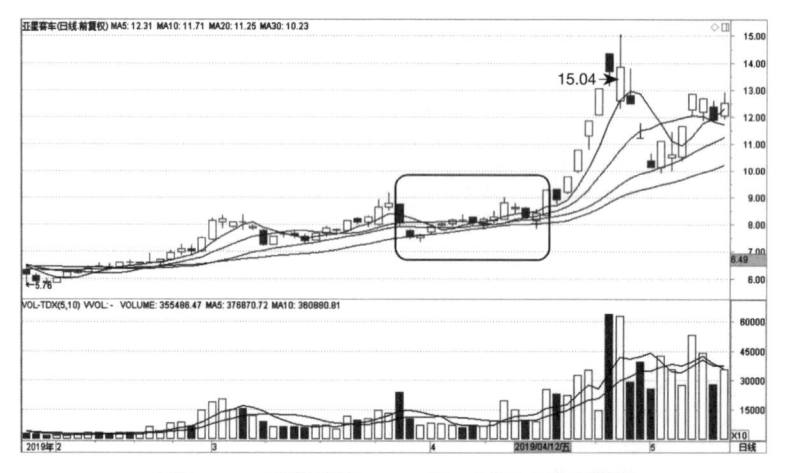

▲圖 1-20　亞星客車 2019 年 2 月至 5 月走勢圖

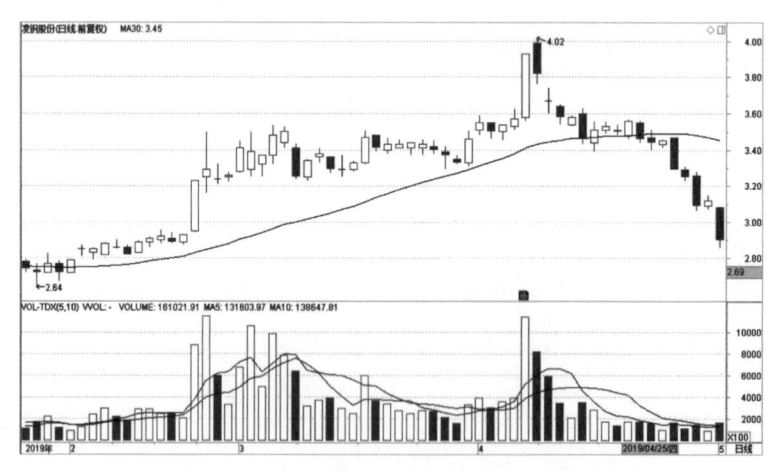

▲圖 1-21　江蘇陽光 2019 年 3 月至 8 月走勢圖

第 1 章 想學會量價操作法，你必須懂的基礎知識

從圖 1-21 可以看到，在震盪下跌過程中，股價小幅反彈，使得短期均線向上靠攏中期均線，這是下跌途中的黏合形態，也是跌勢仍將持續的訊號，此時我們不可以抄底入場。

## 💰 1.4.4　反轉前的壓力支撐轉化

在上升途中的一波下跌走勢後，原有的均線系統呈多頭形態，隨著這一波下跌，多頭形態被打破。當股價下跌至 MA30 附近時，若受到有力的支撐（或者在跌破 MA30 後能快速反彈），則表明多方力量依舊較強，升勢有望延續。

但是，若股價向下跌破 MA30，並且在較長時間內無法向上突破，這時的 MA30 將由原來的支撐作用轉換為壓力作用，趨勢反轉下跌的機率較大，這時我們應控制倉位、鎖定利潤。

可以看到圖 1-22 在股價持續上升途中，MA30 對短期回檔走勢提供較強的支撐作用。一般來說，當股價累計漲幅不大且處於明顯升勢中，一波回落使得股價接近 MA30 時，是較好的中短線入場點。

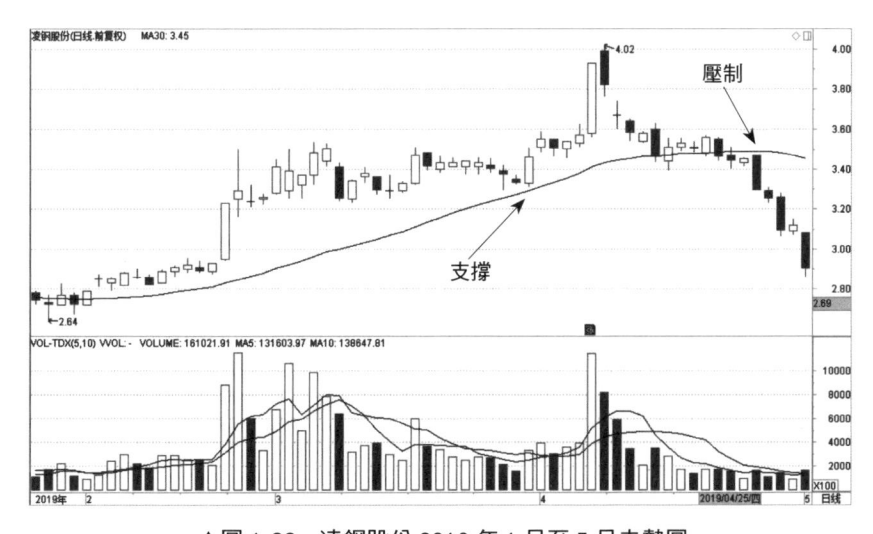

▲圖 1-22　凌鋼股份 2019 年 1 月至 5 月走勢圖

隨著上升趨勢持續，在高位區出現長陰線快速跌破 MA30 的形態，這是原有多空力量對比格局發生轉變的訊號，我們應注意趨勢的轉向。

我們可以看到圖 1-23 中，其股價一直處於穩健上升的通道中，但在高位區出現震盪下滑的走勢，股價向下跌破 MA30，並且 MA30 隨後對股價的反彈上漲構成強大壓力，這是多空力量對比格局發生轉變的訊號。考慮到股價的累計漲幅，在這個位置區震盪築頂的機率較大，此時我們應減碼或清倉離場。

當股價上漲至 MA30 附近時，若受到明顯的壓力（或者在突破 MA30 後又馬上回落到其下方），則表明空方力量依舊較強，跌勢仍然沒有見底。如果股價向上突破 MA30，並且在較長時間內站穩於 MA30 上方，這時的 MA30 將由原來的壓力作用轉換為支撐作用，趨勢反轉上行的機率較大，這時我們就可以積極地在股價回檔時加碼買入。

可以看到圖 1-24 中，在中長期的低位區股價止穩後，均線呈現多頭形態，這是多方力量開始佔優勢的訊號，也是趨勢有望反轉上行的訊號。隨後，股價震盪上揚，多方力量明顯佔優勢，並且在股價的一波大幅整理過程中，MA30 發揮了較強的支撐作用。這時 MA30 由原來的壓力作用轉換為支撐作用，這也是趨勢反轉上行的一個重要訊號。在實盤操作中，當股價回落至 MA30 附近時，我們可以進行中短線買入操作。

### 1.4.5 「蛟龍出海」反轉形態

「蛟龍出海」反轉形態，出現在股價上升途中的長期震盪回落態勢中，或中長期低點的止穩走勢中。此時，MA30 仍舊處於緩慢下移的狀態中，股價也持續運行在 MA30 下方，整體下跌速度很緩慢，呈緩跌格局。

此時，如果一根長陽線突破 MA30，股價將連續多個交易日站穩於 MA30 之上。「蛟龍出海」反轉形態是一種打破原有震盪緩跌格局的反轉形態，個股出現短線快速上攻行情的機率較大，在實盤操作中，我們可以積極跟進。

我們看圖 1-25，在較長時間的橫向震盪走勢中，股價滑落、MA30 下行。如圖中的標注所示，一根長陽線向上突破 MA30，隨後多個交易日內，股價站穩於 MA30 上方。當股價回落至 MA30 附近時，再度出現長陽線，這說明可能有主力資金積極買入，此時若想進行中短線交易則可以買股入場。

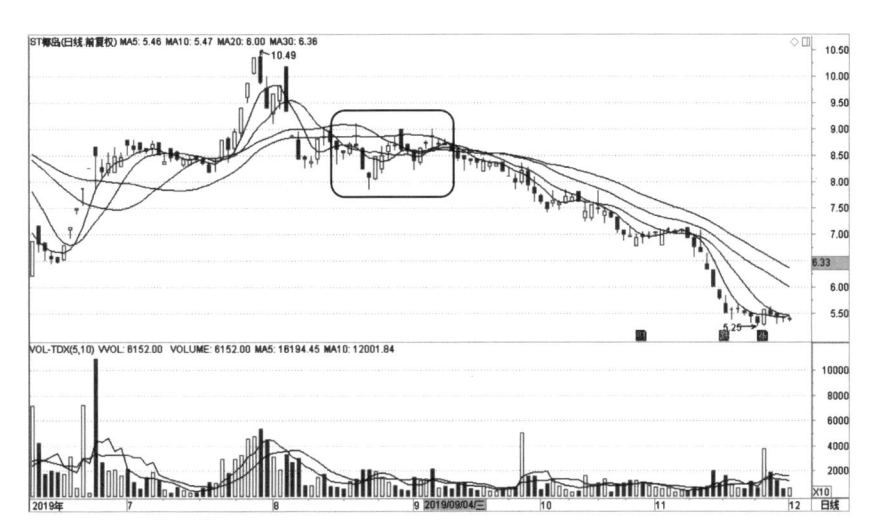

第 1 章　想學會量價操作法，你必須懂的基礎知識

▲圖 1-23　ST 椰島 2019 年 6 月至 12 月走勢圖

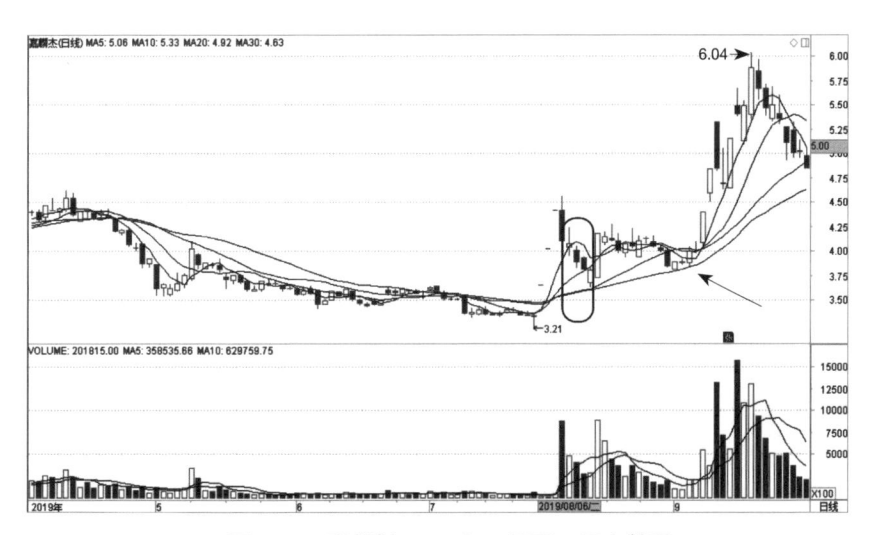

▲圖 1-24　嘉麟傑 2019 年 4 月至 9 月走勢圖

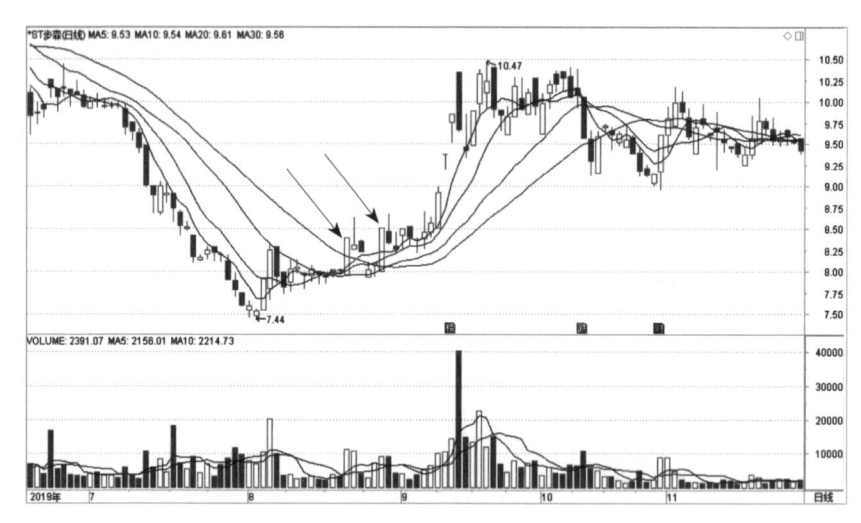

▲圖 1-25　*ST 步森 2019 年 6 月至 11 月走勢圖

在實盤操作中，當股價回落至 MA30 附近時，就可以短線買入。若隨後的走勢證實我們的判斷是正確的，則可以耐心持股待漲，直至出現短線賣出訊號。若股價再度向下跌破 MA30，則表明之前的長陽線突破 MA30 並不是上漲訊號，我們應及時賣出，從而保證本金安全。

### 1.4.6　多空交替形態

均線系統的多空交替形態，是指均線系統有時因一波上漲而呈多頭排列形態，而有時因一波下跌而呈空頭排列形態。多空交替形態常見於盤整震盪走勢中，是趨勢運行不明朗的標誌，也是多空雙方力量相對均衡的訊號。

在股價走勢沒有發出明確的方向選擇訊號前，我們只宜進行低買高賣的短線交易，即在均線系統呈現完全的空頭排列形態，且股價位於震盪區低點時，可以短線買入；隨後，一波上漲之後，當均線系統呈現完全的多頭排列形態，且股價處於震盪區高點時，可以獲利賣出。

在圖 1-26 中，股價在高位區震盪滯漲之後開始向下破位，短線跌幅較大，此時的大盤仍舊處於橫向震盪之中，並且沒有系統性風險。因此，股價步入快速下降通道的機率較小，此時出現的止跌止穩可以作為一個短線買入點。

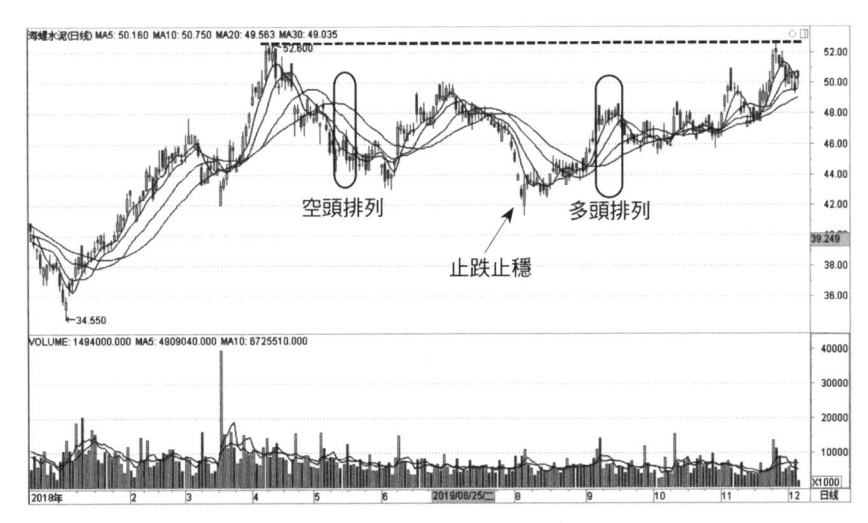

▲圖 1-26　海螺水泥 2018 年 12 月至 2019 年 12 月走勢圖

　　隨後，股價震盪上行、快速突破 MA30，這是多方力量再度佔優勢的訊號。但當股價上漲至前期高點附近時，由於存在較多的短線獲利賣壓及解套賣壓，因此出現整理的機率較大，我們應逢高賣出、鎖定利潤。

# 1.5 如何掌握股價大幅變動的買賣時機？

進行實盤交易時，首先要查看的就是盤面的各項資訊。其中，盤中出現異動（如量能異動、走勢異動、掛單情況變化等）的個股更值得關注，它們可能是主力短線重點參與的商品，也可能預示著個股上攻行情的出現。

在以量價形態為核心展開交易時，能否在第一時間發現這些個股非常重要，否則我們很可能錯失買入時機。在本節中，將說明重要的即時盤面資訊，來檢視如何在第一時間發現這些盤面異動股。

## 1.5.1 振幅、量比、換手率等重要數據

各式各樣的盤面數據，從不同角度呈現出多空雙方的交投行為，利用它們可以更準確地觀察個股的運行情況。其中，振幅、量比、委比、內盤與外盤、換手率等數據較為重要。

### 1. 振幅

振幅是指股價在當日盤中的上下震盪的幅度，展現多空雙方的競爭情況。個股的盤中振幅越大，說明多空競爭越激烈。過大的盤中振幅，往往就是短線股價走勢反轉的訊號。其公式如下：

$$振幅 =（當日最高價－當日最低價）\div 上一交易日收盤價 \times 100\%$$

### 2. 量比

量比是指成交量的相對比值，它以分鐘為時間單位，其數值為當日開市後每分鐘

的平均成交量，與過去 5 個交易日每分鐘的平均成交量之比，也是一種即時的盤面資料。量比將前幾個交易日的每分鐘平均成交量作為參照，可以幫助我們即時瞭解個股在這一分鐘量能放大或縮小的程度，是發現成交量異動的重要指標。對量比的數值進行分析時，量比值較大的個股（一般來說，量比值至少要在 3 以上），更值得關注，可以幫助我們縮小選股範圍。其公式如下。

$$量比 = \frac{[當日開市後的成交總手數 \div 當日累計開市時間（分）]}{過去 5 個交易日每分鐘的平均成交量}$$

### 3. 量比曲線

在盤中，以分鐘為時間單位，將量比數值依次連接得到一條平滑曲線，這就是量比曲線。它使我們更能掌握個股當日成交量，與近期成交量的相對變化情況。

一般來說，透過一夜的市場訊息及人們心理上的變化，新的一個交易日開盤的時候，股價及開盤成交量的變化極大。將其反映在量比數值上，就是很多股票開盤時的成交量比數值會高十幾倍，隨後量比數值又急速下降。大多數股票的成交量在新的一個交易日開盤時都顯得很不穩定，因此在通常的行情背景下，我們應該等待量比曲線穩定後再採取行動。

### 4. 委比

委比可以反映委買盤與委賣盤的掛單數量對比情況。委比的取值範圍為 −100% 至 100%，當委比數值為 100% 時，個股處於漲停板；當委比數值為 −100% 時，個股處於跌停板。其公式如下。

$$委比 =（委買手數 － 委賣手數）\div（委買手數 ＋ 委賣手數）\times 100\%$$

委比是具有即時性的盤面數據，隨著委買單、委賣單的陸續掛出、不斷成交，委比數值也會不斷變化。一般來說，當委比數值為正時，說明有較多的委買單在下面承接，這是買方力量相對較強的表現；當委比數值為負時，說明有較多的委賣單壓在上面，這是賣方力量相對較強的表現。

### 5. 內盤與外盤

外盤，是指以主動性買入方式成交的股票數量。對於一筆交易，在賣方報價後，

買方主動以賣方報價買入,這是主動買入;在買方報價後,賣方主動以買方的報價賣出,這是主動賣出。內盤,是指以主動性賣出方式成交的股票數量。其公式如下。

成交量 = 外盤＋內盤

當外盤較大時,表示以主動性買入方式成交的股票數量更多,這是投資人買股意願較強的展現,此時的股價也多會在買盤的推動下出現上漲。當內盤較大時,表示以主動性賣出方式成交的股票數量更多,這是投資人賣股意願較強的展現,此時的股價也多會在賣盤的壓力下出現下跌。

在實盤操作中,我們需結合個股的價格走勢情況,來解讀內外盤所蘊含的市場訊息,以下列舉 5 種情況。

（1）在長期下跌後的低位區:價格走勢止穩,量能溫和放大,此時出現外盤大於內盤的情況,可以被看作是場外資金積極入場、多方力量增強的訊號。若個股可以在之後的更多的交易日中,出現外盤大於內盤的情況,則預示著多方力量正在積累,是後期價格走勢看漲的標誌。

（2）在長期上漲後的高位區:價格走勢滯漲,量能相對縮小,此時出現內盤大於外盤的情況,可以被看作是場內資金陸續離場、空方賣壓漸強的訊號。若個股可以在之後的更多的交易日中,出現內盤大於外盤的情況,則預示著空方力量正在積累,是後期價格走勢看跌的標誌。

（3）在穩步上漲的價格走勢中:外盤大於內盤是買盤充足的表現,也是漲勢將持續的標誌。在持續下跌的價格走勢中,內盤大於外盤是賣盤充足的表現,也是跌勢將持續的標誌。

（4）在高位震盪區:若個股在盤面中出現外盤明顯大於內盤,但盤中價格走勢卻無力上漲的情形,是價格走勢看跌的訊號。

（5）在低位震盪區:若個股在盤面中出現內盤明顯大於外盤,但盤中價格走勢卻較為穩健、未見明顯下跌的情形,這是價格走勢看漲的訊號。

## 6. 換手率

換手率也稱周轉率，它是指一檔股票在「單位時間內的累計成交量與其流通總股本之間」的比率，是反映股票流通性強弱的指標之一。其公式如下。

**換手率＝（單位時間內的累計成交量 ÷ 流通總股本）×100%**

一般來說，在計算換手率時，多以交易日為時間單位。假設某檔股票連續 10 個交易日的換手率之和（累計換手率）為 100%，我們可以這樣簡單理解：這檔股票在經過 10 個交易日的交投之後，其流通在股市上的全部股票籌碼已經從原有持股者手中，轉移到新加入進來的投資人手中。當然，這只是一種簡單的理解，因為很多投資人都頻繁地買賣一檔股票，換手率為 100% 並不意味著持股者的完全轉換。

關注換手率時，我們要充分考慮個股的特性。對於大股東持股比例較高的個股，這些股票的換手率會較低；反之，對於大股東持股比例低、股票籌碼高度分散的個股，其換手率會較高。

個股的換手率可以反映個股的交投情況是否活躍。一般來說，日換手率小於 3% 表明交投不活躍，市場觀望氣氛較重。日換手率在 3%～7%，表明市場交投氣氛活躍，意味著股票流通性好，進出市場比較容易，不會出現「想買買不到、想賣賣不出」的現象。此種換手率多出現在行情的行進階段，股票透過持續的換手，市場持有成本不斷地增加或減少，這有利於行情發展。

日換手率大於 7% 表明股票在頻繁換手，如果發生在高位，我們應注意風險。此外，對於不同類型的個股，也應區別其換手率標準：大股本的換手率達到 2%，就可以算是較高的水準，而小股本、題材股的換手率一般要超過 5%，才可以將其稱作是高換手率。

高換手率是最值得我們關注的。高換手率說明資金的流入、流出速度較快，若高換手率是由主力資金流入、散戶資金流出所引發，往往預示著機會到來；若高換手率是由主力資金流出、散戶資金流入所引發，往往是風險的預兆。由於較長時間的高換手率，可以表現出資金進出量大、持續性強的特點，因此在實盤操作中，能在較長的時間內維持高換手率的股票，極具價值。

## 1.5.2 掛單分析：大單托底與大單壓頂

掛單是指委買、委賣盤中的掛單情況。這些單子是已掛出、但仍未成交的。正常的掛單情況中，委買盤與委賣盤的單子數量相對平均，每個價位上的單子數量也不會相差太多。但是，有的時候，可以看到委買盤的某一價位處掛有超級大單（大單托底），或是在委賣盤的某一價位處掛有超級大單（大單壓頂）。

大單托底給人的感覺是此股價格難跌，大單壓頂給人的感覺則是此股價格難漲，然而經驗告訴我們，只憑感覺往往並不準確。很多時候，大單托底，但股價在盤中的走勢卻明顯弱於大盤；大單壓頂，但股價在盤中的走勢卻明顯強於大盤。在實盤操作中，我們一定要學會逆向思維，不能單單憑藉對盤面的感覺來做出判斷。

例如，股價走勢在盤中出現小幅度的震盪下行，在震盪下行過程中，委買盤的單子非常大，大單托底給人的感覺是有資金承接，股價難跌。然而，實際情況可能是此股當日的價格走勢較弱，明顯弱於當日大盤。

如果此大單真是主力為了防止股價下跌而護盤，那麼在當日大盤走勢較為穩健的背景下，個股的盤中表現應強於同日大盤，但短線走勢出現一定的股價重心下移的情況。因此，我們對於這種大單托底的情況應逆向理解，從而判斷出這是賣出訊號。

第2章
# 看懂放量與縮量，因為「有量才有價」！

## 2.1 循序漸進的放量：溫和式放量

成交量形態的變化歸根究柢只有兩種情形，一種是放量，另一種是縮量。但是，放量和縮量有多種的具體表現形式，有較為溫和的放量，也有突兀式放量，在不同的股價走勢中，它們所蘊含的市場含義也不盡相同。

學習量價知識前，對於成交量的放大、縮小形態，先要有較為系統性的瞭解，在此基礎之上，進一步結合實際股價走勢，解讀成交量的細微變化，才能取得更好的效果。**在本章中，筆者以「放量」及「縮量」為核心，結合股價走勢，講解一些常見的成交量形態，為讀者打好基礎。**

### 2.1.1 溫和式放量的成因

溫和式放量是一種相對溫和的放量形態，它是指成交量與近期的均量水準相比而言，出現循序漸進、幅度不大的放量。其成交量的前後變化較為連續，成交量的放大水準多保持在近期均量的兩倍左右。溫和式放量多出現在上漲波段，在不同個股的中短線價格走勢中，溫和式放量的市場含義也不盡相同。

「漲時放量，跌時縮量」是股價運動過程中的常態，也是市場正常交投的結果。波段上漲走勢中的溫和式放量，屬於普通的放量上漲形態，一般來說，只對局部走勢進行觀察，實戰意義不大。在實盤操作中，我們應將局部走勢中的溫和式放量形態放入趨勢運行中，「低位攀升走勢」、「突破套牢區位置點」和「震盪反彈波段走勢」這幾種情形下的溫和式放量，具有較高的實戰價值，能夠較為準確地預示股價後期的運行方向。

## 2.1.2 低位攀升溫和式放量，有實戰意義

一般來講，當低位攀升溫和式放量這一形態，出現在市場整體或個股長期下跌後的低位區時，最具實戰意義。因為這時的個股多處於超跌狀態，但超跌並不是股價上漲的動力，只有持續的買盤進入，才能讓股價步入底部且隨後走入上升通道之中。**溫和式放量的形態正是買盤持續進入的訊號，也就是股價見底、上漲趨勢即將出現的訊號。**

從圖 2-1 中可以看到，在前期經歷短線快速下跌、中期持續下跌之後，股價進入低位區。如圖中的標注所示，此時出現一波上漲行情，量能溫和放大，股價在短線高點止穩不跌，這是買盤積極入場的訊號，預示著行情的反轉，在實盤操作中可以積極跟進買入。

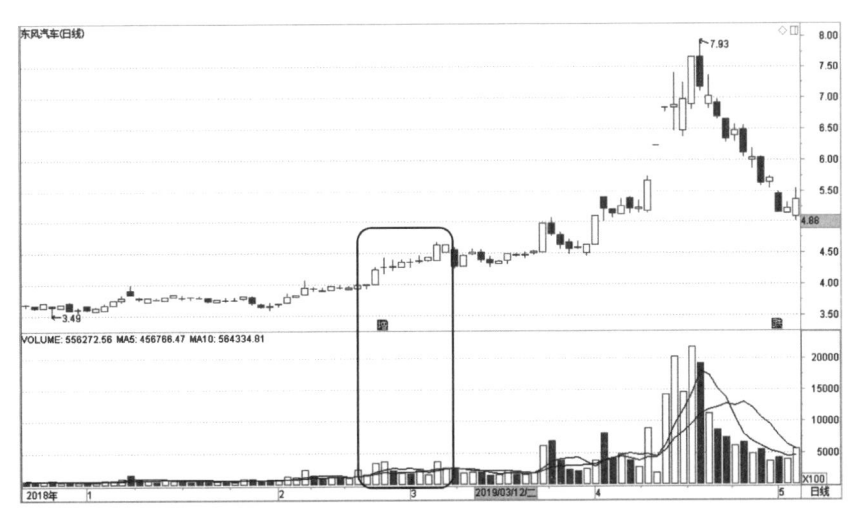

▲圖 2-1　東風汽車 2018 年 12 月至 2019 年 5 月走勢圖

## 2.1.3 升勢創新高溫和式放量，可持股待漲

升勢創新高溫和式放量，是指個股在一波穩健上漲，並且創出近期新高的價格走勢中，出現成交量循序漸進地溫和放大，而且其均量大於之前上漲走勢中的均量的情形。

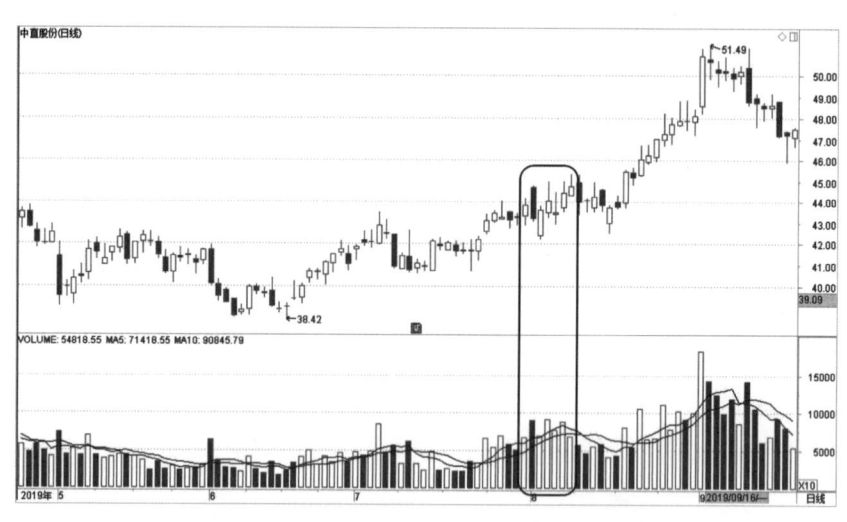

▲圖 2-2　中直股份 2019 年 4 月至 9 月走勢圖

　　這種出現在上升途中的溫和式放量形態，是場外買盤資金較為充足的標誌，也預示著股價上升趨勢將延續下去。

　　由圖 2-2 中的標示處可以看到，在震盪上升行情中，一波震盪上升走勢創出新高，量能相較於之前的均量，出現溫和式放大的情形，這是買盤資金充足的標誌。由於此時股價的累計漲幅不大、上升形態良好，因此這種溫和式放量的量價關係，預示著升勢仍將持續下去，我們可以耐心持股待漲。

## 2.1.4　突破套牢區溫和式放量，可積極買入

　　套牢區因股價破位下行而出現，隨後股價反彈上漲至這一位置點，較多的被套盤處於解套狀態。同時，由於股價短線上漲而產生一定的獲利盤，在這個位置點上，若股價能夠以溫和放量的方式突破套牢區，則表明市場籌碼鎖定狀態良好。這或許也可以表明市場浮額較少，股價上漲壓力較小。

　　只要股價短線漲幅不大、中線仍處於相對低位區，則表明股價的中線走勢向上，仍會有較大的上漲空間。在實盤操作中，股價在突破套牢區後，若能夠在突破位置點止穩，則預示著上漲動力較足，此時我們可以積極地買股入場佈局。

　　由圖 2-3 可以看到股價在急速下跌之後，跌破前期的震盪整理區間，從而使此區

▲圖 2-3　浙江富潤 2019 年 4 月至 11 月走勢圖

間成為套牢區，中短線跌幅較大。隨後，股價反轉上行，當上漲至套牢區時，量能僅溫和放大。在短線獲利盤、套牢盤的雙重賣壓下，這種溫和式的放量止穩表明市場浮額較少，是股價能夠成功突破的訊號之一。

## 2.1.5　震盪反彈溫和式放量，應及時賣出

在震盪下跌走勢中，股價的一波快速下跌之後，個股短期內處於超跌狀態，只要有一定的買盤入場，就可以推動股價反彈式上漲。此時出現的溫和式放量，僅代表股價的反彈式上漲，並不是大量買盤入場的訊號。

一般來說，當底部出現時，會有一個反覆震盪的過程，若股價急速下跌的速度較快、幅度較大，能夠出現 V 形反轉，其量能會連續大幅放出，而不會溫和式放量。

在實盤操作中，對於溫和式放量所引起的價格反彈式上漲的股票，我們不宜追漲買入；若股價中短線下跌幅度較大，溫和式放量之後，我們最好等股價短線再度回落後，才抄底入場。

由圖 2-4 可以看到，該股在震盪反彈波段出現幾次溫和式放量，量能放大幅度小。這屬於無量式反彈，代表著買盤入場不積極，反彈行情只是曇花一現。在實盤操作中，一旦股價短線滯漲，我們應及時賣出該股、規避新一輪的下跌風險。

49

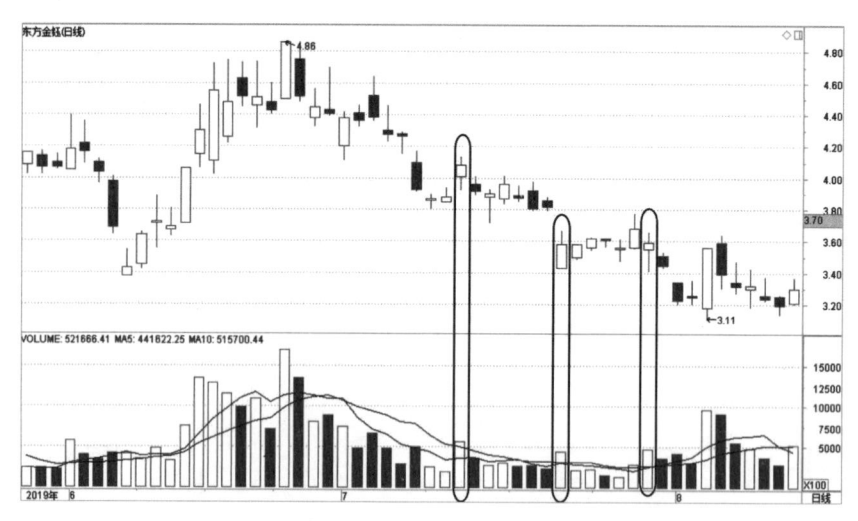

▲圖 2-4　東方金鈺 2019 年 5 月至 8 月走勢圖

## 2.2 突然大幅度放大：突兀式放量

### 2.2.1 突兀式放量的成因

突兀式放量也稱「脈衝式放量」，它是指成交量在某一日或連續兩日內突然大幅度放大，其放量效果往往可以達到之前均量大小的 3 倍以上。而且，在這一、兩日的放量之後，此股的成交量又突然地恢復如初。

一般來說，量能的放大或縮小有一個連續過渡的過程，這是多空雙方競爭不斷趨於激烈或不斷趨於緩和的寫照。但突兀式放量則完全不同，它是量能的一次突兀式躍動。突然地放量，又突然地恢復如初，這無疑是成交量的明顯異動。

那麼，突兀式放量是如何被引發的呢？一般來說，它是受消息面的刺激所引發的，下面我們就來看看突兀式放量究竟蘊含了怎樣的市場含義。

利多消息會促使股價上漲，主要是由於股價的快速變動，和市場對利多消息的解讀結果不同，多空雙方產生強烈分歧，造成了較大的交易量。

利多消息刺激下的突兀式放量表明兩種訊息：一是買盤入場力度大，並且當日多方佔據了主動地位，但當日的巨量也造成了對買盤力量的極大消耗；二是交易是雙向的，突兀式放量也說明當日逢高賣壓異常沉重，放量過後，量能突然大幅度萎縮，說明市場後續入場的買盤力量不足。因為「漲時需有量能支撐」，當股價處於短線高點，而量能又無法維持放大態勢時，一波回檔下跌走勢難免會出現。

再來看看利空消息引發的突兀式放量。利空消息引發突兀式放量並且造成股價的快速下跌，這說明市場的主動性快速賣出力量巨大，空方完全佔據了主動地位，這是下跌訊號。

## 2.2.2 短線上衝突兀式放量

短線上衝是指，股價出現一波短線上漲，漲幅相對較大、漲速較快。從日 K 線圖來看，股價的一波短線上漲往往會使股價呈加速突破上漲狀，這時出現的突兀式放量，往往與主力的階段式減碼、出貨行為相關。

圖 2-5 中股價經歷一波短線上漲，上漲幅度相對較大；在有了一個漲停板、全盤獲利的情形下，出現跳空長十字線的形態，當日成交量異常放大，放大效果大致為此前均量的 2 倍；次日量能又突然恢復如初，這就是突兀式放量上漲。出現在此位置點的這種量能形態，表明股價短線上攻動力已過度釋放，而且多與主力的階段性出貨行為相關，是短線上漲走勢結束的訊號。在實盤操作中，我們進行中線交易時應減碼，進行短線交易時應獲利離場。

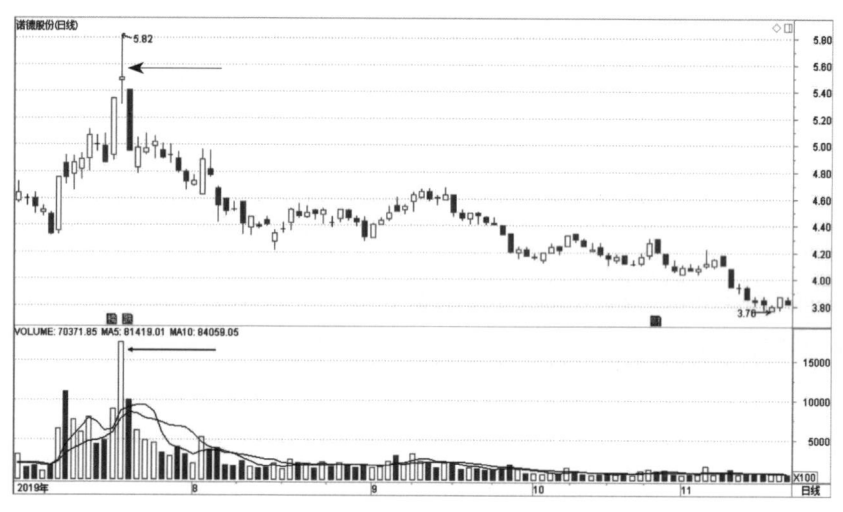

▲圖 2-5　諾德股份 2019 年 7 月至 11 月走勢圖

## 2.2.3 寬震區箱頂突兀式放量

在寬震區中，由於股價的上下波動幅度較大，股價走勢會在箱頂受到較強壓力，在箱底獲得較強支撐。此外，寬幅震盪走勢常出現於浮額較多、主力參與能力較弱的個股。

當股價上漲到達寬震區箱頂位置點時,將受到雙重賣壓阻擋,一是短線獲利盤賣壓,二是箱頂位置附近的套牢盤賣壓。因此,當在寬震區箱頂出現突兀式放量上漲時,表明此位置點的賣壓極大,雖然有買盤入場推動股價上漲,但隨後量能突然恢復如初,意味著買盤入場力度減弱。股價在短線高點承接力度不足,量能放得越大,則短期內對多方力量的消耗越大,股價隨後的回落幅度也就越大。

圖 2-6 中,該股的整體價格走勢呈寬幅震盪狀,在一波震盪反彈上漲中,股價到達箱頂壓力位。如圖中的標注所示,股價出現突兀式的放量長陽線形態,放量效果明顯,達到此前均量的 3 倍以上;次日量能突然萎縮,是股價上攻受阻的訊號,預示著一波大幅整理走勢將展開。在實盤操作中,我們應賣股離場,從而規避短線風險。

▲圖 2-6 中國衛星 2019 年 3 月至 11 月走勢圖

## 2.2.4 回檔反衝突兀式放量

回檔反衝是指,股價在第一次衝高之後出現大幅回檔,隨後股價二度上衝,接近前期高點時,成交量突兀式放大。

回檔反衝過程中的突兀式放量,是短線賣壓沉重、股價難以突破上行的訊號。此外,在這一位置點的突兀式放量多與主力出貨行為相關,尤其是在股價中期累計漲幅較大的情形下。在實盤操作中,我們一旦發現個股次日成交量大幅縮減、量能呈突兀

式放大,則應果斷賣出。

圖 2-7 為波導股份的走勢圖,股價一直持續上漲,並且創出新高。股價累計漲幅已經很大,隨後出現大幅整理、股價二度反衝,但同時出現突兀式放量,這是一個中短線的賣股訊號。

▲圖 2-7 波導股份 2019 年 2 月至 8 月走勢圖

## 2.3 大單交易頻繁：連續式放量

### 2.3.1 連續式放量的成因

從形態上來看，連續式放量至少能保持3個交易日以上，而且放量程度較為接近。在盤面上可以陸續看到較大的賣盤、買盤出現，盤中交投十分活躍、大單交易頻繁。連續式放量出現時，當日的成交量會顯著高於此前的均量，股價波動劇烈。

連續式放量常出現在高位區，或一波快速上漲走勢中。但當連續式放量開始出現縮量時，往往就是中短線見頂的訊號。實盤操作中它是警惕我們的反轉訊號之一。

### 2.3.2 寬幅震盪連續式放量

在股價處於上下寬幅震盪走勢中時，若成交量大幅度放出且放量效果較為接近，這就是寬幅震盪連續式放量。

若股價中線累計漲幅較大，震盪中使得股價重心下移，則是出貨的訊號，我們應逢高賣出；若股價中線累計漲幅較小，震盪中使得股價重心緩緩上移，多預示著主力持有籌碼有所增加，後續有望進一步拉升股價。在實盤操作中，我們可以在震盪回落時的低點買入進行佈局。

可以看到在圖2-8中，股價在脫離低位區時，頻繁出現漲停板，隨後股價震盪上行，且量能明顯放大，每個交易日的放量效果都較為接近，這就是連續式放量的特徵。考慮到股價中短線漲幅較小、主力成本較低，在震盪時，股價重心不斷上移，說明買盤力度更強。因此，若大盤配合，股價有望在主力的參與下進一步上漲。在實盤操作中，我們應在震盪回檔時買股佈局。

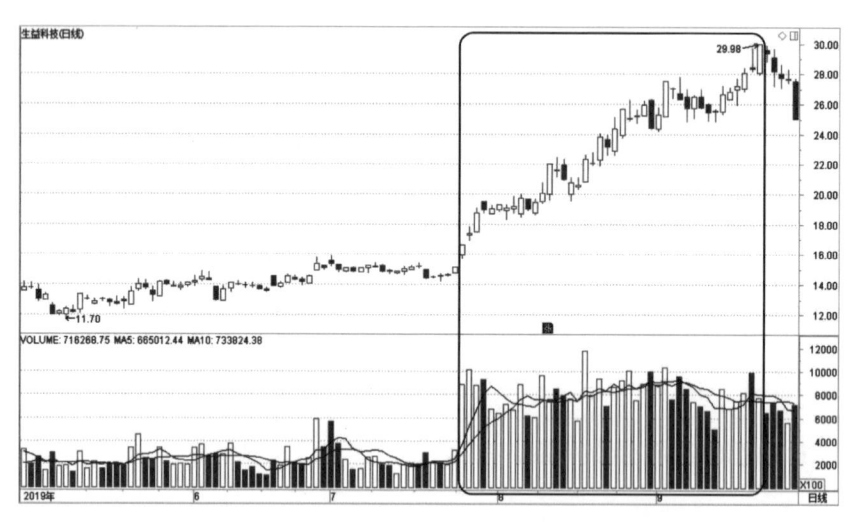

▲圖 2-8　生益科技 2019 年 4 月至 9 月走勢圖

### 💰 2.3.3　短線飆升連續式放量

短線飆升走勢中，出現連續式放量時的股價上漲並不具有持續性，股價的上攻走勢多為一波到頂，一旦量能開始縮減或者股價上攻受阻，我們應中短線賣出。特別是當這種短線飆升走勢，出現在股價累計漲幅較大的情形下時，股價隨後的下跌速度極快，下跌幅度往往也極大。

圖 2-9 中出現了連續式放量上攻的形態特徵，如圖中的標注所示，高位出現了縮量、滯漲，這是一個明確的中短線賣出訊號。

### 💰 2.3.4　橫向整理連續式放量

在橫向的整理走勢中，股價上下波動幅度縮小，正常情況下，市場交投應有所減少，量能應有所縮減，若此時量能連續性放大且放大效果相近，則多與主力的出貨行為有關。一般來說，橫向整理走勢中的連續式放量，多出現在股價累計漲幅較大的高位區，看似個股交投活躍、承接資金踴躍，但通常是中短線見頂的訊號，主力往往在此時出貨。

圖 2-10 可以看到股價累計漲幅大，一波回檔後，雖然股價處於短線低點，但從中長線角度來看，仍處於高位區。此時的橫向窄幅整理卻引發了量能的持續性放大，這是一個短線下跌訊號，也預示著隨後的股價運行趨勢——破位下行。

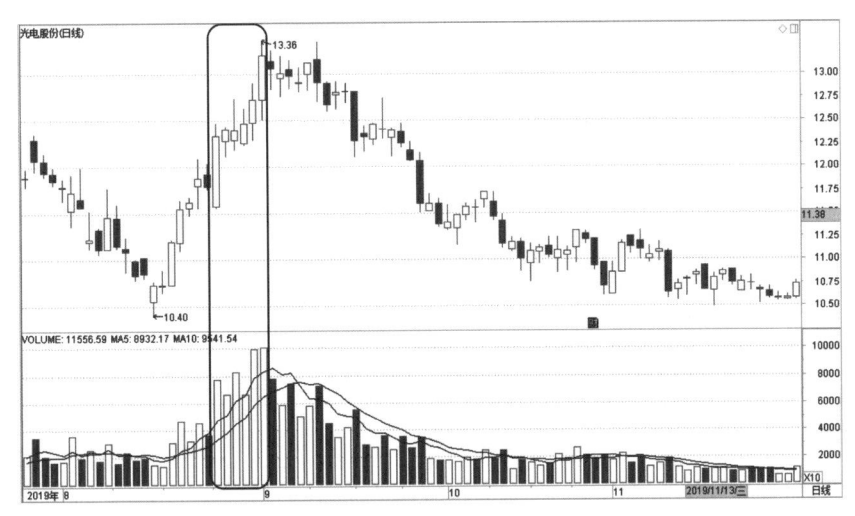

▲圖 2-9　光電股份 2019 年 7 月至 11 月走勢圖

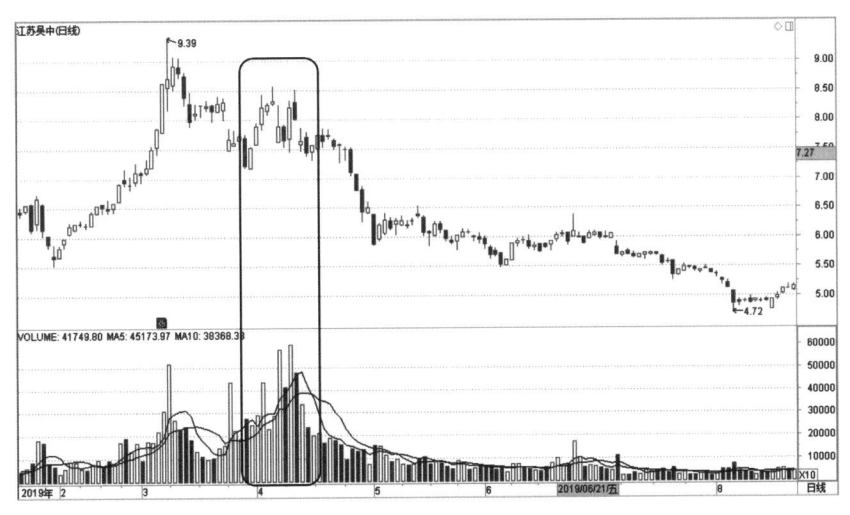

▲圖 2-10　江蘇吳中 2019 年 1 月至 8 月走勢圖

## 2.4 回檔走勢中的縮量，反映投資人心態

### 2.4.1 回檔走勢中的縮量成因

縮量直接反映出市場交投極為冷清，對於極度萎縮的成交量，我們可以將其稱為「地量」。縮量能更真實反映出市場交投行為的活躍程度。

「漲時放量，跌時縮量」是股市和個股的普遍量價特徵，這與投資人的心理特徵有關。這種心理特徵是建立在大眾買賣特點的基礎之上，不因個別投資人的喜好、習慣而改變。

漲時放量，是因為投資人在看到帳面有盈利時，往往有著較強的賣出意願，「獲利離場」、「擔心獲利回吐」是投資人在盈利後共有的心態，這也是散戶在一檔股票中獲利很難超過 30% 的原因。因為此時的股價一旦出現波動，投資人的賣出意願是極強的，所以想要讓股價繼續上漲，必須有更多的買盤入場承接才行。放量正是買盤大量入場、獲利盤不斷賣出的標誌，可以說**量能的放大也是支撐股價站穩於中短線高點，並繼續上漲的動力所在**。

下跌（或者短線回檔）的時候，情形則正好相反。持股者在看到獲利回吐或者短線被套的情形下，總是希望等到股價反彈或行情反轉時再擇機賣出，有一種「惜售」心理。而且，對於場外的投資人來說，「買漲不買跌」是一種共識，大家都喜歡強勢上漲的股票，而對於弱勢下跌的股票，敢於抄底入場的投資人畢竟只是少數。基於這種情況，少量的賣出在沒有買盤入場承接的背景下，就會使股價下行，從而呈現「縮量下跌」的局面。

回檔走勢，顧名思義是出現在個股整體價格走勢呈震盪上行的背景下。此時的縮量回檔可以看作是股價的一次短暫整理，緣於短期內買盤的跟進速度較慢、力度不

足，但並沒有打破市場上多空力量的整體對比格局。因此，在股價累計漲幅不大、整體處於震盪上行走勢中時，這種回檔時的縮量並不是趨勢逆轉的訊號。相反地，縮量回檔後的低點，還是較好的中短線入場時機，特別是在大盤向上、個股價格走勢強勁的背景下。

## 2.4.2 上升行情回落縮量

上升行情，是指個股的整體價格走勢為升勢的行情，將股價短期波動過程中的相鄰低點連接起來，可以得到一條向上傾斜的曲線，即**上升趨勢線，該線與水平線的夾角為 45 度時最為穩健**。以此線為支撐，股價會震盪上行，呈現一波回落趨勢，而這僅是由於少量獲利賣出而導致的，所以會出現縮量回落的情形。當股價接近上升趨勢線時，將獲得較強的支撐，此時量能明顯縮減、短線做空力量消耗殆盡，這時就是中短線的逢低買入時機。

圖 2-11 中可以看到，股價自低點位開始步入了升勢之中，股價在持續上漲之後出現了一波短線回落走勢。在回落過程中，量能不斷縮減，隨後再次放量使股價獲得了較強支撐，再度步入升勢。

▲圖 2-11　中再資環 2019 年 1 月至 7 月走勢圖

可以說，震盪上行走勢中的縮量回落，僅是一次短暫的整理，是對不穩定獲利浮額的一次整理，也給了場外投資人一次較好的逢低入場時機。當趨勢形成時，我們不宜過早地認為頂部即將出現，而應緊隨趨勢。當短線縮量回落時，若原有的上升形態依舊良好，則更宜將其看作是回檔，而不是股價走勢的反轉。

### 2.4.3 震盪回落波段縮量

股價走勢呈寬幅震盪態勢，股價運行沒有明確的大方向，且股價在一波短線大幅上漲之後，出現了大幅的、相對快速的下跌，下跌時量能大幅縮減，這屬於震盪回落波段的縮量。

一般來說，震盪回落波段的量能萎縮越明顯，則表明個股的空方力量越薄弱。股價的短線快速下跌，主要是由於主力不護盤、買盤入場不積極所導致的，因此，這類個股一般難以出現破位下行的價格走勢。當股價向下滑落觸及震盪區低點時，只需少量的抄底買盤入場即可止跌止穩，若有主力入場護盤，則出現一波強勢回升也是可能的。在實盤操作中，此時是一個較好的波段低點買入時機。

圖 2-12 中，該股處於寬幅震盪走勢，在股價的一波快速回落中出現了量能的大幅縮減。在隨後的止穩走勢中，我們可短線買入。

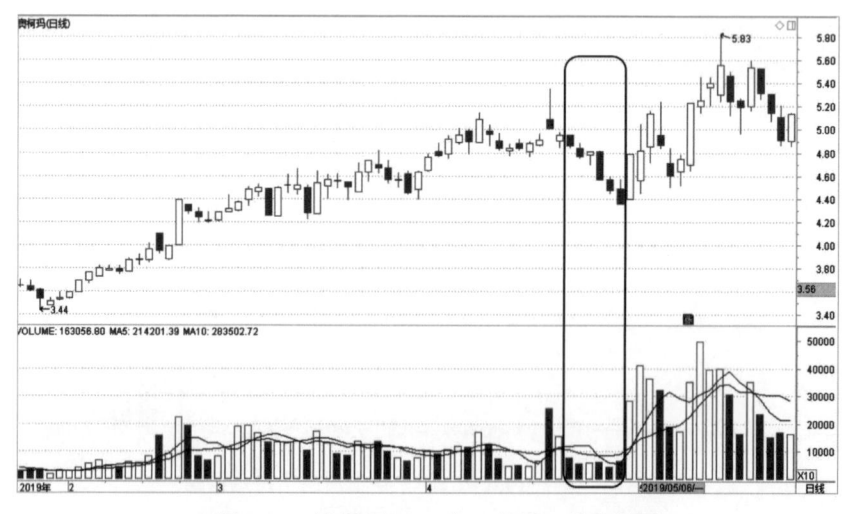

▲圖 2-12　澳柯瑪 2019 年 1 月至 5 月走勢圖

## 2.4.4 回檔整理階段縮量

短線回落之後，較多的持股者會遇到獲利回吐或短線被套的情況，此時，持股者拋售意願大大減弱，短線做空力量釋放得較為充分，常常出現縮量整理走勢。如果此時的股價，處於較好的上升行情中或中長期的低位區間，那麼只需少量的買盤入場就能引發股價的一波上漲。縮量整理既是股價短線止穩的訊號，也是隨後股價將出現反彈上漲的訊號，是一個短線入場的時機。

圖 2-13 中可以看到，該股整體處於震盪上行的價格走勢之中，股價震盪幅度較大，此時的累計漲幅不大。如圖中的標注所示，股價短線回落的幅度較大，並且在相對低點出現了縮量止穩的走勢。結合股價的整體運行趨勢來看，縮量整理之後，股價有望再度回歸到原來的震盪上行趨勢中，這個縮量整理位置點，就是中短線買入點。

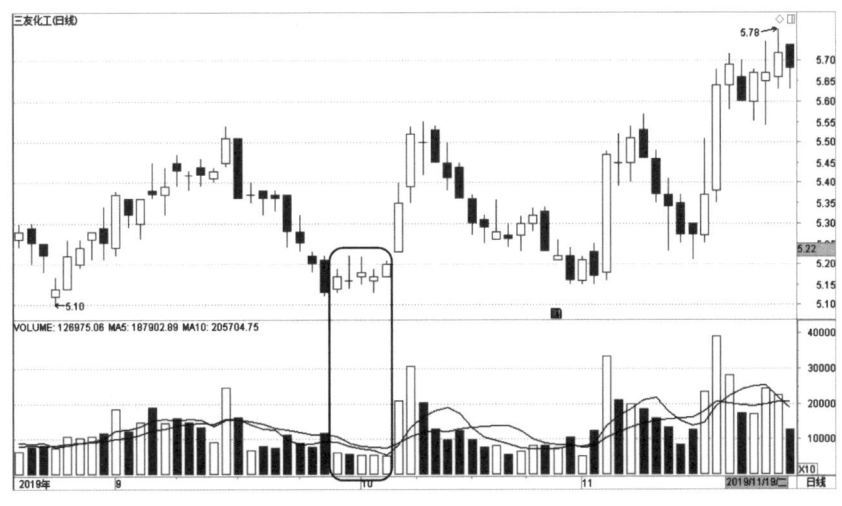

▲圖 2-13 三友化工 2019 年 8 月至 11 月走勢圖

圖 2-14 可以看到，在橫向震盪走勢中，股價在箱體低點出現了縮量整理，對比此前的量能大小，此時的量能萎縮較為明顯，這是在股價經歷了橫向震盪之後市場浮額大量減少的訊號。結合股價原有的升勢特徵、累計漲幅不大等情形來判斷，主力或許在震盪區間進行了加碼操作。以此來進行綜合判斷可知，該股有望在主力的參與下出現突破行情。在實盤操作中，此時是一個較好的買入點。

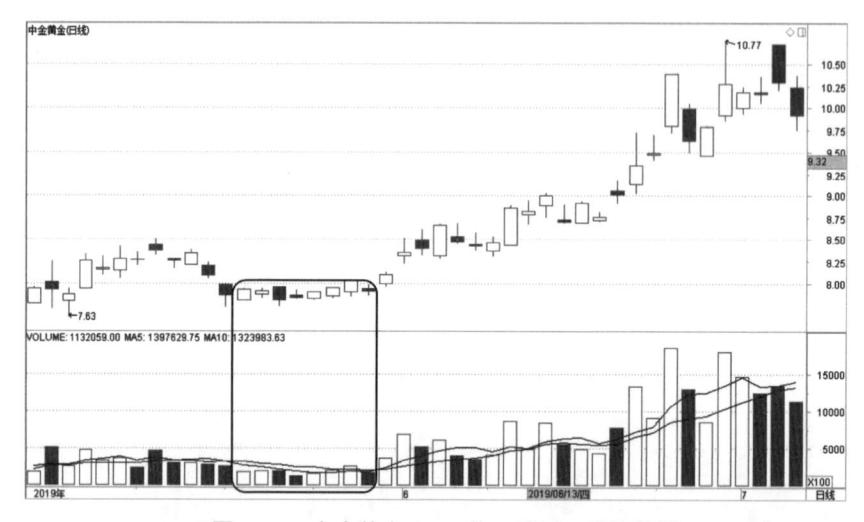

▲圖 2-14　中金黃金 2019 年 5 月至 7 月走勢圖

## 2.5 滯漲走勢，應結合整體價格走勢分析

### 2.5.1 高位滯漲區的縮量的成因

在高位區，一旦股價出現了明顯的滯漲走勢，由於缺少短線波動、短線盤交易不積極，因此多空雙方的競爭就會趨於緩和，從而出現縮量。

對於滯漲走勢，我們可以結合個股的整體價格走勢特徵來解讀。若股價的累計漲幅較大、滯漲時間較長，且形態上打破了原有的上升格局，則此時的滯漲走勢多與主力的拉升意願較弱有關，甚至緣於主力的小量出貨行為。

若股價累計漲幅不是很大，滯漲過程中也沒有出現股價重心的下移，則說明多空力量對比格局並未被完全打破，此時的滯漲多屬於整理環節，股價隨後將進一步突破上攻。

在實盤操作中，我們一要結合個股的整體價格走勢，來分析高位滯漲區的縮量的成因，二要結合滯漲過程中的股價重心移動情況，以掌握多空力量對比格局的變化。這樣才能更完善地判斷當前的滯漲，究竟是屬於上升途中的「整理環節」，或是趨勢將反轉下行的「築頂環節」？

### 2.5.2 高位窄幅整理下移縮量

當股價經歷了中短線大幅上漲而進入高位區時，若股價走勢呈滯漲、整理狀，股價重心隨著整理走勢的持續而緩慢下滑，且量能不斷萎縮，則表明主力無意再度拉升股價，而是正在進行小量出貨。這樣的個股一旦遇到大盤「跳水」或市場環境低迷，其抵禦風險的能力是極低的，其價格也易破位下行。在實盤操作中，我們應果斷賣出。

圖 2-15 可以看到，股價中線漲幅大，在進入高位區後，股價重心緩緩下移，成交量不斷萎縮，這是小賣單源源不斷的典型盤面特徵，也是給我們的賣出訊號。

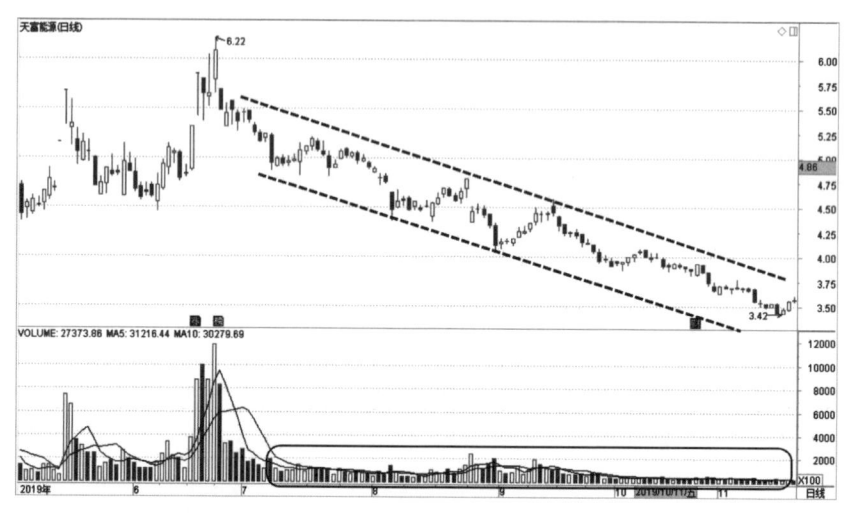

▲圖 2-15　天富能源 2019 年 5 月至 11 月走勢圖

### 2.5.3　高位震盪區縮量

在中長期的高位區，個股整體價格走勢呈橫向震盪狀，上下震盪幅度較大，但此時的量能並沒有因股價的上下大幅波動而放大，反而出現了較大幅度的縮量。如果對比之前的上漲走勢，可以發現其量能呈極度萎縮狀態。

一般來說，出現這種盤面特徵的個股，大多是有中長線強主力參與的，主力在高位區的出貨打破了多空平衡，造成股價波動，但是投資人的高位承接意願極低，主力出貨也需要漫長的過程。極度低迷的成交量伴隨著股價的上下大幅度波動，表明市場浮額並不是很多，主力的參與能力仍舊較強。

在股市做多氛圍濃郁的背景下，主力或許會進一步拉升股價，畢竟股價越高、主力越主動，但這種情形很少見。更為常見的情形是主力獲利幅度極大，而高位區出貨太慢，主力往往會大力出貨。因此，這類個股在大盤做多氛圍不強的背景下，出現股價破位下行的機率較大。

圖 2-16 可以看到股價因利多消息，在幾次大漲之後進入了中長期高位區，累計

漲幅極大。此時的股價走勢呈橫向寬幅震盪狀、上下波動幅度大，但同期的成交量卻有所萎縮。從股價走勢來看，主力無意拉升股價；從量能的角度來看，該股的交投極度不活躍，主力在高位區出貨較為困難。同期的股市又較為低迷，成交量屢創近期新低，在這樣的市場環境下，這種在高位震盪區出現縮量的個股，其價格容易破位下行，我們應及時賣出離場。

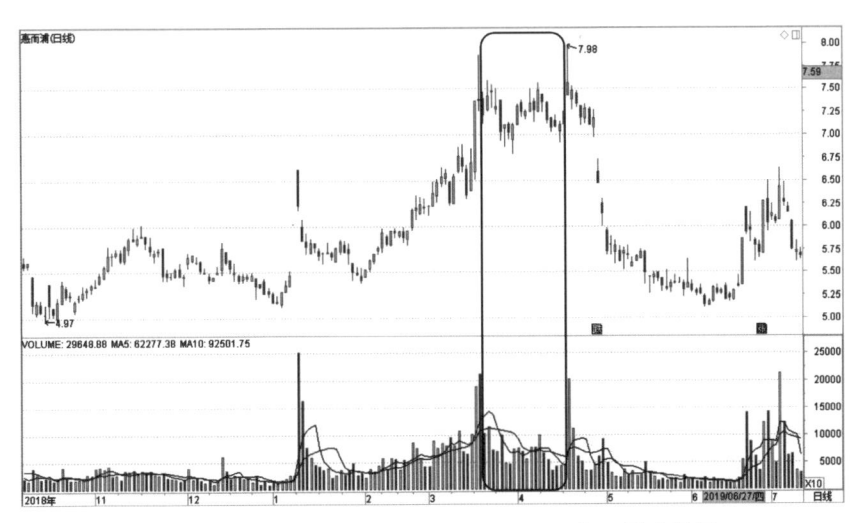

▲圖 2-16　惠而浦 2018 年 10 月至 2019 年 7 月走勢圖

## 2.5.4　強勢股整理區縮量

　　高位滯漲區中的「高位」是一個相對概念，在股價累計漲幅不大時，若此時與起漲點的低位相比已有一定漲幅，但上漲幅度在一倍以內，這也是一個高位。但在這個位置點，主力可能不會出貨，因為此時既沒有足夠的出貨空間，也難以吸引跟風盤追漲買入。

　　在這樣的位置點出現縮量滯漲形態時，若股價前期走勢獨立、上漲壓力較小，並且在橫向滯漲走勢中未出現股價重心下移的情形，則多是橫向整理並非築頂，一旦多方力量積蓄完畢，新一輪的上攻行情隨即展開。

　　以圖 2-17 對照同期的大盤走勢，可以發現個股前兩波的上漲走勢很獨立、強勢股特徵明顯。但每一波上漲幅度都不是很大，每一次突破上攻後，股價都以橫向盤整

的態勢出現，這使得股價的累計漲幅並不是很大。

隨後，股價開始長時間的橫向整理，量能大幅縮減，基於該股之前的走勢特點，可判定這是整理階段。量能的大幅縮減代表著主力參與能力較強、市場浮額較少。在實盤操作中，我們可將此時的整理階段作為中短線入場點。

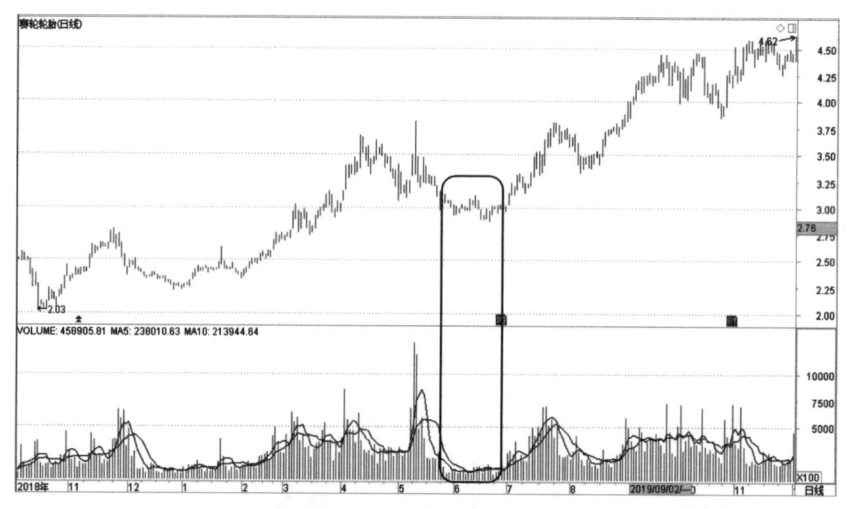

▲圖 2-17　賽輪輪胎 2018 年 10 月至 2019 年 12 月走勢圖

## 2.6 下跌趨勢的典型量價關係：跌勢無量

### 2.6.1 下跌途中的縮量成因

對於大多數個股來說，當其價格步入下跌後，其量能將持續地處於一種相對萎縮的狀態，「跌勢無量」是下跌趨勢中典型的量價關係。之所以如此，是因為當個股或股市步入跌勢後，財富效應消失，場外的投資人入場意願大大降低。

場內投資人都希望能在更低的價位時進行抄底，此時只需少量的虧損盤「割肉離場」，就可以使股價降低，由此形成了縮量下跌的總體格局。只要跌勢中的量能一直保持縮減狀態，縮量下跌格局未被打破，則跌勢就不會輕易見底。

此外，由於上升趨勢造成的個股估值普遍偏高，而價格又是圍繞價值上下波動的，因此這也是價值回歸的過程。

### 2.6.2 破位下行時縮量

股價在高位區間出現橫向震盪走勢時，若在其向下跌破盤整區時出現了縮量，則表示經歷震盪之後，空方佔據了主動地位，且場外買盤入場的意願極低，股價向下運行無支撐。這是股價步入下跌趨勢的訊號，也預示著股價隨後的中短線跌幅較大，在實盤操作中，我們應及時賣股離場。

由圖 2-18 可以看到，股價在高位區出現了短期的盤整走勢。此時，趨勢運行不明朗，但是隨後的縮量破位則提示我們：股價已選擇了運行方向。

▲圖 2-18　中鋁國際 2019 年 5 月至 11 月走勢圖

### 2.6.3　下跌行進中縮量

　　下跌行進中的縮量，代表空方依舊佔據主動地位，買盤入場不積極，此時，跌勢難以見底。在實盤操作中，我們此時仍應多看少動，靜待底部出現。

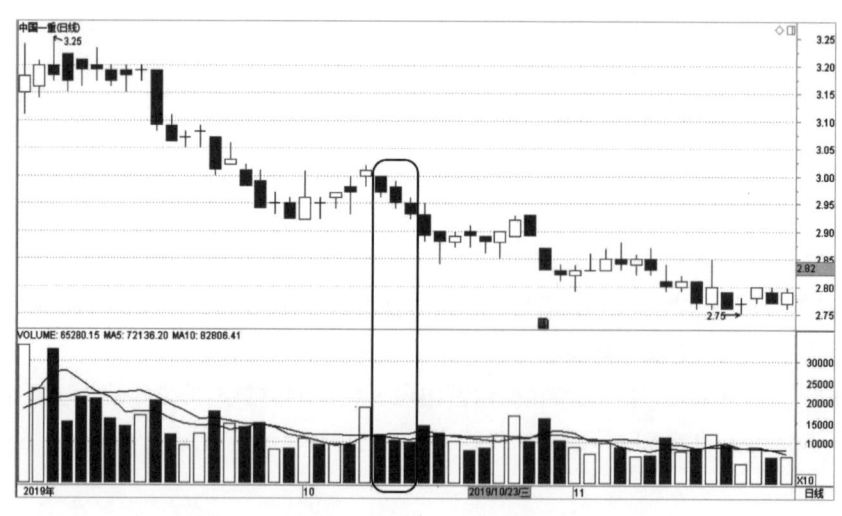

▲圖 2-19　中國一重 2019 年 9 月至 11 月走勢圖

圖 2-19 中，股價自高位區快速反轉向下，短線跌幅較大，下跌趨勢明朗。在下跌途中，出現多根縮量小陰線，但這並不是賣壓減輕的訊號，我們應將其理解為買盤入場意願低。而且，下跌途中的多根縮量小陰線，是主力在下跌途中快速出貨的一種常見的買賣方式的展現，在實盤操作中，我們此時切不可抄底入場。

### 2.6.4 巨幅下跌後縮量

巨幅下跌之後股價可能已中期見底，但也可能只是短期見底。在實盤操作中，我們一要看股價的累計跌幅，二要看縮量止穩時的股價重心變化情況。

如果股價累計跌幅較大，且在縮量止穩時股價重心不下移，這往往是趨勢見底的訊號，我們可以逢低買入，耐心持有。在股價短線跌幅較大，但在累計跌幅不大的情況下，縮量止穩時又有股價重心下移的現象，則表示空方依舊佔據主動地位，此時的止穩並不是跌勢見底的訊號。在實盤操作中，我們可結合大盤實施短線搏反彈的操作，但不宜進行中長線的買入操作。

如 2-20 圖中的標注所示，股價的中期累計跌幅極大，在縮量止穩過程中，這是買盤陸續入場、賣壓減輕的標誌，也是底部區多空力量對比格局發生轉變的訊號。因此，此位置區出現反轉上行趨勢的機率較大。在實盤操作中，我們可以積極買入，等

▲圖 2-20　江泉實業 2019 年 4 月至 10 月走勢圖

待行情反轉向上。

由圖 2-21 可以看到，股價自高位區開始向下破位，雖然短線跌幅大，但累計跌幅不大，縮量時股價重心有所下移，這是空方依舊佔據主動地位的標誌。此時，我們不可買股入場，因為這個區位只是下跌途中的整理階段，一旦大盤出現震盪，股價將再度破位下行、擴大跌幅。

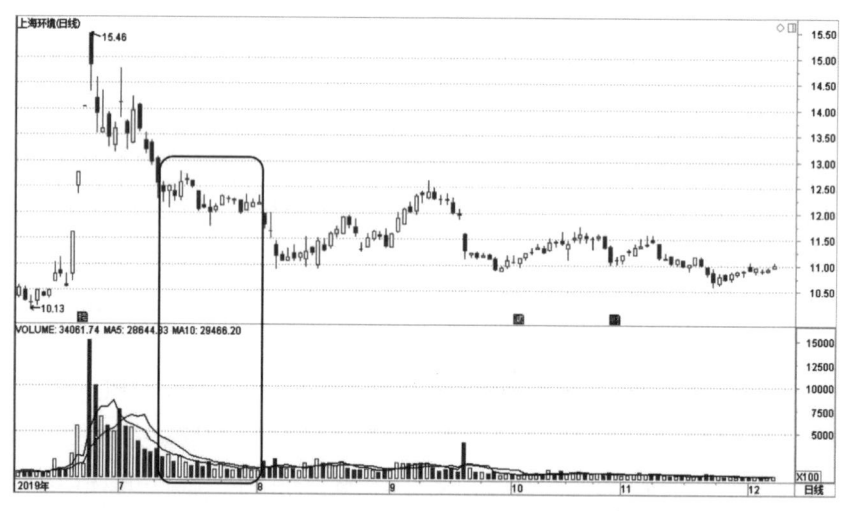

▲圖 2-21　上海環境 2019 年 6 月至 12 月走勢圖

# 第3章
# 用均線結合量價，操作「中短線交易法」！

# 3.1 葛蘭碧的 8 大買賣法則

趨勢決定著交易方式：是以買進持有為主，還是進行快進快出的波段交易。當股價運行的大方向相對明確之後，**我們可以借助一系列的技術工具來把握買賣點，而均線無疑是研判、把握趨勢的最佳工具之一**。在第 1 章中，我們已經講解了利用均線來分析趨勢的方法。在本章中，我們將進一步結合量價配合、趨勢各環節的量能特徵等要素，在暫不考慮主力參與的基礎上，來看看如何展開順勢而為的中短線交易。

由於主力的參與可能會打破多空平衡關係、改變籌碼分佈狀態，因此，有主力參與的個股，往往會呈現出一些不同於大多數個股在自然交投下的量價配合關係。以本章內容瞭解趨勢下的量價關係後，筆者將在第 4 章進一步解讀有主力參與的個股量價形態。

在結合趨勢運行的基礎之上，技術分析大師葛蘭碧系統性地對移動平均線總結了 8 條買賣法則，其中既有短線買賣點，也有中長線買賣點，該法則是我們把握趨勢運行、展開實盤交易的重要參考指標。在實盤交易中，我們還需要結合量能變化情況來加以驗證，這樣才能獲得更高的成功率，更為精準地把握買賣點。

## 3.1.1 葛氏均線買賣法則示意圖

圖 3-1 為葛蘭碧均線買賣法則示意圖，圖中標示了葛蘭碧均線上的 8 個買賣點，其中較細的曲線代表股價走勢（也可能用短期均線 MA5 來代替），較粗的曲線代表中長期均線 MA30。在隨後的各個專題中，筆者將以量價配合為基礎，結合圖 3-1 中的買賣點展開實盤講解。

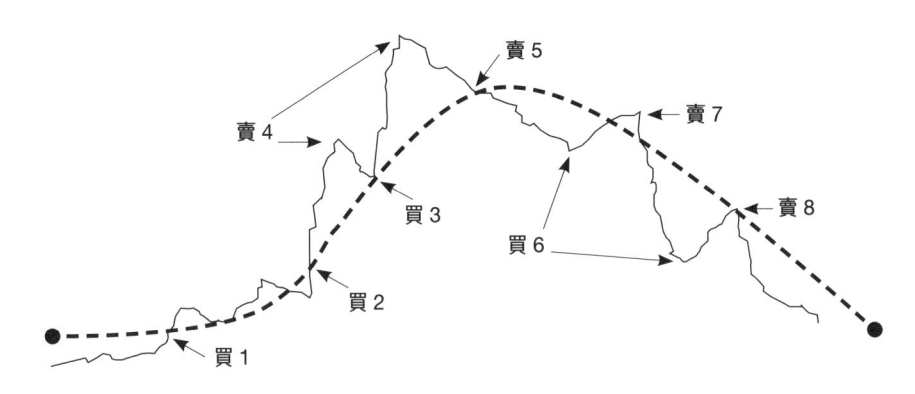

▲圖 3-1　葛蘭碧均線買賣法則示意圖

## 3.1.2 低點放量上穿 MA30

低點放量上穿 MA30 形態，對應圖 3-1 中的「買 1」。在中長期低位區間，股價走勢止跌止穩、橫向震盪。此時，股價向上運行，由 MA30 下方向上突破 MA30 並且出現明顯放量，代表著多方力量已經增強、買盤入場積極，有望出現行情反轉，我們此時可以實施中短線買入操作。

由於個股此時處在低位區，因此放量穿越 MA30 時，以溫和式放量形態為最佳。量能的放大有一個連續過渡的變化過程，而這正是買盤踴躍入場、多方力量充足的標誌，也是多空力量對比格局完全扭轉的訊號。

由圖 3-2 我們可以看到，股價在低位區橫向止穩，股價重心有緩慢上移的趨勢，隨後的一波小幅度回落使得股價運行於 MA30 下方。緊接著一波放量上攻，使得股價向上穿越了 MA30，這是中長期趨勢開始上行的訊號，也預示著上升行情有望出現。當股價放量向上穿越 MA30 時，此時可以作為中長期的買股入場點。

## 3.1.3 攀升回檔放量反穿 MA30

攀升回檔放量反穿 MA30 形態，對應圖 3-1 中的「買 2」。在上升途中，股價震盪運行於 MA30 上方，上升較為平緩，股價沒有向上遠離 MA30，一波回檔下跌，使得股價向下跌破了 MA30。隨後，當股價再度向上穿越 MA30 且以量能放大為支撐時，表明買盤資金充足，預示著新一輪上攻行情的出現，這是中短線買股入場的時機。

圖 3-3 中，可以看到股價緩慢攀升，股價重心緩緩上移，但一波回落打破了原有的趨勢運行節奏。隨後股價再度放量上穿MA30，這就是新一波上攻走勢出現的訊號，我們此時可以中短線買股入場。

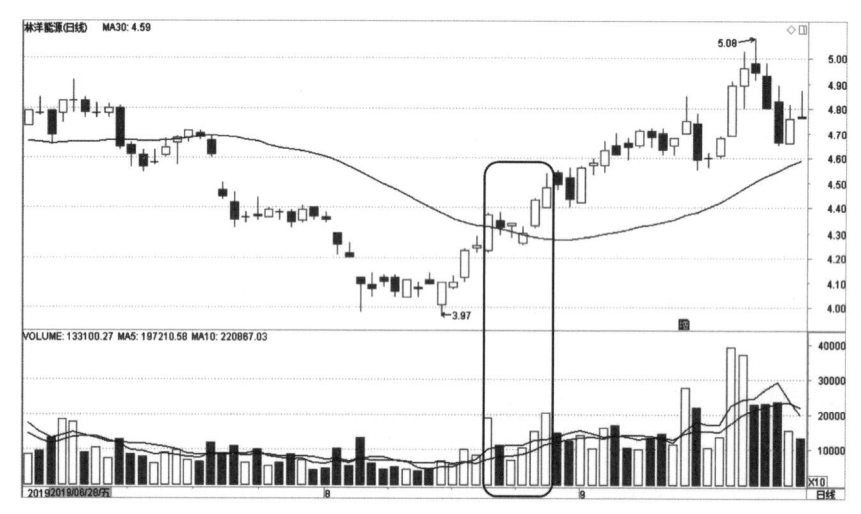

▲圖 3-2　林洋能源 2019 年 6 月至 9 月走勢圖

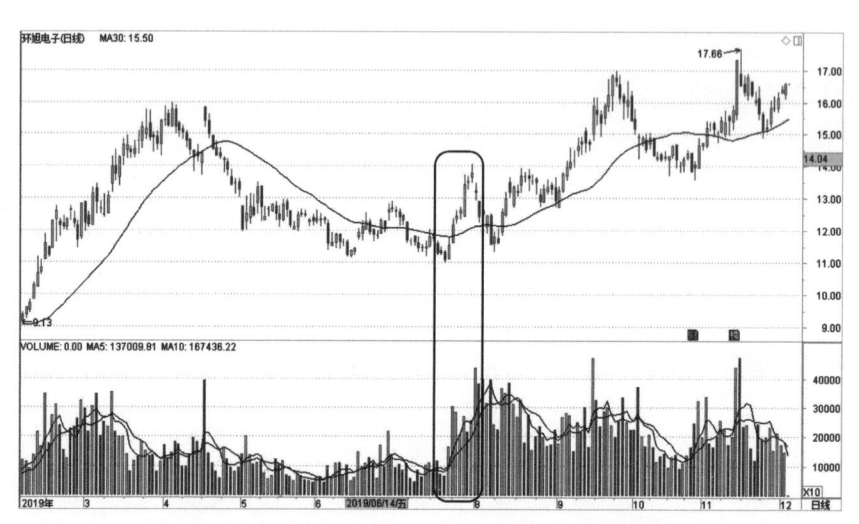

▲圖 3-3　環旭電子 2019 年 2 月至 12 月走勢圖

## 3.1.4 快漲後回落至 MA30 縮量

快漲後回落至 MA30 縮量形態，對應圖 3-1 中的「買 3」。在上升途中，股價走勢快速上揚，股價向上且明顯遠離了 MA30。隨後，股價回落，當其回落至 MA30 附近時出現了明顯的縮量，這是短期內空方力量大大減弱的標誌，也是股價遇到較強支撐的訊號，我們此時可以短線買入。

由圖 3-4 可以看到，股價沿 MA30 穩步攀升，股價重心不斷上移，正處於上升趨勢中。在此背景下，短期內出現了一波上漲，使股價向上遠離了 MA30，我們此時應注意風險，因為股價有再度回落至 MA30 的趨勢。

如圖中的標注所示，一波回落後，股價在盤中跌至 MA30 附近，量能也明顯萎縮，這正是短期內空方力量減弱的訊號，我們此時可以進行短線買股操作。

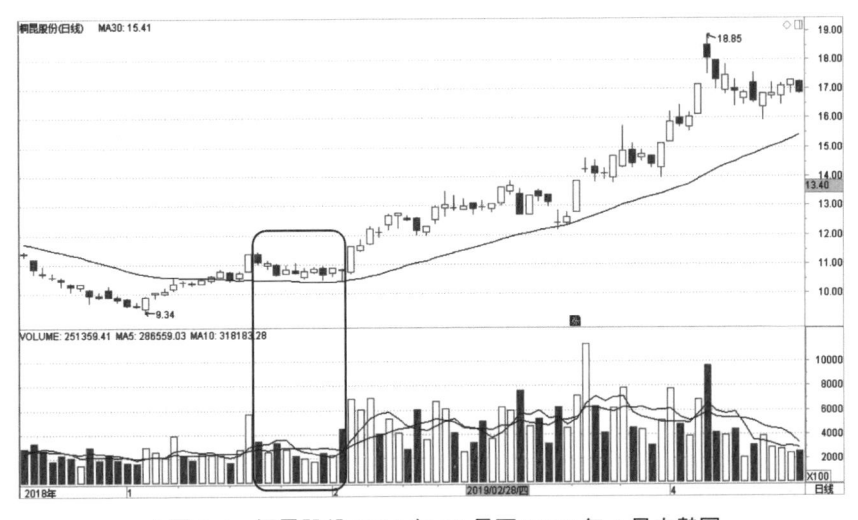

▲圖 3-4　桐昆股份 2018 年 12 月至 2019 年 4 月走勢圖

## 3.1.5 向上遠離 MA30 滯漲放量

向上遠離 MA30 滯漲放量形態，對應圖 3-1 中的「賣 4」。上升途中，一波快速上揚走勢後，股價向上遠離了 MA30。短線的快速上漲使得市場處於超賣狀態，如果此時出現短線滯漲且量能未見縮小，表明市場賣壓較為沉重，我們此時應短線賣出。

由圖 3-5 可以看到，股價一直穩健地運行於 MA30 附近，一波快速上攻使得股價向上遠離 MA30。此後股價連續多日無力上攻，但這幾日的量能均保持著較大的態勢，這是短線賣壓重、股價將要回檔的訊號，我們此時應短線賣出。

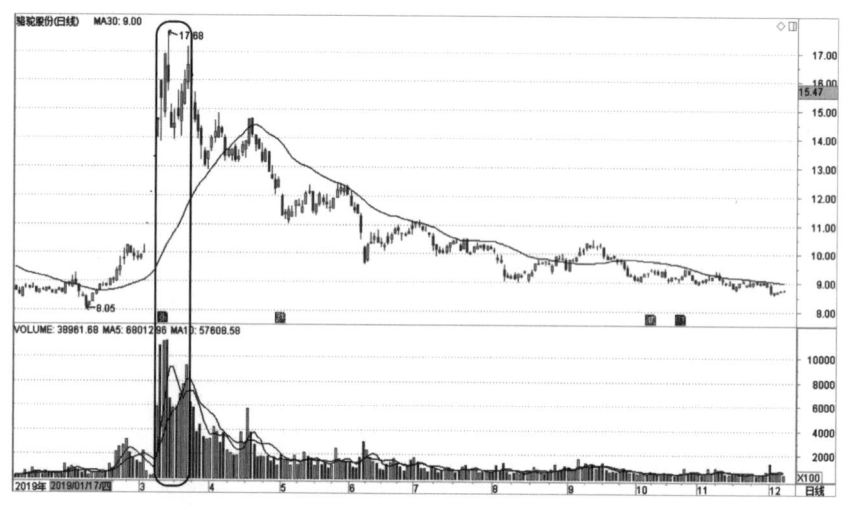

▲圖 3-5　駱駝股份 2019 年 1 月至 12 月走勢圖

## 3.1.6　高點持續回落破 MA30

高點持續回落破 MA30 形態，對應圖 3-1 中的「賣 5」。該點預示著趨勢的轉向。在累計漲幅較大的高位區，股價回落向下運行。若出現股價下跌並穿過 MA30 的運行方式，則無論當時的破位下行是否出現放量，都是多空力量對比格局轉變的訊號，也是中期頂部出現的標誌。此時，我們應進行中長線的賣股操作。

由圖 3-6 可以看到，在股價累計漲幅較大的高位區中，股價滯漲滑落，隨後以一根長陰線向下跌破中期 MA30。這是趨勢開始轉向下行的訊號，對於中長線的投資人來說，應及時賣股離場。

一般來說，在高位區，股價緩慢下滑並跌破 MA30 走勢的短線，其殺傷力最大。因為緩慢的下跌不會讓個股處於短期超跌狀態，股價反彈空間很小，無論中線還是短線，我們此時若「抄底」入場，很有可能被套牢。實盤中，股價回落至 MA30 附近時的運行方式極為重要，這也是我們在實盤操作中應多加注意的。

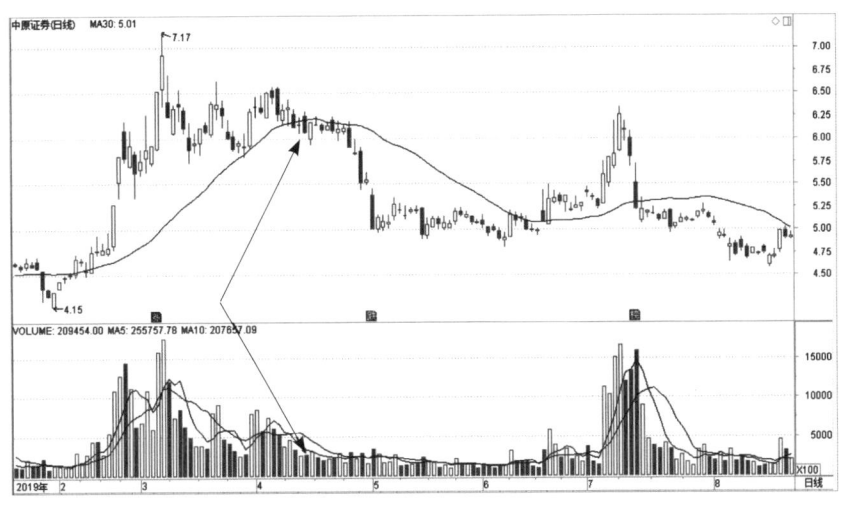

▲圖 3-6　中原證券 2019 年 1 月至 8 月走勢圖

## 3.1.7　向下遠離 MA30 後放量

向下遠離 MA30 後放量形態，對應圖 3-1 中的「買 6」。在下跌途中，股價位於 MA30 下方，MA30 也處於下行狀態。一波短期快速下跌，使得股價向下且明顯遠離 MA30，此時的市場處於超賣狀態。若此時還有相對放大的量能，則代表短期內的賣盤大多已離場，市場賣壓有望快速減輕。此時，只需要少量的買盤資金推動，一波反彈行情就會出現。在實盤操作中，我們可以短線買股入場，獲取反彈收益。

圖 3-7 的高位區中，股價在 MA30 附近運行，最終因空方力量更強使股價向下跌破 MA30。如圖中的標注所示，短期內一波快速下跌之後，股價向下遠離 MA30，此時的量能也明顯放大。這是短期內賣盤已悉數離場的訊號，預示著走勢有望出現反轉，是短線抄底、獲取反彈收益的訊號。

一般來說，在實盤中，當股價在第一次快速跌破高位區、向下遠離 MA30 時，若大盤沒有出現系統性風險，那麼此時出現的放量下跌所預示的反彈機率最高、空間更大。因為之前的高位盤整走勢並沒有讓市場做空思維「一面倒」，所以雖然此時的空方力量已明顯佔優勢，但多空分歧依舊較為明顯，股價難以在第一次破位時，就快速進入下跌趨勢，此時正是獲取短線利潤的好時機。

77

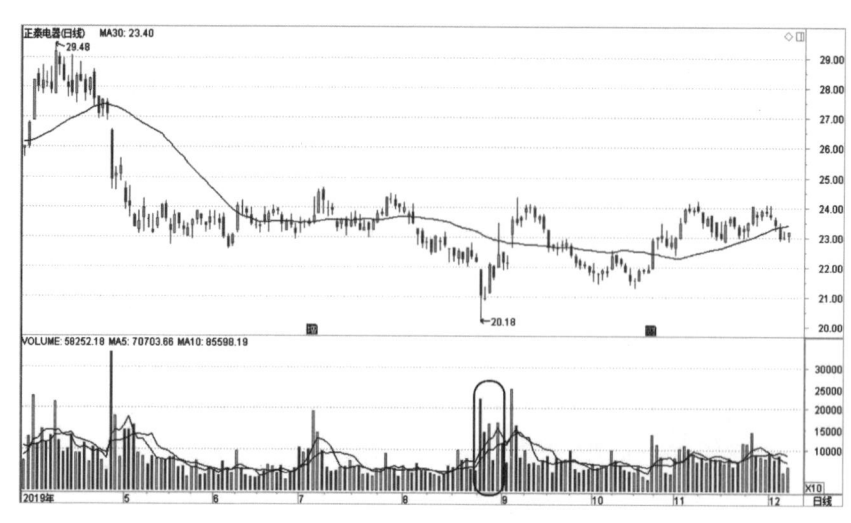

▲ 圖 3-7　正泰電器 2019 年 3 月至 12 月走勢圖

## 3.1.8　反彈穿越 MA30

　　反彈穿越 MA30 形態，對應圖 3-1 中的「賣 7」。在下跌途中，均線系統呈空頭排列，一波反彈上漲使得股價向上穿過了 MA30。隨後，當股價開始調頭向下或者向下穿過 MA30 時，是反彈行情結束的標誌，我們應及時賣股離場。

　　此賣點無明顯的量能特徵，在股價反彈穿過 MA30 時，量能可以相對放大、也可以相對縮小，其市場含義都是相近的。在無重大利多的情形下，趨勢的轉變有一個循序漸進的過程，難以快速扭轉。

　　由圖 3-8 中可以看到，該股價格處於震盪下跌走勢，股價位於 MA30 的下方，這是市場中空方力量一直佔據主動地位、股價運行趨勢向下的標誌。如圖中的標注所示，一波反彈走勢使得股價向上穿過了 MA30，但這並不是趨勢轉向上行的訊號，而多預示著「曇花一現」的反彈行情。我們此時應短線賣出，以規避出現新一輪下跌行情的風險。

## 3.1.9　反彈至 MA30 遇阻

　　反彈至 MA30 遇阻形態，對應圖 3-1 中的「賣 8」。在下跌途中，一波反彈使得

股價向上運行至 MA30 附近，並在 MA30 附近受到強大壓力，此時我們應賣股離場。一般來說，在反彈至 MA30 附近時，量能會相對縮小、股價滯漲，這是買盤入場力度不足的標誌，也是反彈結束、新一輪下跌行情將出現的訊號。

由圖 3-9 中可以看到，股價在高位區跌破 MA30 後，趨勢已反轉向下。如圖中的標注所示，一波震盪反彈走勢出現，股價反彈至 MA30 時遇阻，量能一直保持著相對縮小狀態，買盤入場力度明顯不足，趨勢未發生轉變，此時我們應及時賣出。

▲圖 3-8　中煤能源 2019 年 4 月至 8 月走勢圖

▲圖 3-9　永輝超市 2019 年 8 月至 12 月走勢圖

## 3.2 趨勢中的築底及升勢量能特徵

在不考慮主力參與的情況下，在趨勢運行的典型位置區間，如底部區、頂部區、上升途中、下跌途中等，由於多空雙方力量對比格局的轉變，及競爭力度的變化，會出現一些較為特定的量價形態。

雖然這些量價形態並不是趨勢運行的必要條件，但由於它們的出現頻率較高、形態特徵較為明顯，對於辨識、把握趨勢有重要的實戰意義。在本節中，我們將結合趨勢運行，來看看不同位置區間的常見量價形態。

### 3.2.1 底部區量能特徵

**真正的底部區是縮量的，因為底部區總是在市場最低迷時開始構築**，若沒有明顯的消息及外在因素驅動，底部區的構築會是一個相對漫長的過程。這時，股價原有的下跌趨勢運行緩慢，個股處於明顯被低估的狀態。由於買盤沒有大量入場，暫時無法推動股價持續上漲，但股價有跌不下去的趨勢。

隨著底部區的持續構築，原有的跌勢被打破，市場也漸漸活躍起來，買盤入場意願開始加強，持股者拋售意願減弱，多空力量對比格局出現轉變。當個股由「無量築底」轉變成「放量震盪、緩緩攀升」的形態時，多預示著底部區將要構築完畢，距離股價突破上行的時間越來越短。

此時正是中長線投資人入場的最佳時機，在實盤操作中，我們可以在放量震盪中的波段低點買入，既可以結合股價波動獲取短線利潤，也可以結合大盤走勢耐心持股待漲。

由圖 3-10 中可以看到，在中長期的低位區股價縮量止穩，此時的量能明顯縮減、

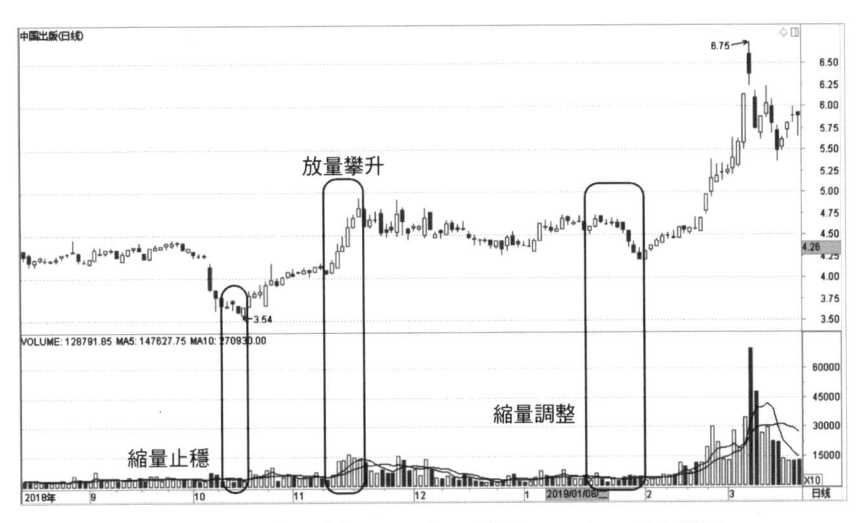

第 3 章　用均線結合量價，操作「中短線交易法」！

▲圖 3-10　中國出版 2018 年 8 月至 2019 年 3 月走勢圖

股價重心不再下移，這是空方已不再佔據主動地位的標誌，也是股價開始築底的訊號。

隨後，因買盤積極入場、股價放量攀升，這是股價走勢脫離底部區的訊號。當股價再次縮量整理時，可以確認是上漲趨勢中的回檔。在實盤操作中，放量攀升中的中短期大幅整理低點，就是一個極好的買入時機。

底部區出現在股價大幅下跌之後，一般來說，在這一個區域，股價有效止穩，同時成交量溫和放大。這種量價配合關係既是買盤開始大量入場的標誌，也是賣盤無賣出的標誌，意味著底部區的出現。

### 3.2.2　整體式量價齊升

量價齊升是個股（特別是大盤指數）在步入升勢後最典型的量價特徵之一。量價齊升形態是指隨著股價不斷上漲，成交量也不斷放大，兩者均不斷地創出新高，呈同步關係。它是量能形態的整體性表現，在股價不斷上漲的過程中，量能的放大也越來越充分。

量價齊升形態正是市場買盤資金充足、股市上漲動力強勁的表現，也說明當前的股市或個股價格的上漲，是由於充足的買盤資金推動，為升勢牢靠且將持續的訊號。

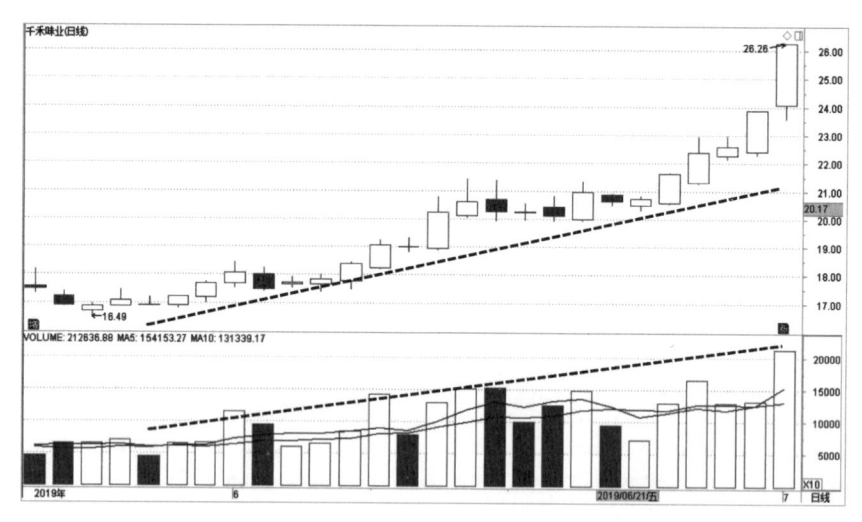

▲圖 3-11　千禾味業 2019 年 5 月至 7 月走勢圖

在實盤操作中，當股市或個股在上升途中出現了這種量價齊升形態後，我們應耐心地持股待漲，以便最大限度地獲取升勢所創造的利潤。

圖 3-11 中可以看到，隨著股價的攀升，整體的成交量也在不斷放大，價與量不斷創出新高。這就是量價齊升形態，是升勢持續的標誌，也是持股待漲的訊號。

對於量價齊升形態來說，隨著量能的不斷放大，市場在高位區的多空分歧也不斷加劇。一旦量能無法繼續放大，且股價跌破原有的上升通道，這往往是趨勢反轉的訊號，我們應做好獲利離場、減碼降低風險的準備。

## 3.2.3　波浪式運行的縮放量

美國證券分析家拉爾夫・納爾遜・艾略特（R. N. Elliott）在研究道瓊工業指數走勢後，發現股市的走勢呈現出一種「自然的韻律」，其形態就如同大海中此起彼伏的波浪，基於此發現，艾略特提出了著名的波浪理論（Wave Theory）。

波浪理論指股價以「5 升 3 降」的 8 浪迴圈方式運動，即股價的總體運行特徵會呈現「波浪式」，特別是當股價震盪上升時，波浪式的震盪上升是最為常見的上升方式。

與股價的波浪式運行方式相對應的，就是「波浪式量能」，即上漲波段量能放大，

緊接著的回檔波段量能則相對縮小。而且，隨著股價的總體攀升，上漲波段的量能會進一步放大，當上漲幅度較大時，此時也是市場多空分歧過於劇烈的訊號，預示著股價離頂部越來越近，我們應注意控制好倉位、鎖定利潤。

圖 3-12 中可以看到，股價呈波浪式上漲，成交量的變化也是波浪式的。如圖中的標注所示，在上漲過程中，隨著股價創出新高，上漲波段的量能也創出近期的新高，這是上升趨勢中的「波浪式量能」典型特徵之一。

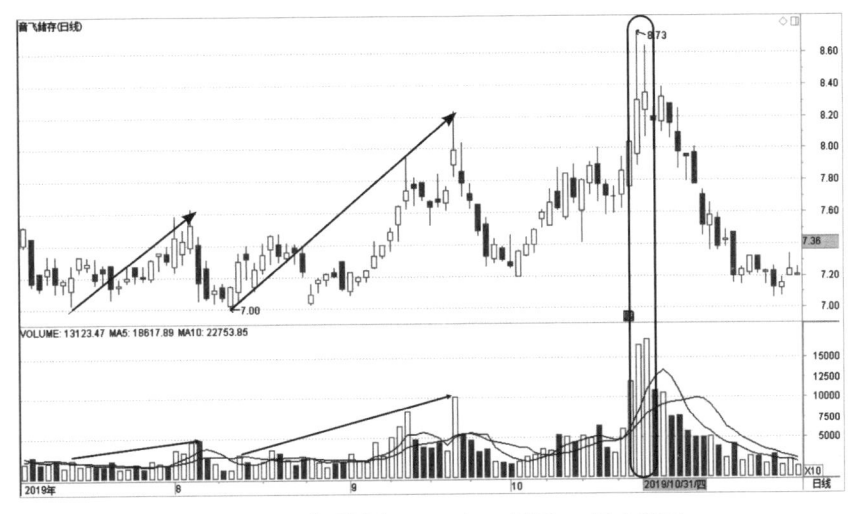

▲圖 3-12　音飛儲存 2019 年 7 月至 11 月走勢圖

## 3.2.4 「活躍式」量能形態

「漲時有量，跌時無量」是股價運行的常態，上升途中不一定會出現明顯的「量價齊升」、「後量大前量」等經典量價形態。但是，在沒有主力參與、市場籌碼相對分散的情形下，股價若要持續上漲，就一定要有充足的買盤入場，來緩解不斷加劇的多空分歧。展現在盤面上，就是整個上升途中的成交量保持著一種十分活躍的狀態。

圖 3-13 中可以看到，在同期大盤橫向震盪運行的背景下，股價逆勢上揚，出現獨立的上攻走勢。上攻走勢會引發明顯的多空分歧，獨立的上攻走勢需要更多的買盤力量。因此，在整個上攻過程中，成交量一直保持著一種十分活躍的放大狀態，這是上攻動力充足的標誌，也是升勢得以持續的根本。

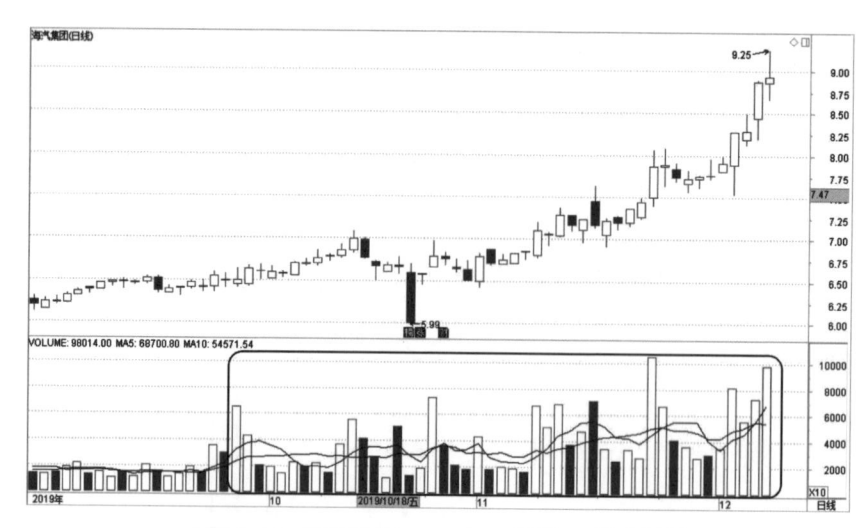

▲圖 3-13　海汽集團 2019 年 9 月至 12 月走勢圖

## 3.3 趨勢中的見頂及築頂量能特徵

持續上漲至多空力量對比格局發生轉變時，升勢就步入了見頂及築頂階段，此時的量價形態會發生一定轉變。無論是從整體角度，還是從局部角度，正確地辨識量能特徵，將有助於我們能夠及時地鎖定利潤、逃離頂部。

### 3.3.1　價創新高量相對縮小

價創新高量相對縮小形態也稱為「量價背離」形態，它是指股價在上漲過程中創出了新高價。但這一上漲波段的成交量，卻明顯小於此前上漲波段的成交量，即價格與成交量無法保持同步放大的狀態。

在持續上漲之後的高位區，一旦個股在運行中出現了這種量價背離形態，則標誌著買盤入場力度已大不如前。股價之所以能夠創出新高，只是因為多頭思維仍舊佔主導地位，市場賣壓不重，但沒有買盤推動的上漲是難以站穩於高點的，這種形態也是升勢根基不牢固的標誌。此時，若股價走勢出現滯漲，將導致多空分歧加劇，股價走勢反轉下行的機率極大。

圖 3-14 在股價穩健攀升的途中，我們可以看到明顯的「量價齊升」形態，這是升勢持續的標誌，但是，隨著股價上漲，高位區的量價配合形態出現了轉變。如圖中的標注所示，這一上漲波段中股價創出了新高，但成交量遠小於前一上漲波段，這是量價背離形態，預示著升勢見頂。在實盤操作中，量價背離形態出現後，我們應及時賣出該類股票。

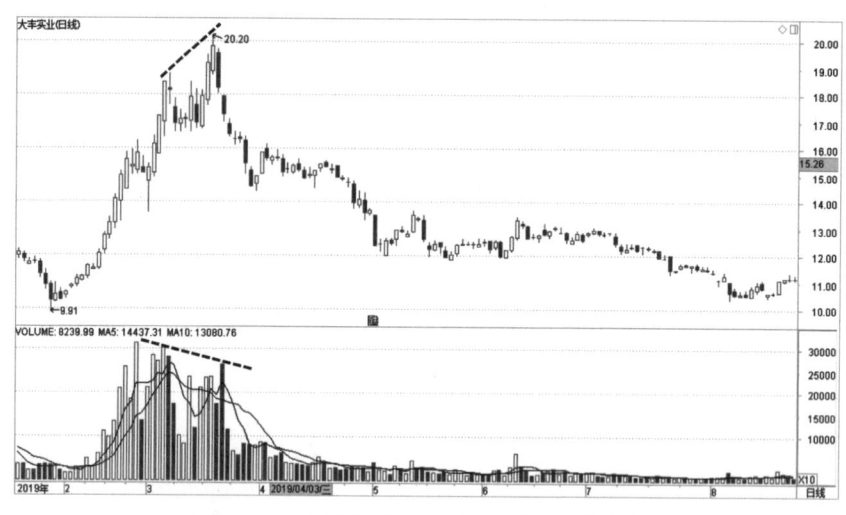

▲圖 3-14　大豐實業 2019 年 1 月至 8 月走勢圖

## 💰 3.3.2　整體式縮量震盪

　　上升趨勢的持續得益於買盤的踴躍入場，當入場資金無法跟進，而股價又在高位區出現滯漲時，這便是多空力量對比格局發生轉變的訊號。表現在盤面上，就是前期上漲時的量能保持著活躍的狀態，而在高位區量能卻相對縮小。量能縮小得越明顯、持續縮小的時間越長，就代表著多空力量轉變得越明顯，這是頂部出現、**趨勢即將轉向**的訊號。

　　圖 3-15 在股價的整個上升途中，我們可以看到成交量一直保持著活躍的放大狀態。隨後，股價進入高位區並橫向震盪，此時成交量大幅縮減，且上下震盪的幅度較大。這種「整體式縮量震盪」形態出現在大漲之後的高位區，是頂部出現的訊號。在實盤操作中，我們應此時減碼（或清倉）離場，鎖定利潤。

## 💰 3.3.3　天量長陰線

　　在股價短線漲幅較大、漲速較快的背景下，突然出現一根長陰線，且當日的量能遠高於此前上漲時的均量水準，這就是天量長陰線，它的出現往往預示著一輪快速下跌行情的到來。在實盤操作中，應在第一時間賣股離場，以迴避風險。

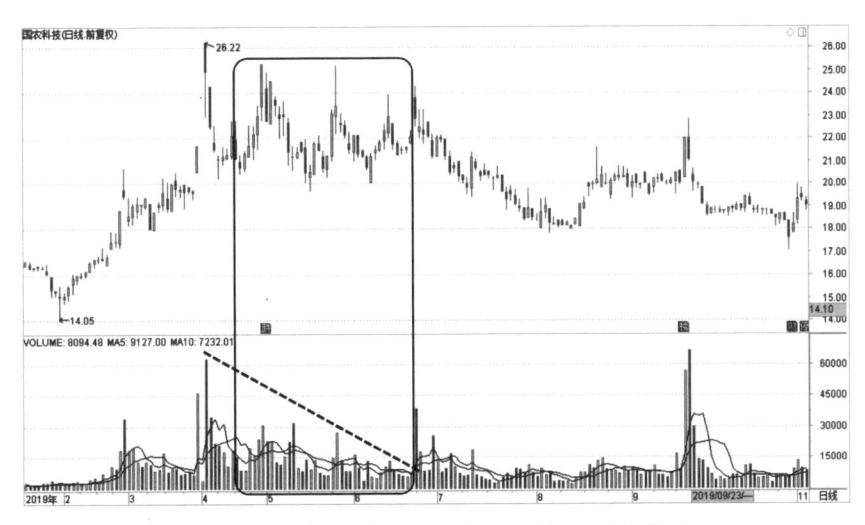

▲圖 3-15　國農科技 2019 年 1 月至 11 月走勢圖

圖 3-16 在股價短線飆升過程中，突然出現了開高走低的長陰線，且當日放出天量，這就預示著行情的急轉直下。在所有的築頂形態中，這種天量長陰線所預示的中短線跌幅往往最大、跌勢往往最強。在實盤操作中，這是應重點注意的形態，若我們不能果斷賣出，很有可能在高點被套牢。

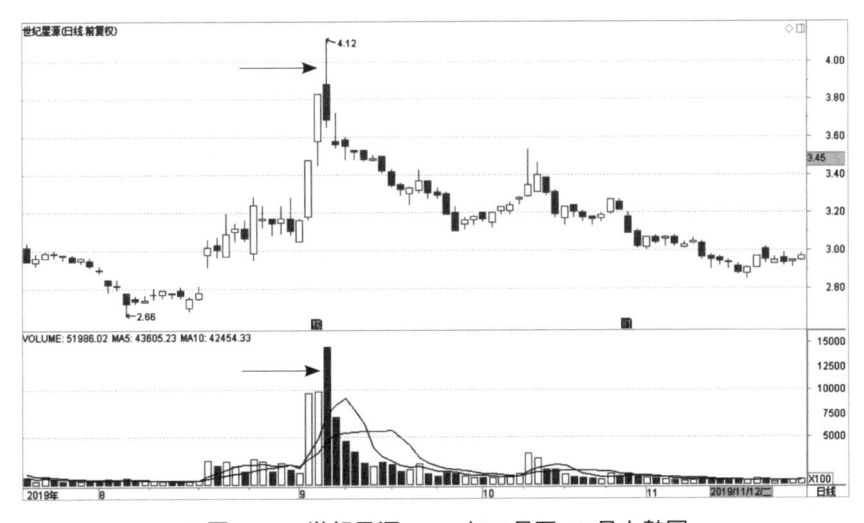

▲圖 3-16　世紀星源 2019 年 7 月至 11 月走勢圖

## 3.4 趨勢中的跌勢及反彈量能特徵

「漲時有量，跌時無量」，下跌途中的縮量或者不放量，是跌勢持續的重要訊號。股價重心下滑、量能未明顯放出、股價走勢未見止穩，一般來說多預示著跌勢仍將持續下去。在本節中，我們將結合實例來看看跌途中常見的量價關係。

### 3.4.1 跌途無量

震盪下滑的股價伴以量能的相對縮小，這是整個下跌趨勢中最主要的量價形態，特別是在累計跌幅不大的情形下，若個股仍以這種量價形態為主，則不可抄底入場。

圖 3-17 的股價自高位破位下行，步入跌勢。如圖中的標注所示，連續下跌使得股價重心緩緩下移，同期成交量保持著一種相對縮小的狀態，這時的縮量下跌表示跌勢仍會持續較長時間。在實盤交易中，對於中短線投資人來說，這個位置點不宜進入。

隨著累計跌幅的擴大，股價運行止穩，最為重要的是量能大幅放大，這才是階段性底部出現的訊號，也是中短線投資人獲取反彈行情利潤的入場時機。

### 3.4.2 不放量弱勢反彈

跌勢並不是「一波到底」的，與上升趨勢相同，它也是一個反覆震盪的過程，在下跌途中會伴有反彈波段。**反彈與反轉不同，反彈只是市場短線超跌引發的短暫行情，並不是由多空力量對比格局轉變而引發的。**因此，反彈時的量能一般不會放得過大，反彈常常以無量（或者是相對不放量）的形式出現，這也是我們用來辨識反彈與反轉的重要特徵。

第 3 章　用均線結合量價，操作「中短線交易法」！

　　由圖 3-18 可以看到，在下跌途中股價出現了震盪止穩走勢。如圖中的標注所示，在股價的短期上漲波段中，成交量未見放大，這是買盤入場量較少的標誌，預示著此波上漲趨勢的性質屬於反彈，而非反轉。

▲圖 3-17　飛亞達 A 2019 年 3 月至 11 月走勢圖

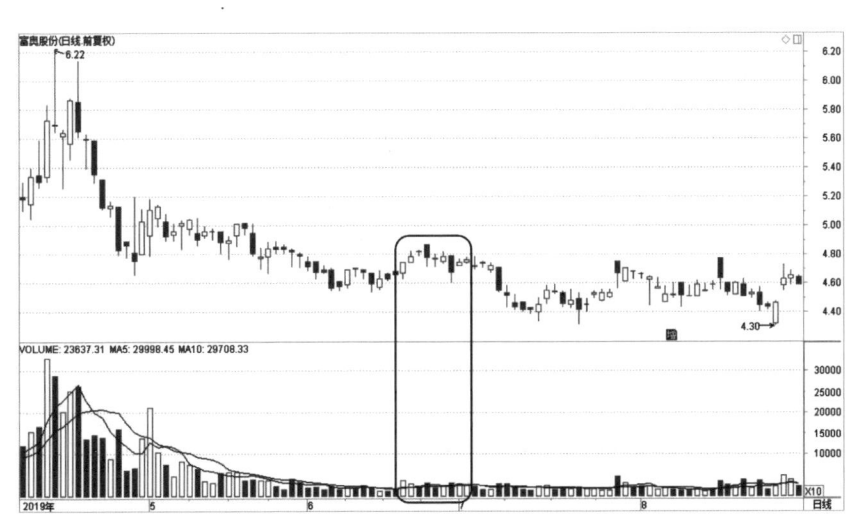

▲圖 3-18　富奧股份 2019 年 4 月至 8 月走勢圖

89

## 3.5 趨勢關鍵點量能特徵

股市中常說的「無量無行情」，指在確定一輪行情發展的關鍵位置點時，如突破點、破位點、反轉點等，除了股價走勢的配合，往往還需要量能來驗證，在量能的配合下，這些關鍵點才能夠被更好地確定下來。依據量能的縮放形態，結合股價的走勢特徵，我們能更瞭解當前股價走勢的市場含義，從而判斷突破、破位、反轉走勢的可靠性。

### 3.5.1 突破點托底量的兩種形態

突破點托底量是股價突破盤整區時常見的量能特徵，它是買盤大量湧入、市場獲利賣壓得到有力承接的標誌。從形態上來看，在股價向上突破盤整區時，托底量的表現方式主要有以下兩種。

一是單日（或雙日）托底量放大。突破當日（或突破時的連續 2 個交易日）成交量明顯放大，放量幅度為之前均量的 2～3 倍（並不是超過 4 倍以上的天量）。在隨後的交易日中，股價強勢止穩、量能明顯縮小。

二是單日放量幅度極大，為此前均量的 4 倍以上。隨後數日量能相對縮小，但仍明顯高於此前的均量，且股價強勢止穩。

這兩種托底量形態，都是真實的市場買盤入場承接的表現方式，只要股價的中短線累計漲幅不大，一般來說，隨後的突破上升空間將是較大的。在實盤操作中，在托底量形態出現之後，我們可在突破後的短期強勢止穩區域逢震盪低點買入股票。

圖 3-19 中可以看到，在股價突破窄幅整理區時，出現了單日托底量放大的形態。隨後股價在突破點位強勢止穩，量能也沒有萎縮。此案例對應本小節中的第一種托底

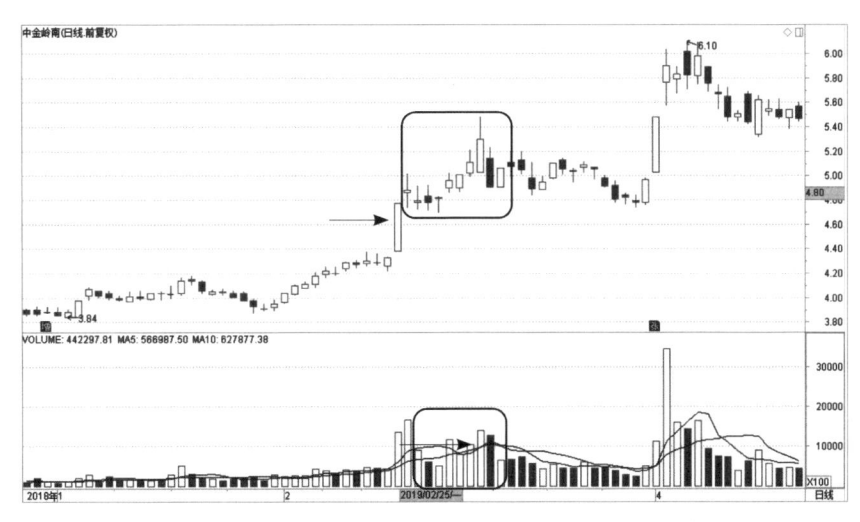

第 3 章　用均線結合量價，操作「中短線交易法」！

▲圖 3-19　中金嶺南 2018 年 12 月至 2019 年 4 月走勢圖

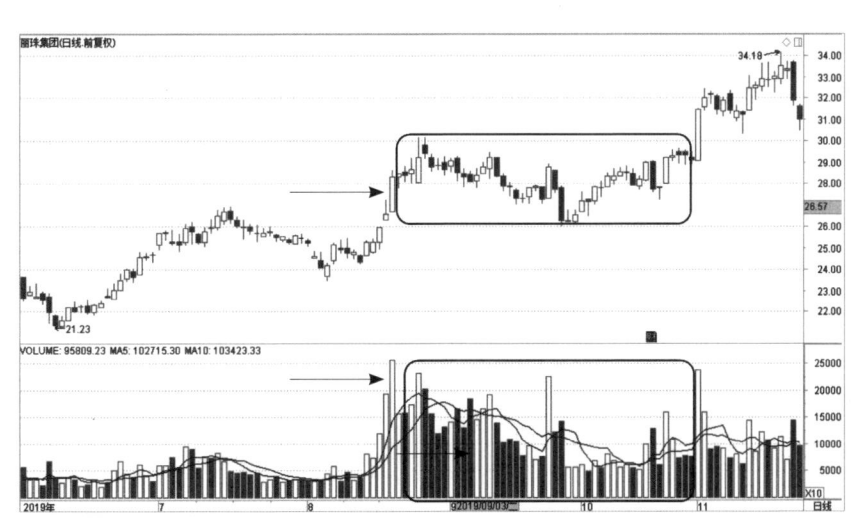

▲圖 3-20　麗珠集團 2019 年 6 月至 11 月走勢圖

量表現方式。

　　這種單日（或雙日）的托底量放大對突破走勢形成支撐，常出現在有業績或題材支撐的個股上，它是多方主力資金合力拉升股價的訊號，預示著新一輪上攻行情的展開。

91

圖 3-20 中可以看到，在股價突破當日，單日放量幅度很大，超過了此前均量的 4 倍。隨後在突破點的止穩運行中，量能仍舊處於明顯的放大狀態，只是與突破日的量能相比縮小了。

這種突破點量價配合形態，常出現在短線主力快速進貨的時候。在強勢盤整之後，短線主力進貨達到一定程度時，個股有望迎來短線飆升行情，此時則是一個難得的短線買入時機。

## 3.5.2 突破點連續性放量

在股價突破過程中，也可以連續數日放量，代表著買盤資金的持續入場，放量大小一般為此前均量的 2～3 倍。在實盤操作中，連續放量突破後，我們可以觀察幾日，若出現股價強勢止穩，則於止穩平台買入；若出現股價短線回檔，則逢回落之機買入。

圖 3-21 中可以看到，在股價突破低位平台區時，該股出現了連續 5 個交易日的相對放量。量能放大效果溫和，股價短線上漲幅度不大，隨股價再次突破此處放量高點，這是中短線入場的絕佳時機。

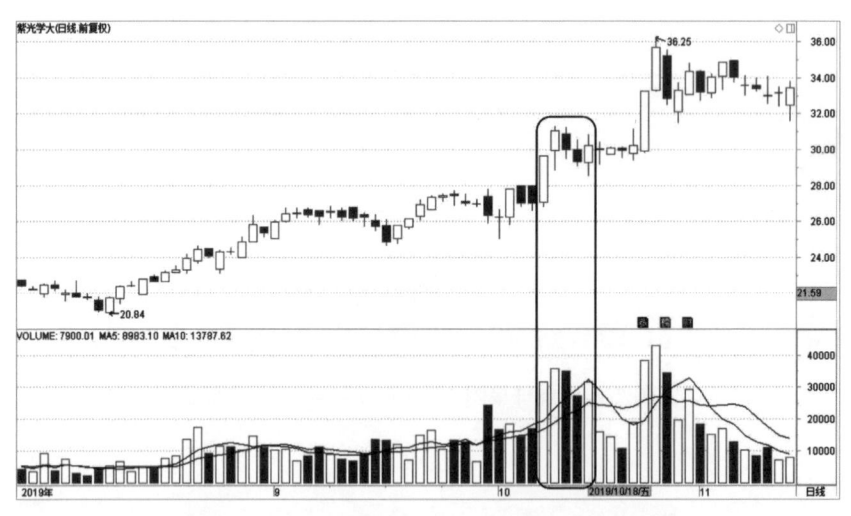

▲圖 3-21　紫光學大 2019 年 7 月至 11 月走勢圖

### 3.5.3 放量突破後縮量回落

在突破盤整區之後，股價有兩種常見的短線運行軌跡。一是在突破點強勢止穩不回落，這常常與同期大盤穩健運行相關；二是在大盤回檔、短線獲利盤的雙重賣壓下出現了回落。只要股價不跌破放量長陽線突破當日的啟動點價格，則多表明場外做多資金仍然活躍，突破上攻行情依舊成立，此時是一個很好的中短線切入點。股價在短線回落時，一般會伴以成交量的快速縮減，這表明股價的下跌更多緣於市場獲利浮額的拋售。

圖 3-22 中可以看到，股價在低位區長期盤整之後，出現了連續性放量突破走勢，這是買盤持續入場、多方開始發力的訊號。隨後大盤回檔，受此影響股價也順勢回落，但並沒跌破突破日的啟動點，此時就是最好的短線入場時機。這個短線買入時機是大盤震盪所創造的，也給了我們更充足的短線獲利空間。

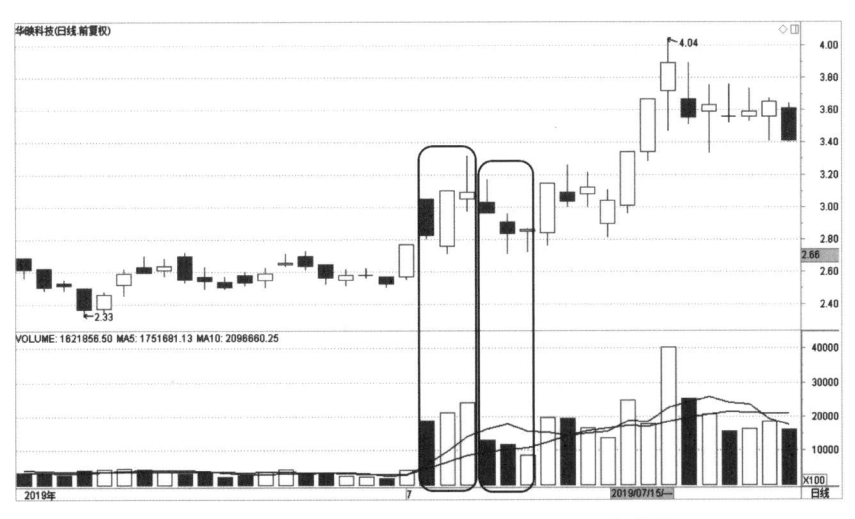

▲圖 3-22　華映科技 2019 年 6 月至 7 月走勢圖

### 3.5.4 破位點連續縮量

在高位區盤整之後，若股價以連續的小陰線向下跌破盤整區支撐位，且量能沒有放大，這表明空方在未大量拋售的情況下，就已經佔據了主動地位，高位區的支撐非

常無力,這是趨勢折轉下行的訊號。在實盤操作中此時應及時賣出,以迴避風險。

圖 3-23 中可以看到,股價在長期盤整之後出現了破位走勢,連續的縮量小陰線跌破了盤整區的支撐位,這屬於縮量破位形態,是盤整區支撐點力量薄弱、破位走勢將出現的訊號。預示著之後將會有較大風險,這是提示我們應賣股離場的訊號。

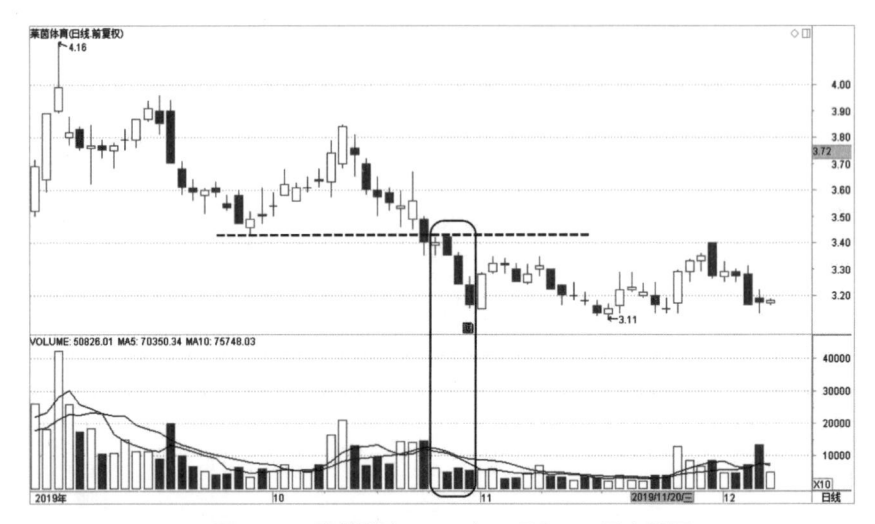

▲圖 3-23　萊茵體育 2019 年 8 月至 12 月走勢圖

## 3.5.5 破位點單日放量

盤整區的破位點出現放量陰線,是賣壓重、多方承接力量不足的訊號,也是短期內空方完全佔據主動地位的訊號,多預示著中短期內可能有急速下跌行情展開,特別是當股價處於高位盤整區時,中短線的快速下跌空間更大。在實盤操作中我們應及時賣出,以迴避風險。

圖 3-24 為供銷大集 2019 年 3 月至 8 月走勢圖,股價以向下跳空的缺口跌破盤整平台,當日大幅放量,這是破位點的單日放量形態。空方賣壓重、股價可能出現急速下跌走勢,我們應及時賣出以迴避風險。

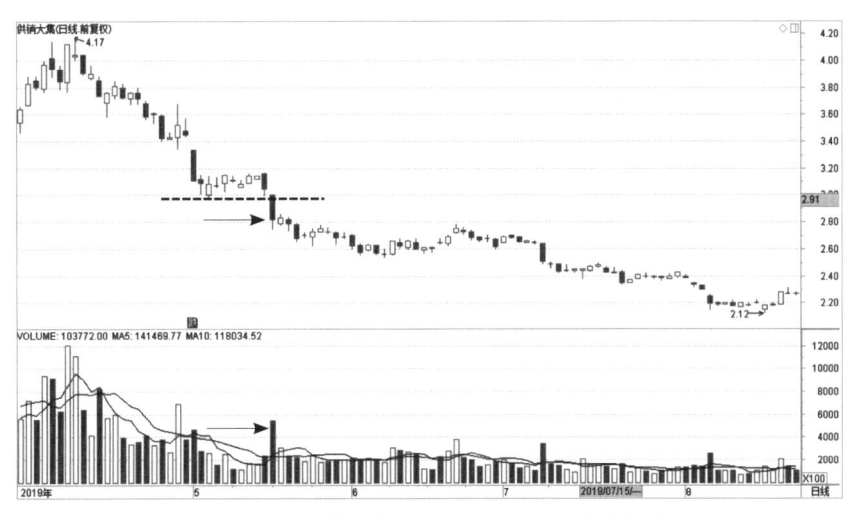

▲圖 3-24　供銷大集 2019 年 3 月至 8 月走勢圖

## 3.5.6 反轉時量能整體轉變

在股價走勢出現中期反轉時，量能形態往往會提前發生整體轉變，例如在原來溫和式放量的過程中，某日的成交量突然暴增，或量能形態由放量轉變為縮量等。結合股價的階段性運行情況，利用成交量形態的整體性變化，我們更能掌握行情的轉捩點。量能整體轉變的方式很多，一般來說，如果中短線的股價漲跌幅度較大，而量能形態的整體轉變較為明顯的話，多是原有行情將發生變化的訊號。下面筆者結合兩個案例加以說明。

圖 3-25 中可以看到，股價此前強勢上漲，成交量呈溫和放大狀。但是當日的加速上攻長陽線卻放出了天量，股價短線上漲幅度已經較大，量能又突然放大，這是量能形態整體轉變的標誌，也預示著原有的強勢上攻走勢將出現轉折，這是賣出訊號。

圖 3-26 中可以看到，股價在持續下跌之後，於低點止跌止穩並橫向震盪。如圖中的標注所示，在連續多個交易日裡，成交量明顯縮小，這是股價下跌過程中出現的量能整體性轉變。結合股價中短期的大幅下跌情況來看，此為中期築底的訊號，我們可以進行中短線買入操作。

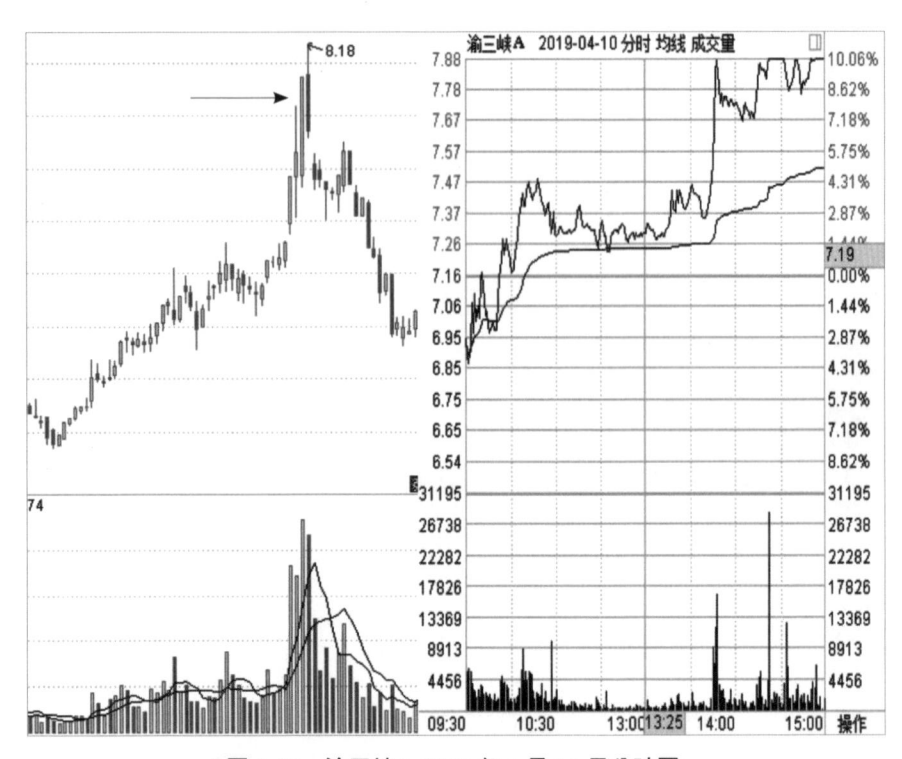

▲圖 3-25　渝三峽A 2019年4月10日分時圖

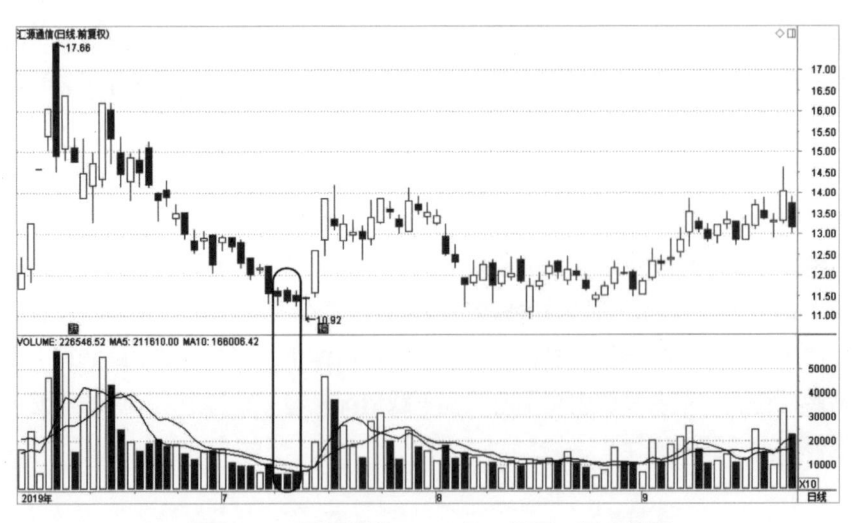

▲圖 3-26　匯源通信 2019年5月至9月走勢圖

# 第4章
# 跟著主力，進行低買高賣的「波段獲利法」！

## 4.1 什麼是主力？他們的獲利手段是什麼？

「主力」是一個和「散戶」相對的概念，是證券市場中的主要力量。凡是有一定股票投資經驗的人都會認同：**無論對於股價的中長期走勢，還是股價的短期走勢來說，主力在其中的參與均有借鑑意義。**

對於散戶來說，若想更實際認識股市運行情況，更深入瞭解成交量後面的交易雙方，那麼關於主力的內容是不可不知的。在本章中，筆者將結合主力的參與環節，以各種特徵鮮明的量價形態為突破口，講解我們應如何跟隨主力進行低買高賣的操作。

主力與散戶是不同的，主力有著更為專業的知識，對股市的理解也更為深刻，因此主力對個股的價格走勢的預判強於散戶。在本節中，我們先來看看主力的優勢有哪些。

### 4.1.1 主力的優勢

俗話說：「知己知彼，百戰百勝。」想更理解、把握主力動向，我們首先要對主力的優勢有清晰的認識。主力的以下優勢是他們可以將其轉化為勝勢的關鍵，而這些優勢往往也是散戶的劣勢。

**1. 資金實力強，手中籌碼多**

對股價走勢的影響，程度往往取決於手中持有的股票數量及資金實力，手中沒有足夠的流通籌碼是不行的，即使一般的大戶不會有這麼多資金，而散戶手中的資金相對來講則更少。

雖然主力與散戶都想透過低買高賣來獲取差價利潤，但是散戶買入的股票籌碼數量少，又無法形成合力，這註定了散戶的買賣行為是雜亂無章的，難以對股價走向形成驅動力。

主力在買賣股票的過程中，會將資金分成兩部分：一部分用於建倉，另一部分則用於拉升股價。這兩部分資金所佔比例是成反比的，即用於建倉的資金越多，手中的股票籌碼也越多，那麼維護股價或拉升股價時所使用的資金就會減少。如果建倉資金較少，那麼市場中仍存在大量的浮額，浮額越多越不利於主力買賣股票，主力隨後拉升與維護股價時需用到的資金便會越多。

在實盤操作中，主力會根據個股及市場情況來買賣股票，從而確定多少資金用於建倉、多少資金用於拉升股價，儘量使自己處於主動地位。

## 2. 對企業的瞭解更充分，買賣行為更明確

主力的分析、研究能力較為專業，對上市公司的業績變化、發展方向、市場空間等方面的瞭解也更深入，主力的這些能力都強於一般的散戶。因此，在買賣股票時，主力的理由更為充分，買賣行為更為明確，其成功的機率與散戶相比也更大。

## 3. 更有專業性，更懂得順勢而為

與散戶相比，主力對於整個股票市場的判斷更具有專業性，也更為理性，當然也更有耐性。在股票市場明顯被低估時，雖然股價走勢較為低迷，股市缺少財富效應，但主力往往能夠預見股市的回暖，從而提前操作、低位買入，這就需要有很強的耐性。當股市在過熱的市場情緒的助推下，不斷上漲進入泡沫區後，主力多能夠提前處理、減碼離場，這就需要理性。

雖然「低買高賣」看似是簡單的交易，但是在股票市場中，若不能克服人性的恐慌、貪婪等因素的影響，想要穩定獲利是難上加難的。主力在這方面遠遠強於散戶，主要因為主力的理性與專業性，另一方面也是因為主力擁有豐富的經驗。

## 4. 瞭解散戶的買賣方式、操作心態

在買賣方式上，散戶容易出現「追漲殺跌」的操作，在心態上，則更容易受到「貪婪」與「恐慌」這兩種極端情緒的影響。主力對於個股的運行有著更為理性的判斷，不易受情緒影響。主力在高位出貨時，若當時的大盤氛圍好，散戶往往是承接

盤，主力再悄然出貨。當大盤較為低迷時，主力往往更有耐心、提前操作，等待市場回暖，散戶則通常缺乏耐心與遠見。

### 5. 主力獲取大波段利潤，散戶獲取「蠅頭小利」

散戶的交易十分頻繁，甚至是今買明賣，想著天天捕捉漲停板，最終卻發現所獲利潤寥寥無幾。實際情況也確實如此，很少有散戶能夠在一檔股票上賺取超過30%的利潤，獲利了結是散戶共通的心態，也就因此錯過一些黑馬股。

可以說，散戶過於頻繁的交易既是對自己判斷的懷疑，也無法保證利潤的穩步增長，獲取的只是股市中的「蠅頭小利」；一旦大盤跳水、股市疲軟，這些小小的利潤往往會很快「回吐」給市場，甚至最後虧損離場。

主力則不同，主力資金強、持股多，只要市場不崩塌，他可以按部就班地買賣股票。想要低位買入，高位賣出，那麼建倉是第一步，它是主力收集籌碼的步驟；出貨是最後一步，它是主力套現離場的步驟。可以說，主力以獲取大波段利潤為目的，而不是短期內的小波段利潤，當買賣過程結束後，主力往往可以獲取巨額利潤。

## 4.1.2 解析主力參與環節

主力的獲利手段也是低買高賣，但這「低」與「高」之間需要充分的上漲空間，才能保證手中巨量的股票籌碼獲利。為了完成低位買入、高位賣出的任務，主力要進行進貨、拉升、整理、再度拉升、出貨等一系列有目的且有計劃的操作，它們就是主力參與個股的過程中的環節。下面我們以主力參與個股的前後時間順序為主軸，來看看主力參與下的各個環節。

### 1. 選股策略

不同類型的主力有不同的選股策略。中長線主力多以「業績」為基礎，結合個股的行業特點、成長性、潛在資產、注入題材等方面來綜合選股，對個股的參與時間跨度也更長。短線主力則更關注市場熱點，重「題材」、輕「業績」，對個股的參與往往是「一波到頂」。

主力資金的類型不同，主力的投資方式也不相同。能經常即時看盤的主力，可以多關注市場中的熱點，側重於分析短線主力的市場行為，實施快速跟進、跟隨熱點的

策略。沒有時間看盤的主力，宜多分析中長線主力的行為及相應的個股，實行提前操作、耐心持有的策略。

## 2. 建倉環節

建倉環節也稱為進貨環節，是主力買入籌碼的一個階段。在建倉環節中，我們應關注「低位區」，這是主力建倉時的一個必要非充分條件，即「主力建倉時基本都是在低位區，但在低位區運行的個股未必有主力建倉」。

主力建倉講究的是「低價」，若個股處於長期大幅下跌時，我們可以將此時的股價稱為低價。反之，若個股前期出現較大的累計漲幅時，我們就不能將這時的股價稱為低價。主力只會在個股處於低價時建倉，這也是我們分析個股是否有主力建倉時，需格外注意的一點就是個股的總體運行趨勢。

不同類型的主力，其建倉方式也不相同。中長線主力為了保持其較低的持有成本，會在低位區慢慢吸納籌碼；而短線主力為了保持題材股的市場熱度，往往是建倉、拉升一氣呵成。在後續章節中，筆者將結合具體的量價形態，來展示不同類型主力建倉時的盤面特徵。

## 3. 震倉環節

震倉環節只出現在少部分主力買賣股票的過程中。一般來說，在主力進貨之後、拉升之前，結合市場的短線整理，主力並不會大力買入，而是讓股價在短線獲利賣壓下順勢回落。如此一來，市場持有成本會有所提升，有助於為主力隨後的拉升創造更好的條件。

## 4. 拉升環節

拉升環節就是主力將股價持續拉高的階段，主力建倉的目的是實現低買高賣並從中獲得收益。為了實現「高賣」，股價必須要漲上去才行，這就是主力拉升的目的所在。一般來說，若主力前期進貨越充分，市場浮額就會越少，主力拉升時所面臨的獲利賣壓也就越輕；反之，主力在拉升時受到的壓力則相對較大。

主力在拉升階段會暴露自己的行蹤，散戶應及時發現主力的拉升行為，進而快速展開操作——買入。買入的時間越早，越接近主力的成本區域，散戶的交易風險就越小。在追漲時，要特別注意那些題材熱度不夠、短線漲幅已較大的個股，因為主力對

這類個股的參與往往是極為短暫的，當我們發現這類個股並追漲買入時，很可能正迎來主力的快速出貨操作。

### 5. 整理環節

整理環節出現在上升途中，是股價震盪整理、市場平均持有成本提高的一個環節。經由整理，前期獲利浮額離場，新買入的市場浮額其持有成本較高，主力隨後可以更為容易地拉升股價，其出貨時也不會有大量的獲利盤爭相拋售。

在整理環節，如果時間太短，難以完善處理浮額，無法實現預期的效果；如果時間太長，則不利於形成上漲氛圍。一般來說，時間的長短還與市場的氛圍、主力的實力、投資的風格等因素有關。

### 6. 再次拉升環節

再次拉升環節出現在整理環節之後，是主力又一次對股價進行大幅拉升。這一階段的拉升與前期的主升段明顯不同，它多在大盤較好的情況下出現。

一般來說，主力在大量出貨的時候，勢必會造成股價在高位區震盪滯漲的走勢，透過再次拉升，主力可以在出貨時處於更為主動的地位。由於再次拉升，股價將再一次出現較大幅度的上漲。

### 7. 出貨環節

出貨環節是主力整個參與過程中的最後一個環節，也是關係到主力投資成功與否的最為重要的一個環節，相對來說也是最難的一個環節。因為對主力而言，如果資金充裕，在強大的資金實力的保證下，建倉、拉升都可以按計劃進行，股價可以達到目標位。但是出貨卻不同，一般要有良好的大盤氛圍來配合，否則主力想要在高位賣出籌碼並不容易。

## 4.1.3 個股案例解讀

下面我們結合個股的走勢來看看主力參與的流程。在實盤中，由於個股的不同、主力類型的不同，個股的走勢也往往不同，應以具體情況做具體分析。

圖 4-1 中可以看到，該股在同期大盤運行相對平穩的背景下，因主力的參與而出

現了與大盤完全不同的形態，其中的進貨、拉升、整理、再次拉升、出貨環節，均透過一定的盤面特徵展現出來了。

1. 在低位區，主力先是小幅度拉升股價，這有利於激發多空分歧，而此時主力則緩慢震盪進貨，且股價走勢與大盤相近。由於主力的參與改變了多空力量格局，因此股價止跌止穩，呈橫向震盪狀。進貨環節是持續時間較長的，它所產生的效果直接與主力的後期參與能力成正比。由於主力的進貨行為較為溫和，從量價配合關係著手，我們很難發現其蹤跡。對於這類個股，它只有在進入拉升環節後，才能相對準確地進行分析、預判。

2. 隨後，主力開始拉升股價，股價在上漲時可以看到輕微放量。在股價突破前期盤整密集區時，這也是一個套牢區間，該股僅溫和放量，未見大幅放量，這表示市場浮額不是很多。再結合股價相對獨立的突破走勢來看，我們可以判斷有主力參與，且主力手中持有相對較多的籌碼，股價後期上漲空間值得期待。在實盤操作中，此時是較佳的買入點。

3. 主力對股價的拉升也較為溫和，這種情況常見於有中長線主力參與的個股。對於該股來說，股價拉升途中出現了小幅回檔，回檔時的幅度較小、量能大幅縮減，這正是整理環節的盤面形態。

4. 隨後，股價快速上攻，一改前期緩慢攀升的格局。上漲方式的改變也預示著上

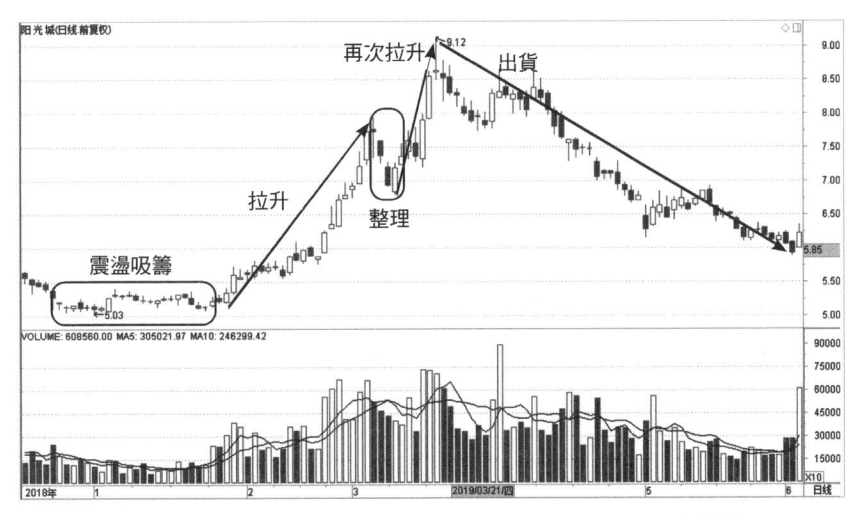

▲圖 4-1　陽光城 2018 年 12 月至 2019 年 6 月走勢圖

升波段即將見頂，這正是主力借助於相對穩健的同期大盤走勢，而實施的再度拉升策略。此時的量能明顯放大，量能的大幅度變化也是多空對比格局變化的訊號，高位區預示著風險較大。

5. 在高位區，放量滯漲形態的出現說明有大資金主動賣出，這往往就是主力出貨的訊號之一。股價走勢的快速反轉，跟風追漲盤反應過來時，股價早已大幅下跌。由於再次拉升時創造了較為充足的出貨空間，而高位滯漲形態又使主力能在高位區出掉較多籌碼。因此主力掌握著主動權，跟風入場的散戶若不能果斷「割肉」離場，將被套牢在高位區。

## 4.2 主力的類型及投資風格有哪些？

隨著國內股市及經濟發展前景總體向上，多路資金紛紛涉足 A 股，除了中小散戶外，其他的資金大多實力雄厚，它們可以被稱作是 A 股中的主力。但是，大多數的主力資金只是助推著行情的發展。在實盤操作中，我們要結合主力類型及其投資風格來進行綜合判斷。

### 4.2.1 依資金性質劃分主力

對股價走勢產生重要影響的主力資金，可以分為公募基金、券商、QFII、大股東、遊資及私募等，以下逐一說明。

**1. 公募基金**

公募基金（Public Offering of Fund）是指由基金管理公司透過發行基金單位，來集中投資人的資金，由基金託管人（具有資格的銀行）託管、基金管理人管理和運用資金，以從事股票、債券等金融工具投資。在這裡，公募基金主要指那些投資於股市的基金，即偏股票型基金。

公募基金的資金量龐大，為了可以穩定應對基金投資人的申購、贖回等操作，大多參與規模較大並且有業績支撐的個股。在一般的股票行情軟體中，往往對「基金重倉」的個股進行單獨的劃分，投資人可以在此查閱到哪些個股更能獲得基金的青睞。

也正因為如此，公募基金對股價走勢的影響力會更在於助推作用。當股市行情向上，基金投資人申購踴躍時，公募基金對藍籌股、績優股的買入也會增多，從而對行情具有推動的作用。但當行情不好時，這類個股雖有業績支撐，為了應對基金投資人

的贖回，其股價走勢往往也不理想。這些都是投資人參與基金重倉股時應瞭解、注意的。

當然，由於股票型基金種類繁多，也有不少公募基金專注於投資小股本、題材股，而且由於基金經理的理念不同，不同的基金往往會出現截然不同的投資風格，這時我們就要具體分析了。

## 2. 券商

券商是提供證券買賣服務的中間機構。但是也有一些實力強大的券商，在提供證券買賣服務的同時，也進行證券投資。其資金募集方式與公募基金類似，對象大多是公眾，以「券商理財產品」的方式進行資金募集，由專業人士負責。券商所選的個股大多是一些業績較為優秀、行業發展前景較好的個股，在股市中的參與方式與公募基金基本相似。

## 3. QFII（合格境外機構投資人）

QFII 是英文 Qualified Foreign Institutional Investors 的縮寫，即合格的境外機構投資人。QFII 制度使得國際資金可以進入 A 股市場，但由於 QFII 資金要設專用帳戶並且會受到一定的監控，而且國外資本在國內股市投資的原因，大多是看好經濟的發展，以長線投資行業龍頭股，故 QFII 多以價值投資為核心來參與個股。他們常常在低位區進行投資，耐心等待股市行情轉熱後，在高位賣出，對於行情及股價走勢的影響力較弱。

## 4. 大股東

大股東，特別是直接參與上市公司運行的大股東，對公司的情況無疑是最瞭解的。當公司前景樂觀、業績高速增長時，若市場沒有給公司股票一個合理的定價，則大股東很有可能在市場上實施積極的增持行為。這種增持行為往往會引起場外大資金的關注，也會讓中小投資人看好該股中期價格走勢，從而對股價的後期運行產生重要影響。

## 5. 遊資及私募

遊資、私募，也稱為民間資本，在一些暴漲的題材股、消息股甚至有隱藏題材的

ST 類股中,很難發現公募基金的身影,參與這類個股的主力正是遊資或私募。

我們常常會看到同一個板塊或同一種題材、概念中的許多股票,在沒有重大利多的前提下,僅憑著一些市場傳聞就能在短時間內飆升,成為同板塊或同題材中的「黑馬」或「龍頭」。這往往就是市場遊資或私募參與熱門題材股的結果。

投資人在把握短線機會時,遊資或私募的動向及相關個股的異動,是最值得關注的,因為這類股票可以創造較好的短線收益。但是我們在參與時,一定要記住買早不買晚。當我們發現個股的價格已經短線飆升 30% 以上時,即使有好的題材助推,也應保持理性,不宜重倉參與,更不宜盲目地追漲買入。

## 4.2.2 中長線主力參與股解讀

在實盤操作中,我們應該依賴盤面資訊來分析主力的投資行為,特別是盤面上的量價形態,依據量價配合形態的變化,我們可以更完整地分析、把握主力的投資行為。在實盤操作中,依據盤面形態來分析主力的投資行為時,我們主要應以「參與時間長短」來區分不同類型的主力。不同的主力有不同的投資風格,其投資風格會表現在個股的不同走勢上。接下來,我們結合實例來看看個股的不同走勢,是如何反映主力的不同投資風格。

中長線主力是指參與時間較長的主力,一般來說,其參與時間可以超過一年。這類主力在底部區的進貨較為充分、對股價的總體拉升幅度較大。如果投資人可以做到中長線持股待漲,那麼將能獲取高額的回報。

對於中長線主力參與股來說,它的進貨環節持續時間往往很長,我們有更多的逢低佈局時機,這類個股更適合有耐心的中長線投資人。而且,當個股進入到主力拉升階段,在股價累計漲幅不大的時候,每一次的短線回檔低點都是較好的中短線入場時機。

圖 4-2 是一支中長線主力參與的股票,主力很可能在股價前期破位下行前就已進入。當股價隨股市大跌而進入低位區之後,出現了長期的橫向震盪走勢,並屢次出現漲停板啟動股價短線波動的情況,而主力正好借此機會進貨。相對來說,進貨佈局時間並不是很長,這也造成主力的參與能力不夠強,該股在隨後股價突破時,仍有較大的拋售壓力。

在實盤中,雖然股價突破上行時的量能放得比較大,但由於低位區蓄勢很充分,

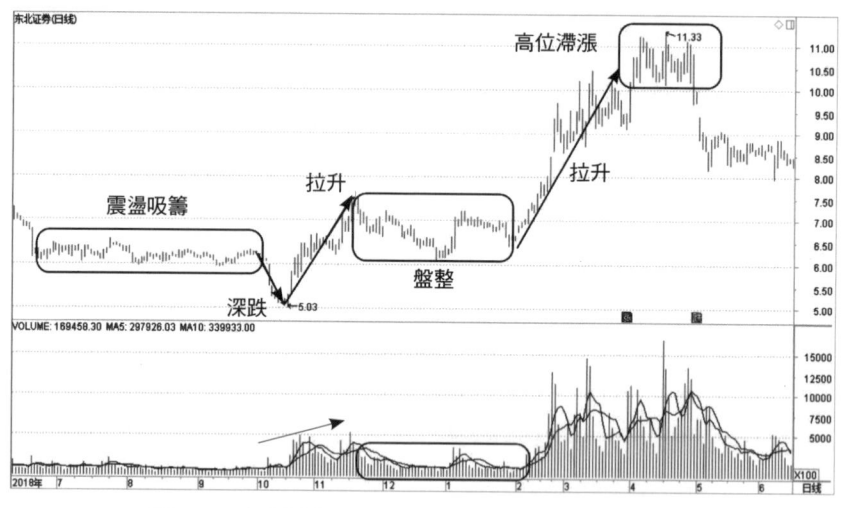

▲圖 4-2　東北證券 2018 年 6 月至 2019 年 6 月走勢圖

並且股價在突破時的小陽線漲幅都不大，因此我們可以適當追漲買入，享受主力拉升成果。

該股隨後出現較為獨立的上攻行情，之間還夾雜著一次盤整走勢，這正是中線主力積極參與的結果。在股價累計漲幅翻倍的情形下，主力開始進行出貨操作。此時，盤面上的滯漲下滑打破了原有的上升形態，再結合股價上漲時放量較大、主力所持股碼數量相對有限等因素，所以在實戰中，本著資金安全的原則，我們此時也應及時地減碼或清倉離場。

### 4.2.3　短線主力參與股解讀

短線主力的參與時間較短，往往在幾週或幾個月內，就可以完成一輪完整的買賣過程，個股價格的短期漲勢較為明顯、漲幅較大。短線主力參與的個股，也多是與當時市場熱點相符的題材股。一般來說，民間遊資更喜歡短線投資個股，即成為個股短期內的參與主力。

短線主力參與的個股，大多有熱門題材推動。在短線上攻走勢剛剛展開時，股價往往不易回檔。此時，對投資人買賣技巧的要求較高，投資人一定要敢於追漲入場，畢竟股價才剛剛啟動。但是，一旦股價短線漲幅相對較大，超過 30% 後，其波

108

動幅度也會增大,投資人此時應結合題材熱度及市場環境,再決定買賣方向。

短線主力多會結合市場熱點來把握建倉時機。由於市場熱點往往頻繁轉換且不斷出現,因此短線主力的建倉目標較多、建倉時機也較多。但市場熱點往往是突然湧現的,因此短線主力的建倉時間就會相對較短。

圖 4-3 中可以看到,股價以漲停板的方式突破盤整區、快速上攻。短線主力也常採取連續漲停板的方式,最大限度地啟動個股的股性及題材熱度。

對於投資人來說,一要結合個股的題材來決定是否追漲,二要在股價突破上攻之初,特別是在剛剛啟動的前兩個交易日追漲買入,這樣可以盡可能地降低追漲風險、增大短線獲利空間。短線主力在參與這類個股時,其價格走勢很有可能一波到頂,特別是對於同題材下的非龍頭商品,一波到頂的機率極大。在實盤操作中,我們一旦發現股價數日內滯漲不前,應果斷賣出該種股票。

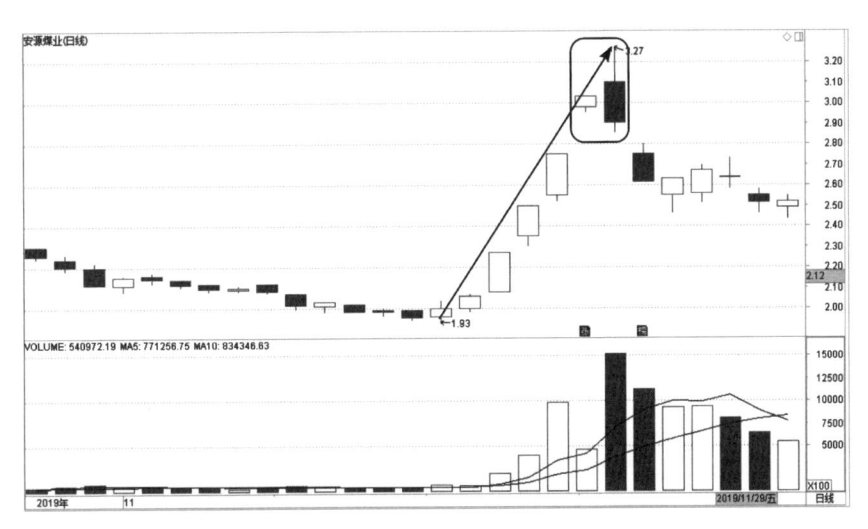

▲圖 4-3　安源煤業 2019 年 10 月至 12 月走勢圖

## 4.2.4　超短線主力參與股解讀

嚴格來講,超短線主力並不是主力資金,因為他們對個股的參與往往就是「一日遊」。超短線主力的目標,只是獲取在一、兩日之內的差價利潤。

**超短線主力的市場行為如同快進快出的散戶,他們經常選擇日 K 線形態優異的**

個股，提前一、兩個交易日進行操作，然後在隨後交易日的早盤階段快速拉升，從而使得該股的價格走勢呈突破上行形態。若市場跟風情緒較濃，超短線主力則順勢收漲停板，次日出貨；若跟風盤不足，超短線主力則在當日盤中高點即開始出貨，該股當日的價格走勢會呈現出衝高回落的長上影線形態。

因此，若個股的價格某日大漲甚至漲停，但沒有什麼明確的題材或消息面支撐，且隨後幾日的走勢明顯疲軟，千萬不要過於肯定地認為有強大的主力隱藏其中，因為這檔股票的異動，很可能就是由超短線主力快進快出所引發的。

圖 4-4 中，股價以一個漲停板強勢突破了盤整區，似乎將展開一輪上攻行情，殊不知次日出現了衝高回落的放量長上影線 K 線，這種形態往往就是超短線主力參與的結果。超短線主力早在漲停板前一日就已略放量，借助良好的突破形態及跟風追漲盤的湧入，超短線主力在漲停板次日實現了快速出貨。

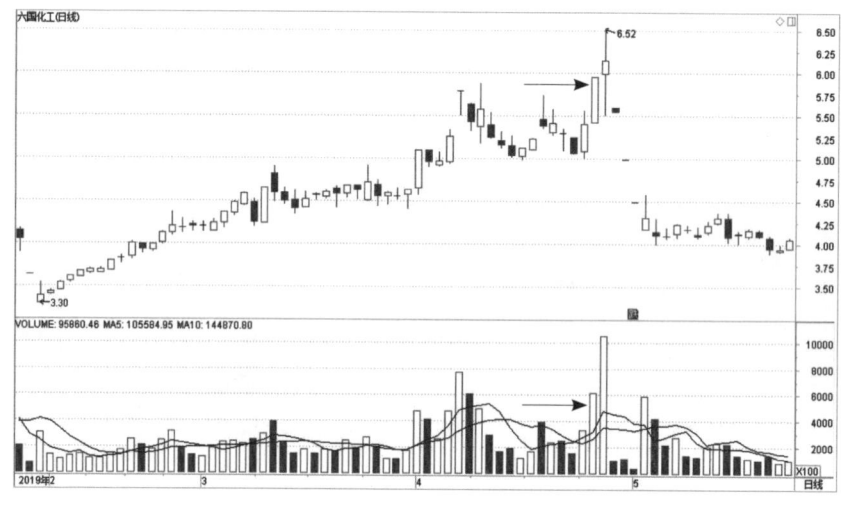

▲圖 4-4　六國化工 2019 年 1 月至 5 月走勢圖

## 4.2.5　主力的兩種參與路線

對於主力參與個股的流程來說，以「建倉環節」為起點的路線是最常見的參與路線，畢竟手中有一定籌碼之後，才能發揮對股價走勢的影響力。但是，也有一些主力會反覆買賣同一檔股票：主力在高位區出貨後，手中仍餘有少部分籌碼，借助於大盤

震盪，順勢賣出剩餘的籌碼，股價往往也因此進入低位區，此時再慢慢買入，這就是以「賣出」為起點的參與路線。

對於起始於建倉環節的主力路線而言，這一主力參與過程的時間順序是：建倉—拉升—出貨。這種主力參與路線適合新主力，由於新主力在入駐個股之前沒有籌碼，所以不得不從建倉開始。此時，能否在低位區或在恰當時機買入大量的建倉籌碼，對主力來說是至關重要的。

對於起始於賣出的主力參與路線，其參與過程的時間順序是：賣出—建倉—拉升—出貨。起始於賣出的主力參與路線有很多優勢，其中最重要的是主力不用被動地等待建倉時機，而是可以結合大盤震盪走勢，去主動創造一個好的建倉價位。

在弱勢的市場環境下，主力往往會先賣出手中持有的股票，等待時機，從而獲得有利的建倉價位，為下一輪參與打下基礎；或者主力利用大盤的不穩定性，來進行中線的低買高賣操作。一般來說，這類主力的實力較強，如果總是被動等待市場提供的機會，就會有一種極不穩定的因素。因此，主動創造有利於自己的價位，就會讓成功率大大提高。下面我們結合案例，來看看主力是如何結合大盤波動，進行大波段上的低買高賣操作。

圖4-5中可以看到，經歷2018年10月股市系統性暴跌之後，股價在「強勢反攻」、「收復失地」時，並沒有量能放出，這說明主力持股力度較大、參與能力較強。如圖中的標注所示，2018年12月，股市再度出現系統性風險，在滬深兩市全線暴跌的背景下，主力一般不會刻意維護股價，因此該股的價格也跟隨著大盤快速下跌，短線跌幅巨大。

值得注意的是，股價在前期高點並沒有足夠的震盪整理時間，主力難以出貨。在這種情形下，我們可以推測主力仍舊在個股之中，在暴跌之後的低點，當股價再度出現一波縮量快速下跌時，便會出現更好的買入點。

主力利用大盤的波動進行低買高賣操作，是一種常見的情形。主力因為對股價未來走勢看得更遠，往往能夠接受大盤暴跌所造成的帳面快速虧損，這是一種策略性的買賣方式。**所以我們不能想當然地認為，個股在主力沒有大量出貨的情形下是不可能暴跌的。**主力可以透過反覆買賣個股，利用股價的大波動來進行低買高賣操作，最終實現獲利離場。

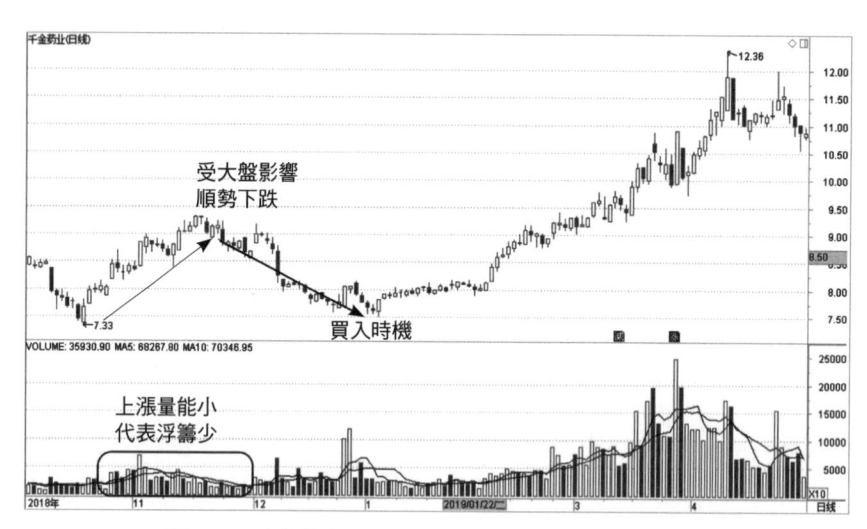

▲圖 4-5 千金藥業 2018 年 10 月至 2019 年 4 月走勢圖

## 4.3 中長線主力與短線主力，持股方式大不同

中長線主力與短線主力的進貨風格迥然不同，中長線主力更注重控制建倉成本，進貨的時間往往較長，參與能力更強；短線主力更注重市場熱點、進貨時間較短，參與時更需借助於市場的追漲熱情及其他遊資的力量。由於主力的進貨風格與方式不同，反映在盤面的量價形態也就不盡相同。在本節中，我們就結合主力的風格，來看看進貨環節下的常見量價特徵。

### 4.3.1 放量縮量對比

主力進貨時會造成股價上漲，也會引發量能放大，隨著股價的短線上漲，主力會暫停進貨，在獲利盤拋售的情況下，股價自然會回落。由於僅是市場少量獲利盤回吐，主力並沒有參與拋售，因此股價回落時的成交量會明顯縮小。這就導致在股價波動過程中，成交量形成了放大、縮小的鮮明對比：波段上漲時的量能明顯放大，波段回落（或窄幅整理）時的量能明顯縮小。利用放量與縮量的鮮明對比，再結合個股中短期內的價格走勢的獨立性，我們可以初步判斷個股有主力入駐進貨的可能性。

圖 4-6 中可以看到，在低位區的橫向震盪走勢中，多次出現獨立上攻的長陽線，且上漲波段的放量較為明顯；而在上漲波段後的回落走勢中，則明顯縮量，放量與縮量形成了鮮明的對比，這正是大資金入場進貨後積極鎖倉的訊號之一。獨立的上漲波段放量，啟動了多空分歧，使得主力有機會從中進貨；隨後的回落波段僅是由市場少量獲利浮額拋售所致，因此量能會明顯縮小。

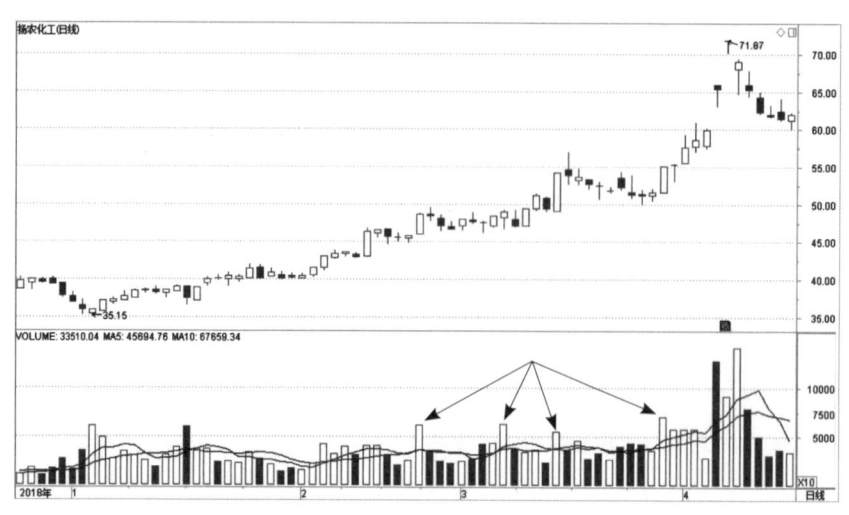

▲ 圖 4-6　揚農化工 2018 年 12 月至 2019 年 4 月走勢圖

## 💰 4.3.2　震盪區漲停式反覆進貨

　　震盪區的漲停板常會激發多空分歧，因為漲停板使得震盪區籌碼處於解套狀態，市場浮額的鎖定度大大下降，主力可以趁機進貨，且漲停板的出現正是主力從中助推的標誌之一。

　　利用漲停板激發多空分歧，主力在震盪區反覆進貨，個股在漲停板出現前後的幾個交易日中量能明顯放大，在隨後的回落走勢中則明顯縮量。反覆震盪之後，主力最終實現了較強的參與能力。

　　因此，隨著震盪走勢的持續，我們會看到個股的量能逐漸縮小，這正是主力鎖倉、市場浮額減少的重要標誌。這種利用震盪區反覆出現的漲停板來進貨的方式，多出現在中線主力參與股中。一旦這類股票開始突破上攻，其潛在的上升空間是很大的。

　　圖 4-7 中可以看到，該股在低位區的震盪走勢中多次出現漲停板，且震盪上漲波段的量能明顯放大。隨著震盪走勢的持續，整理走勢中的成交量明顯萎縮，這正是主力進貨行為，導致市場浮額大幅減少的訊號。

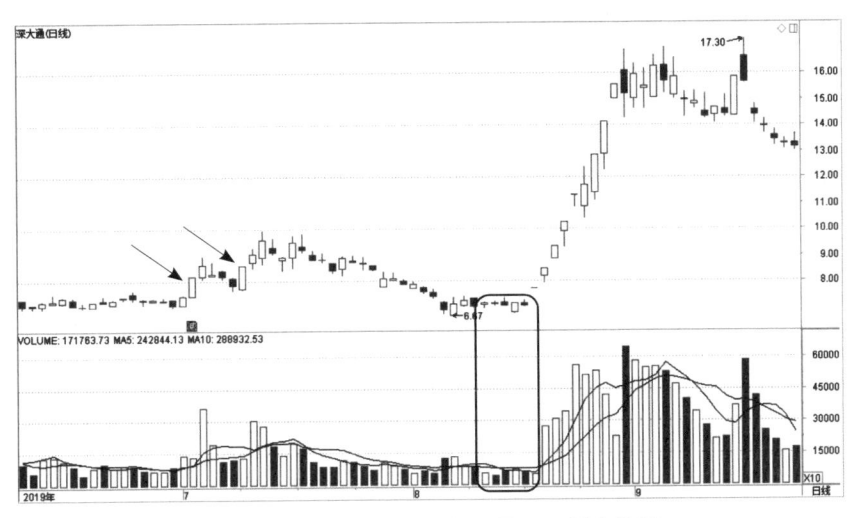

第 4 章　跟著主力，進行低買高賣的「波段獲利法」！

▲圖 4-7　深大通 2019 年 6 月至 9 月走勢圖

## 💰 4.3.3　突破點單日進貨巨量

主力在低位區的進貨，往往會因為市場低迷而使得效果不理想，這時，就需要再次拉升進貨。當股價突破盤整區時，若出現明顯的放量，且隨後股價能夠站穩於突破位置點，則多與主力在突破時實施積極的建倉行為有關，股價就有望就此步入上升通道。下面我們結合實例來說明。

▲圖 4-8　雲南白藥 2019 年 7 月至 11 月走勢圖

115

圖 4-8 中可以看到，經歷長時間的橫向震盪之後，該股出現了長陽線向上突破形態，長陽線上穿整個盤整區時，當日的量能明顯放大，有大量的資金參與。隨後，股價強勢站穩於突破後的短線高點，正是主力積極的建倉、加碼，才使股價得以抵擋中短線獲利、解套賣壓，預示股價將步入上升通道，此時是中短線入場的時機。

### 4.3.4 突破點多日進貨放量

股價先是放量突破盤整區，在強勢的橫向震盪過程中，該股不時地出現單日明顯放量形態，且股價重心隨著震盪的持續而向上移動，這多是主力借突破之機進行加碼的操盤行為，預示著股價隨後將出現一波上攻走勢。在實盤操作中，強勢震盪中的回落點，就是最佳的短線入場時機。

圖 4-9 中可以看到，股價在相對低位區出現長期盤整走勢，隨著放量突破形態的出現，股性得以啟動，但股價並沒有立刻強勢上攻，這與主力手中籌碼數量相對較少、參與能力不足有關。此時，主力有加碼的需要，可以看到在強勢震盪區間又多次出現單日放量陽線，這正是主力在突破點加劇的多空分歧，而積極加碼操作的表現。在震盪過程中出現的股價重心上移，也表示買盤力量強於賣盤，一旦主力加碼完畢，隨後出現上攻行情的機率較大，此時是很好的入場時機。

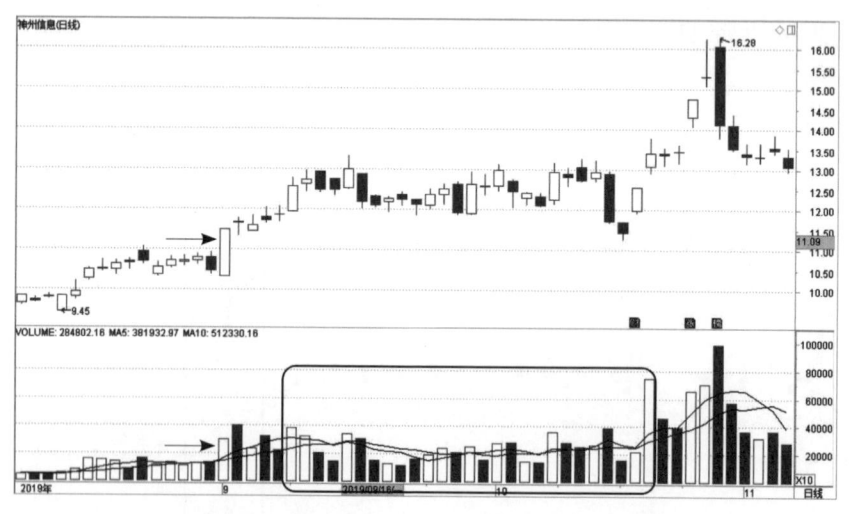

▲圖 4-9　神州信息 2019 年 8 月至 11 月走勢圖

## 4.4 主力洗盤出現時，是入場好時機

震倉環節常出現在一些主力的參與過程中，它雖然不是必然出現的一個環節，但它的量價形態特徵很明顯，當其出現時，也就給我們指出了短線逢低入場的最好時機。

### 4.4.1 連續縮量陰線下跌

震倉環節出現在建倉後、拉升前，是主力對底部區參與的獲利浮額進行整理的一種手段，其目的就是為之後的拉升操作創造更好的條件。

一般來說，震倉環節的典型盤面形態，是股價短期內的快速下跌並伴以量能的相對縮小。但投資人在識別這種形態時，一定要將其與主力前期的低位進貨行為結合，當股價前期的累計漲幅不大、主力有明顯的進貨跡象時，快速縮量下跌才可以被看作是由主力的震倉操作所導致的盤面形態。

圖 4-10 中可以看到，股價先是出現了長期的盤整走勢，隨後量能溫和放大、股價向上突破了盤整區，這表明主力在積極參與。而這個盤整區很可能就是主力進貨的區域，對於這類股票我們應多加注意。

如圖中的標注所示，溫和放量突破之後出現了一波縮量回落，股價回檔至啟動點，這是主力在建倉之後、拉升之前進行的一次震倉操作，而這個短線回落低點也是我們買入的最好時機。

▲圖 4-10　哈工智能 2019 年 5 月至 9 月走勢圖

### 💰 4.4.2　整體放量相對縮量

震倉環節的量能形態以「相對縮量」為主要表現形式。如果在之前的突破走勢中，量能的放大較為明顯，則回檔時的均量往往大於上漲前的均量，但這並不代表主力的

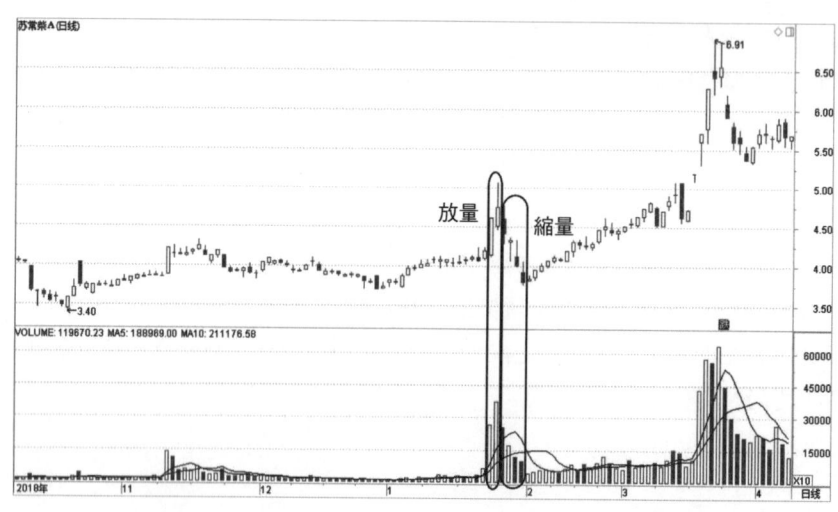

▲圖 4-11　蘇常柴 A 2018 年 10 月至 2019 年 4 月走勢圖

出貨行為。一般來說，這種情形常出現在主力參與能力較差的中型股或大型股中。

圖 4-11 中可以看到，股價在突破盤整區時量能的放大較為明顯。隨後的連續小陰線回落中，成交量相對縮小。結合股價處於低位區及短期內的量能縮放分析得出，這代表著主力拉升而非主力出貨，因此，這仍可以被看作是震倉，我們在短線回檔中的低點可吸納籌碼。

# 4.5 主力拉升時常見的量價形態

不同類型的主力有不同的拉升方式。中線主力持股數量較多、參與能力較強，拉升時往往是不急不緩的，股價上升時間長、累計漲幅大。短線主力持股數量少，拉升時更需借助市場力量。因為主力的類型不同、參與能力不同、拉升風格不同，所以會展現出不同的量價形態。在本節中，將講解在主力拉升過程中常見的量價形態。

## 4.5.1 平量式穩步上揚

平量式穩步上揚是中線主力常用的拉升方式。主力或許是因為在低位區進貨較為充分，或許因系統性風險出現而沒能在高位出貨，所以手中持有大量的籌碼，當市場趨暖後，就有較強的拉升意願。

此時，股價震盪著突破低位區間，溫和向上攀升，由於主力手中的籌碼多，市場上的籌碼數量就相對較少。此外，由於股價的上漲方式較為溫和，這對於散戶持股者的賣出行為，也具有一定的抑制作用。基於這種市況，股價上揚時的量能並不會明顯放大，而是呈「平量式」攀升。

只要這種平量式攀升的形態未被打破，我們就可以耐心持股待漲。一旦股價累計漲幅較大，出現上漲加速、量能突然開始放大的情況，則說明主力參與能力開始減弱且有出貨意向，我們應逢高賣出、鎖定利潤。

圖 4-12 中可以看到，股價先是處於中長期低位，隨後開始震盪上揚。如圖中的標注所示，在股價持續上漲過程中並未出現放量，量能呈現出平量式狀態。這是因為前期主力被套後的被動拉升，主力持股數量多、拉升面臨的壓力弱，因此股價有望衝擊前期新高。在實盤操作中，我們應耐心持股待漲。

如圖 4-12 中的標注所示，隨著股價上漲進入高位區，此時的成交量突然放大、上漲速度加快，股價在盤中的上下波動的幅度也驟然增大。這種量價關係的突然轉變，再結合股價的累計漲幅來判斷，是主力開始出貨、市場浮額增多的訊號，預示著頂部的出現，我們應賣股離場。

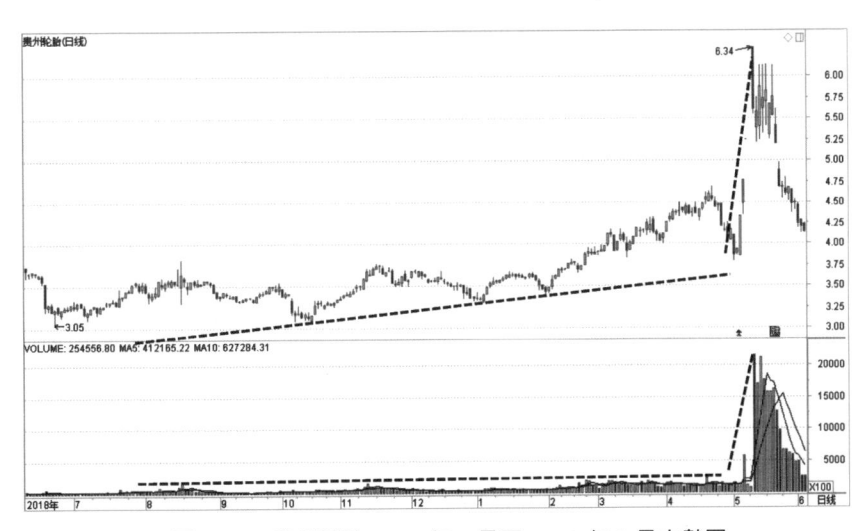

▲圖 4-12　貴州輪胎 2018 年 6 月至 2019 年 6 月走勢圖

## 4.5.2　不帶量式漲停啟動

漲停板的短線衝擊力度無疑是最強的，它能夠激發市場的追漲熱情，很多主力往往喜歡借助於漲停板來實施快速、甚至是一氣呵成的拉升操作。股價的短線上漲勢頭強、漲幅大，主力借助於市場力量，因此不需要動用太多的拉升資金，就能成功拉升。對於散戶來說，不僅要瞭解主力的這種拉升方式，還需要從盤面上發現線索，進而在第一時間追漲買入，享受主力的拉升成果。

一般來說，漲停啟動的拉升方式多出現在股價盤整之後，盤整區是主力進貨、加碼的區域。隨後，在某個交易日中，個股借助於良好的大盤氛圍，在盤中強勢上揚（多出現於早盤階段），連續的大單買盤向上推升股價，並且最終收漲停板。由於主力之前已買入較多籌碼，漲停板突破雖然可以全盤獲利，但市場多空分歧並不嚴重，漲停

板時的量能可能處於平量狀態，也可能溫和地小幅放量，這種放量方式也反過來驗證主力的參與能力。在實盤操作中，我們應在個股漲停板的第一時間買入。下面我們結合案例加以說明。

圖 4-13 中可以看到，在早盤階段，股價出現兩波連續拉升，分時線流暢挺拔，

▲圖 4-13　平潭發展 2018 年 11 月 13 日分時圖

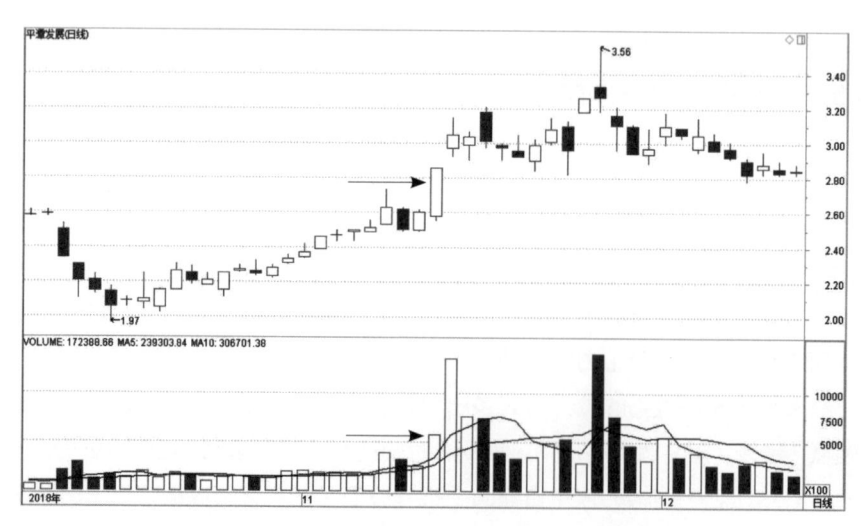

▲圖 4-14　平潭發展 2018 年 10 月至 12 月走勢圖

這是主力進貨、拉升行為的結果。在隨後的盤中高點，股價拒絕大幅回檔，並且向上衝擊漲停板，結合股價當日正突破低位盤整區，以及此時的量能未明顯放大來看，如圖 4-14 所示，可以發現主力的參與能力較強，股價有望以漲停板為啟動訊號，迎來一波上攻走勢。在實盤操作中，我們應果斷地搶漲停板入場。

### 4.5.3 先放量後縮量

在拉升過程中，一些主力往往會因為起初的籌碼數量不夠，而在拉升初期進行進貨、加碼操作，此時的股價震盪上漲速度慢，主力力求降低持有成本。隨著主力持有數量增加、參與能力提高，個股在隨後的價格上揚過程中會出現相對縮量，量能明顯小於上漲初期。這種上漲方式雖與我們常接觸的「放量上漲」不符，但並不是升勢見頂的訊號。在實盤操作中，我們應多加觀察，只有當出現較明確的反轉訊號時，才宜減碼或清倉離場。

圖 4-15 中可以看到，在股價上漲初期，量能明顯放大，但隨著股價持續上漲，成交量反而不斷縮減，這種縮量上揚的走勢緩慢。就中線交易來說，此時不是賣出時機，而在圖中的後半部分，股價高位放量滯漲，才是較好的頂部離場時機。

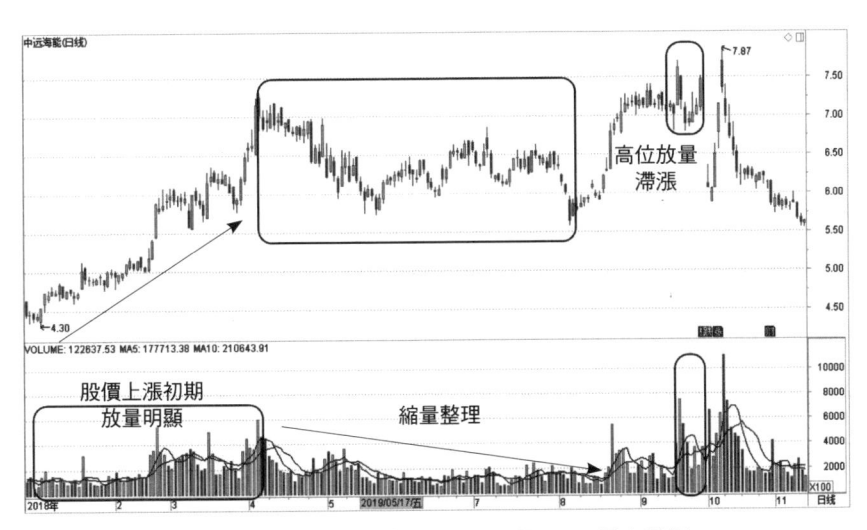

▲圖 4-15　中遠海能 2019 年 1 月至 11 月走勢圖

## 4.6 主力常見的整理方式及量價形態

整理環節出現在主力進貨之後，雖然主力的買賣方式不同、參與能力不同，但此時的市場浮額已經明顯減少，因此整理時的一個重要量能特徵就是「縮量」。當然，主力買賣股票是一個前後連續的過程，僅憑縮量，我們無法判斷該量能特徵是否與整理行為有關。

在實盤操作中，我們還需結合股價此前的運行特徵來綜合判斷。在本節中，筆者將結合案例，講解常見的幾種主力整理方式及對應的量價形態。

### 4.6.1 平量式盤升平台

平量式盤升平台，多出現在中線參與能力較強的主力的參與股中。股價以小陰線、小陽線（以小陽線居多）的方式，極為緩慢地向上盤升，突破此前構築時間極長的震盪區間，全部的流通籌碼處於獲利狀態。這個盤升走勢構成一個類似「平台整理」的形態，但股價重心卻在上移。個股處於「盤升平台」時的成交量並沒有放大，呈現出一種「平量式」的狀態。

這種量價形態往往是主力快速拉升前的一次緩慢整理行為，意在消耗那些持股時間短、短線拋售意願強的短線盤，從而為隨後的拉升減小壓力。在實盤操作中，這個平量式盤升平台，是我們中短線買入的好時機。

圖 4-16 中可以看到，股價在突破長期整理區間時，出現平量式盤升平台的形態，這是一個很顯著的量價關係，也側面表現出主力的整理行為，並預示主力隨後的拉升行為。在實盤操作中，此時是中短線買入的時機。

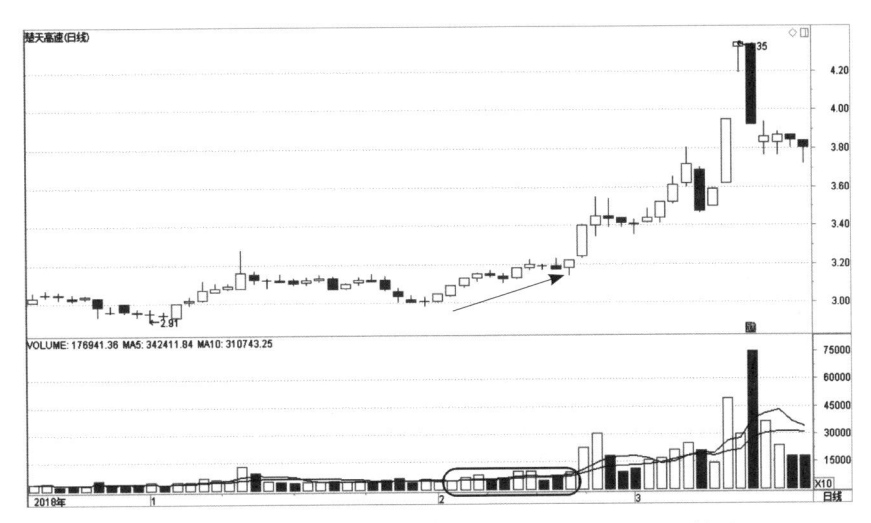

▲圖 4-16 楚天高速 2018 年 12 月至 2019 年 3 月走勢圖

## 4.6.2 縮量下跌形態

縮量下跌形態常出現在股價短線漲速較快時。此時，在中短線高點，出現了一波速度較快、量能快速縮減的下跌走勢。這一波快速下跌走勢的量能，與之前上漲波段的量能形成鮮明對比，表明下跌走勢並不是因為大量拋售而形成的。在實盤中，若股價此前的上漲較為強勁、走勢獨立於大盤，則此時的縮量快速下跌，具有更強的回檔含義。在實盤操作中，我們也可逢短線低點買入。

圖 4-17 中股價震盪上揚，一波短線快速上漲，量能明顯放大，隨後出現了股價的快速下跌，下跌時量能急速縮減。結合同期大盤走勢來看，股價的震盪上行具有獨立性，有主力積極參與。股價此時的累計漲幅不大，透過股價的自然整理，在實盤操作中，我們可以逢低買入，積極投資。

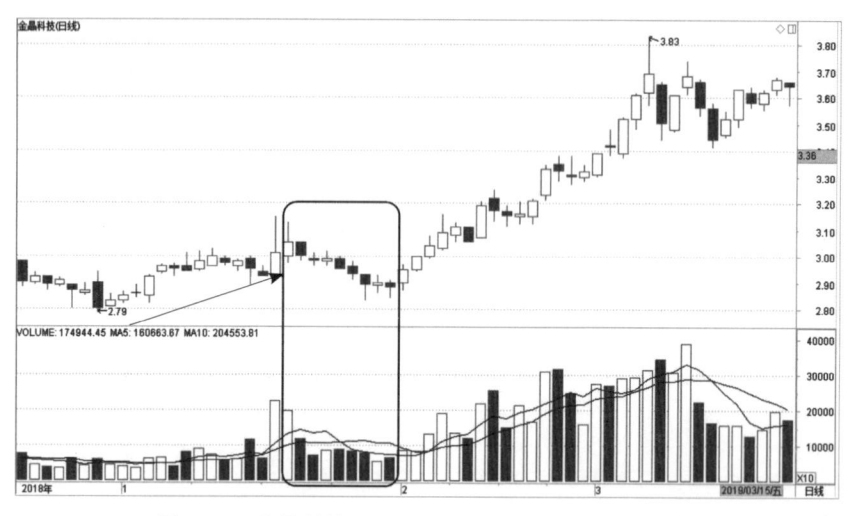

▲圖 4-17　金晶科技 2018 年 12 月至 2019 年 3 月走勢圖

### 💰 4.6.3　縮量式強勢整理平台

　　縮量式強勢整理平台，常出現在參與能力較強的中線主力上，相應的個股往往有業績支撐，對股價的不斷攀升具有支撐作用。

　　從盤面形態上來看，股價呈現橫盤走勢，在很長一段時間內股價波動幅度較小，短期內幾乎沒有什麼差價，且橫盤區間往往會出現成交量萎縮的情況，給人一種此股交投極不活躍的感覺。這是因為主力在此區間內既沒有出貨、也沒有拉升，散戶可以透過股價的自然整理狀態時段，選擇充分換手。

　　採取這種以時間換取空間的方法，主要針對市場中絕大多數投資人沒有耐心的弱點，以達到淘汰一批持股者的目的。一般來說，平台整理的時間越長，股價上下振幅越小，表示整理得越徹底，之後股價上升的後勁就越大。

　　圖 4-18 中可以看到，股價先是出現獨立的攀升走勢，長陽線一舉向上突破長期盤整平台。隨後，股價開始橫向震盪，且成交量大幅度減小，這就是主力拉升過程中的「縮量整理」形態，可以有效地消耗缺乏耐心的短線盤，從而為隨後的拉升減輕壓力。在實盤操作中，由於該股中線已有一定價格漲幅，我們在買入初倉時應控制好倉位，對於持股者來說，則應持股待漲。

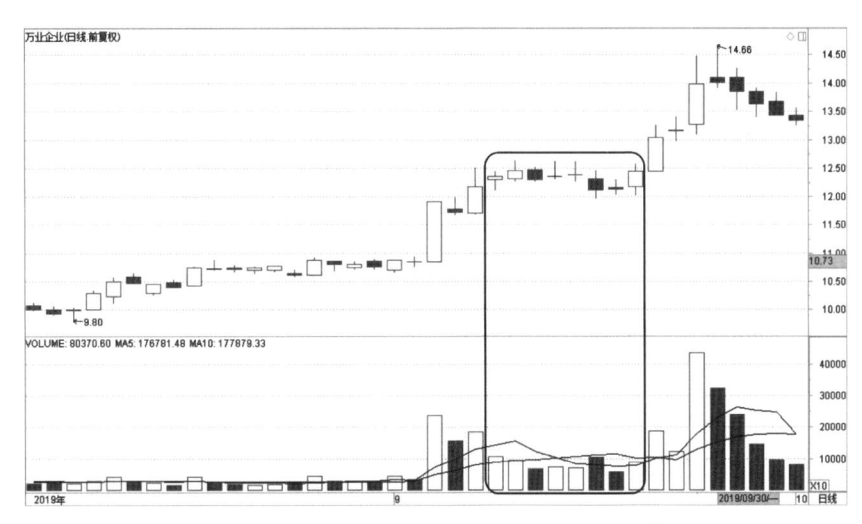

▲圖 4-18　萬業企業 2019 年 8 月至 10 月走勢圖

## 4.6.4　下跌後的縮量收復

股價的短線快速下跌伴以相對放量，可能是主力出貨所引發的，也可能是市場賣出湧現所引發的。如果想要判斷股價後期走勢，那麼我們應密切觀察股價短線下跌後的走勢特徵。若能夠出現縮量下跌的走勢，則表明主力參與能力依舊較強。在股價累計漲幅不大的情況下，我們仍可積極操作，或逢震盪回檔之機買入。

圖 4-19 中可以看到，股價在一波放量下跌之後，出現了縮量，這是市場浮額較少、主力依舊有著較強參與能力的標誌。短線上，我們可以適當買入參與。隨後，股價短線上衝、加速上漲至前期盤整套牢區間時，量能突然大幅放大，股價在此位置點遇阻，我們在短線上宜賣出從而迴避風險。

隨後，當股價二次回落時，可以看到又是一波縮量下跌走勢，主力並沒有快速出貨，在實盤操作中，我們可再度短線接回。實盤中的股價走勢往往一波三折，我們應結合量價關係的變化，而不斷調整買賣方向及倉位，力求降低風險、獲取更高的潛在收益。

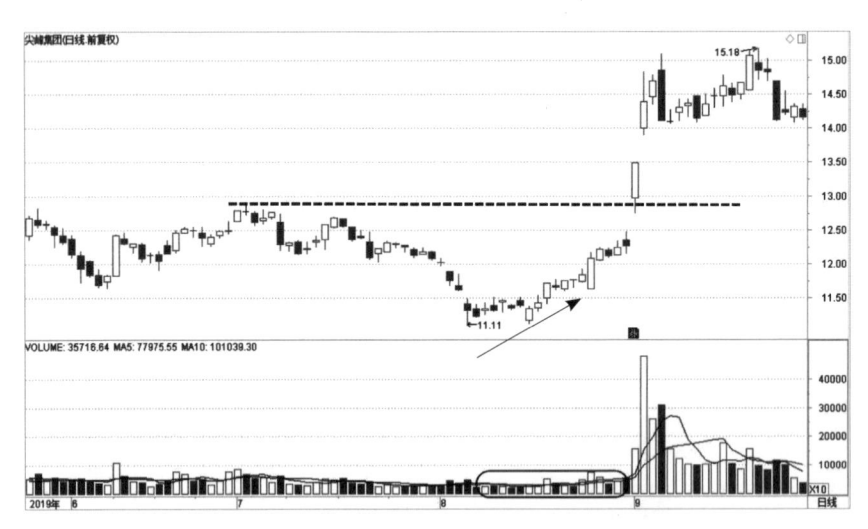

▲圖 4-19　尖峰集團 2019 年 5 月至 9 月走勢圖

## 4.7 主力出貨的量價關係，可作為風險評估

主力往往在股價累計漲幅較大時出貨，但若股市低迷，主力往往會提前出貨。我們應結合市場冷暖及量價關係的變化，來把握主力的出貨行為。在本節中，筆者將講解主力出貨時的幾種常見量價關係，它們是股價走勢中線轉折的訊號，也是風險訊號。

### 4.7.1 縮量震盪下滑

在持續上漲後的高位區，若股價出現震盪滯漲走勢且量能開始明顯縮減，股價重心下移時，這便是主力無意拉升、開始小量出貨的訊號。我們此時應注意風險，股價隨後有可能因大盤震盪，而向下跌破平台支撐位。

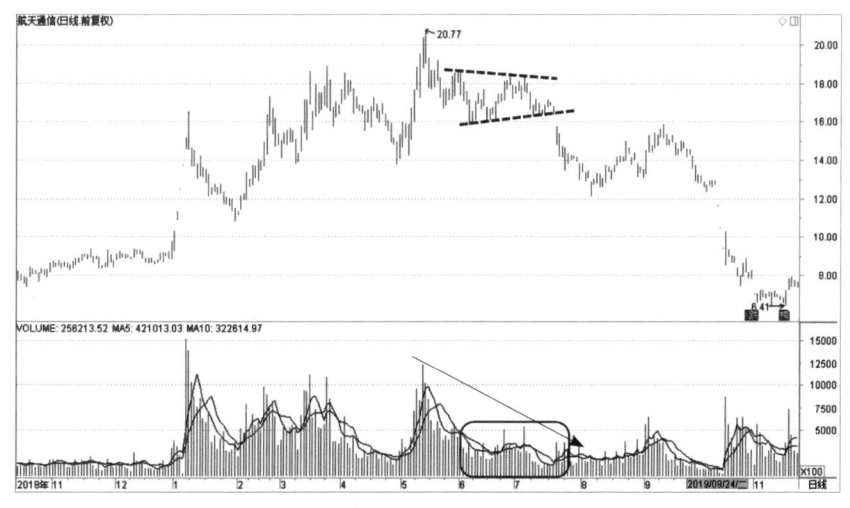

▲圖 4-20 航天通信 2018 年 10 月至 2019 年 11 月走勢圖

圖 4-20 在高位震盪走勢中，我們可以看到股價在震盪走低，同期的量能明顯縮減，這是主力小量出貨的訊號。這種縮量震盪下滑，也打破了股價走勢原有的上升形態，標誌著頂部的出現以及趨勢的反轉。

## 4.7.2 斷層式縮量滯漲

斷層式縮量滯漲，也是主力出貨時較為常見的一種量價關係，它是指個股在價格不斷上漲過程中出現了較為顯著的放量，並且股價的上漲走勢獨立，明顯強於大盤，中短線的漲幅相對較大。隨後，在高點位股價橫向震盪，但量能卻大幅度縮減，此時的量能與之前上漲時的量能相比，顯現出「斷層式」的特徵。

高點位的斷層式縮量滯漲，大多表示此前股價上漲時的堆積式放量，或與主力的連續式拉升有關。此時量能斷層式縮減並伴以股價滯漲，標誌著主力連續式拉升的結束，也是股價走勢見頂的訊號。

圖 4-21 中可以看到，股價的上漲過程持續時間長、累計漲幅大，上漲時的量能明顯放大。如圖中的標注所示，高點位出現了縮量滯漲，從量能效果來看，這屬於「斷層式」的縮量，是股價走勢見頂的訊號，此時我們應賣出離場。

▲圖 4-21　珠江實業 2019 年 1 月至 8 月走勢圖

### 4.7.3 放量攀升再放量

上升途中，成交量若在原有的放量攀升的基礎之上再度明顯放大，會使多方力量消耗過大、過快，容易引發中線反轉走勢。此外，再度放量時往往伴有股價的快速上衝，經常使多空力量對比格局發生轉變。在實盤操作中，當成交量無法繼續放大，或股價開始滯漲時，我們應賣出離場。

圖 4-22 中可以看到，股價在大盤走勢處於震盪時，出現這種較為獨立的上攻走勢，這是主力積極參與的結果。但是，放量攀升之後出現量能進一步放大的上攻走勢，這就是一個反轉訊號，此時我們應果斷賣出。

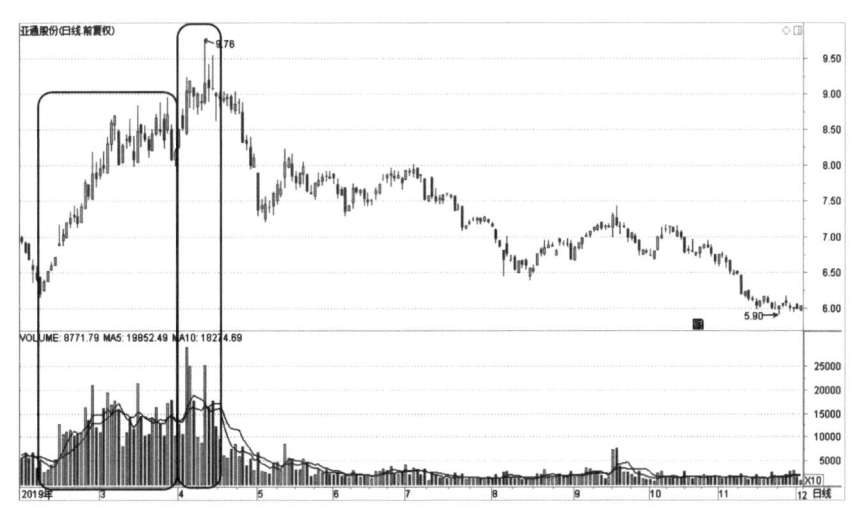

▲圖 4-22 亞通股份 2019 年 2 月至 12 月走勢圖

# 第 5 章
# 我用日K線與成交量，預測「上漲股」！

## 5.1 3個交易日的量價形態：進攻式三日放量組合

以成交量分析而言，以日 K 線為基礎的日 K 線圖量價分析是其核心。在前面幾個章節中，筆者已經從趨勢運行、經典量價理論、主力參與等方面，講解一些較為常見的日線圖量價形態，但對於變幻莫測的股市及股價走勢來說，這些還遠遠不夠。

想要更深入理解量價關係，並在實戰中運用，我們還要從特例入手，以 A 股市場的獨特運行方式為基礎，更加全面地學習量價形態。在本章及第 6 章中，筆者以「日 K 線圖」為例，展開量價相關內容的講解。本章先講解能夠預示股價上漲的量價組合，第 6 章則講解預示股價下跌的量價組合。

進攻式三日放量組合是 3 個交易日的量價形態組合，這 3 個交易日的量能明顯放大。第一個交易日和第三個交易日收出中小陽線，且量能的放大較為明顯，使股價呈上攻狀。第二個交易日為股價整理走勢，量能相對縮小。

這種量價形態常常是大資金短線加碼、有意拉升股價的訊號，雖然股價不一定馬上上漲，但隨後的整理時間往往會較短。在實盤操作中，當股價回落至第二個交易日附近且能獲得支撐時，我們可以短線入場。

圖 5-1 可以看到股價盤整之後，出現三日放量突破盤整區的形態。這是進攻式三日放量組合形態，是多方入場積極、短線推升股價意願強的訊號，也預示著有望展開一波上攻行情。在實盤操作中，我們可以在隨後的橫向整理期間買股入場。

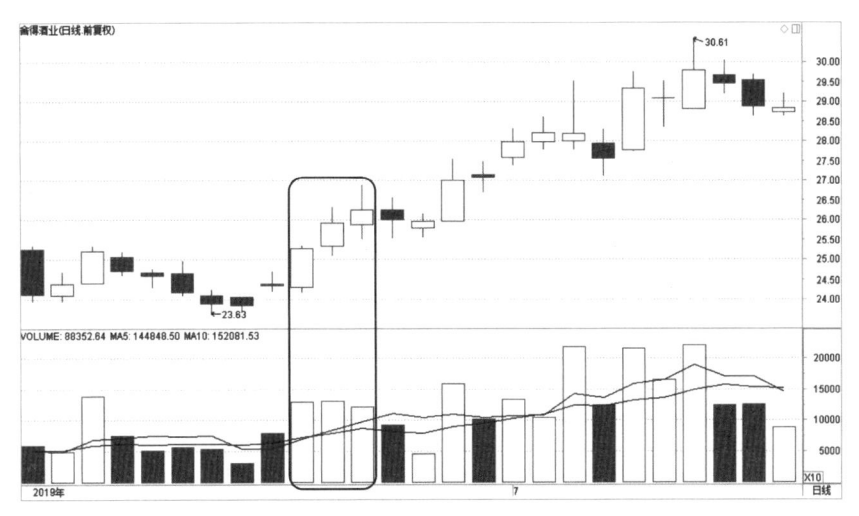

▲圖 5-1 捨得酒業 2019 年 6 月至 7 月走勢圖

## 5.2 長陽線突破點的窄幅整理區,有望展開突破行情

　　股價在長期盤整之後走勢不明朗,若此時出現長陽線放量突破盤整區,多預示著盤整區是多方積蓄力量的一個階段。但是,多方也有可能因空方獲利賣壓較重,使主力持股數量不夠而無功而返。此時,在長陽線的突破位置點,若股價走勢能夠出現小幅度整理形態,是多方已經在突破位置點佔據主動地位的標誌,有望展開突破行情。在實盤操作中,這個突破點的窄幅整理位置區,就是我們中短線入場的好時機。

由圖 5-2 可以看到股價在運行中，先是出現了放量長陽線突破盤整區，隨後在突破點出現了窄幅整理不回落的走勢。此時股價正處於低位盤整區的突破形態中，而這種突破量價形態又是多方佔優勢、主力拉升的訊號。因此，在實盤操作中，在突破點的窄幅整理過程中，我們可以積極加碼買入。

這種量價形態常出現在大型股中。此時，股價在突破點是否有強勢的窄幅整理形態出現，是我們衡量多空力量的重要依據，也是判斷上攻行情是否真實的標準。

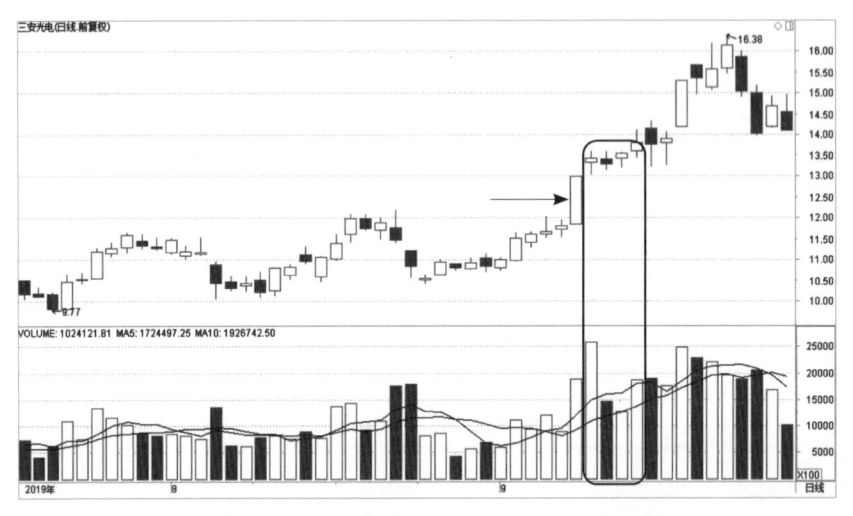

▲圖 5-2　三安光電 2019 年 7 月至 9 月走勢圖

圖 5-3 中可以看到，股價在以長陽線向上突破盤整區時，當日量能的放大較為明顯，這是個股中沒有強勢主力參與的標誌之一，股價的運行方向是多股力量合力的結果。此時，若在突破點可以出現強勢窄幅整理形態，則表示多方可以穩守勝果，仍完全佔據主動地位，股價隨後仍有上攻空間。在實盤操作中，我們可以耐心持股待漲或買股入場。

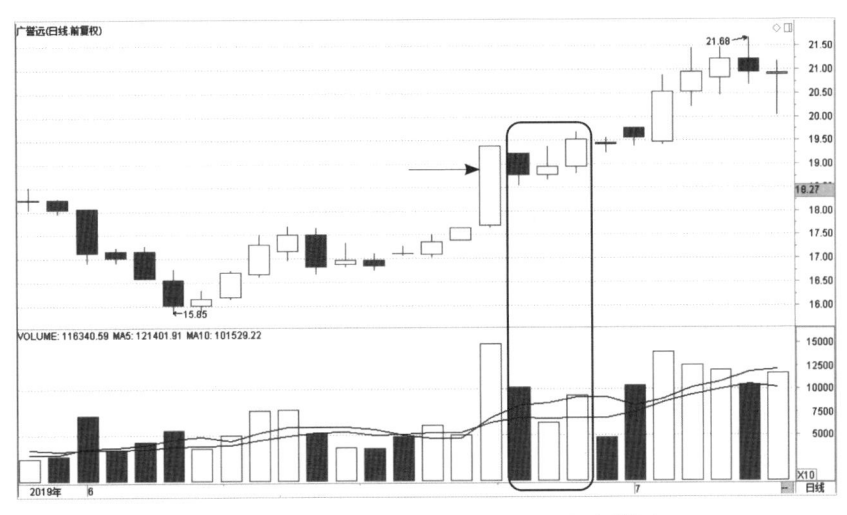

▲圖 5-3　廣譽遠 2019 年 5 月至 7 月走勢圖

## 5.3 圓弧右側的滑落低點，是短線入場的好時機

「圓弧形」常與主力的行為相關，因為僅憑市場正常交投，難以出現這種「優美」的運行形態。當股價以溫和放量的圓弧形態突破低位盤整區時，大多是主力快速拉升前的一次加碼操作。此時，圓弧右側的滑落低點，就是我們短線入場的最好時機。

由圖 5-4 中可以看到，股價在長期盤整之後，先是出現兩根縮量陰線，使股價降低至 7.76 元（本書所有金額皆指人民幣）處形成破位之勢，但在隨後的運行中，則

以溫和放量的圓弧形態「收復了失地」。在實盤操作中，我們應在股價圓弧形滑落時進行短線買入操作。這種量價形態常與主力的積極參與有關，股價隨後的中短線漲幅也十分可觀。在實戰中，我們應多加觀察這種量價形態，把握時機。

圖 5-5 中可以看到，股價以一個溫和放量的圓弧形態，突破了之前的短線整理套牢區。圓弧形態構築完成之後，股價出現了短線回落，此時就是較佳的入場點。

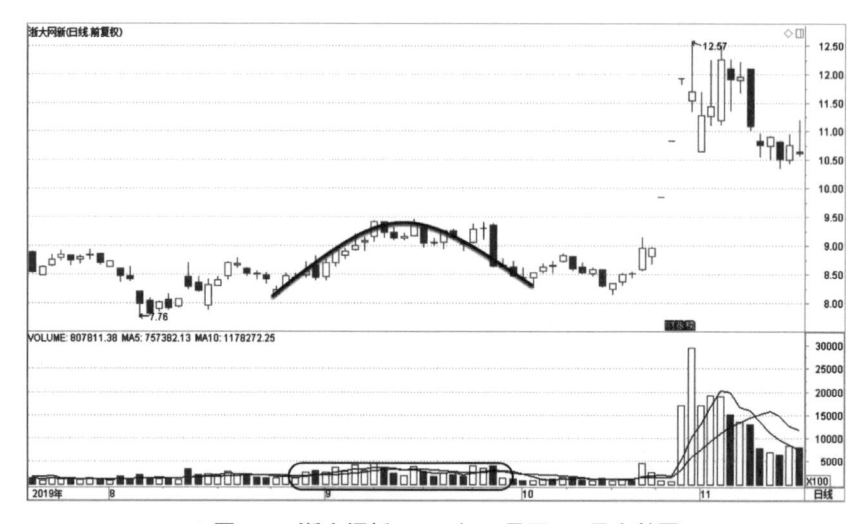

▲圖 5-4　浙大網新 2019 年 7 月至 11 月走勢圖

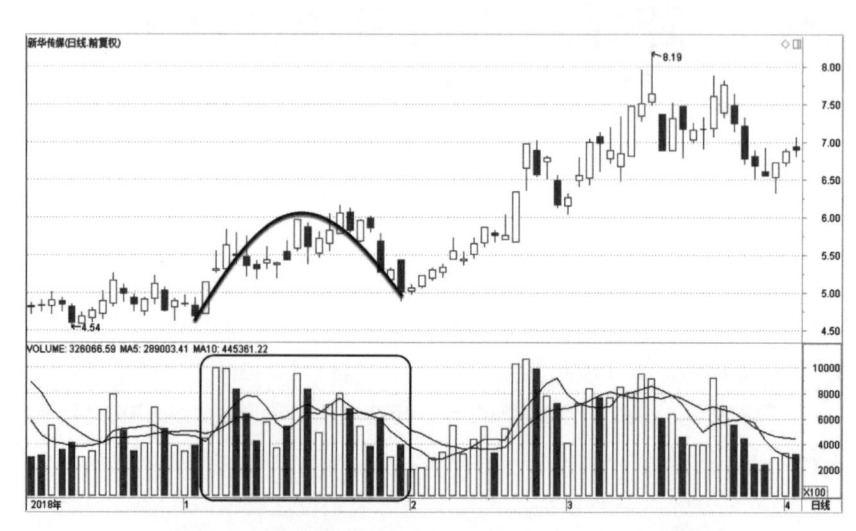

▲圖 5-5　新華傳媒 2018 年 12 月至 2019 年 4 月走勢圖

## 5.4 「紅三兵」是可靠的上攻訊號

「紅三兵」是指連續 3 根中小陽線的 3 日 K 線組合。一般來說，紅三兵代表多方力量佔據優勢，是上漲訊號；但在某些時候，紅三兵發出的訊號並不是上漲訊號。為了確保紅三兵形態的準確性，我們還要結合 K 線整體運行形態及量能變化來判斷。當溫和放量的紅三兵出現在盤整區的突破位置點時，就是一個可靠的上攻訊號，它代表買盤積極入場、多方力量充足，是即將展開一輪上攻行情的可靠訊號。

圖 5-6 中可以看到，股價在中短期大幅下跌後的低點，出現橫向震盪走勢。隨後連續 3 根溫和放量的小陽線，使股價開始向上突破震盪區。這就是突破點溫和放量紅三兵形態，也是買盤入場積極、股價有望展開上攻走勢的訊號。在實盤操作中，由於此時股價中短線的漲幅均較小，因此我們可以追漲買入。

▲圖 5-6 龍建股份 2019 年 1 月至 5 月走勢圖

## 5.5 回檔後的縮量整理平台，主力隨後快速拉升

放量盤升後回檔點縮量平台是一個組合形態，它由兩個局部形態構成。首先是溫和放量並且股價緩慢向上攀升，一般來說，這種走勢具有一定的獨立性，強於同期大盤，往往是個股有主力資金積極參與的訊號。隨後，受大盤回落影響，股價沒能在短線高點止穩，而是順勢回落至前期起漲點附近，此時做橫向窄幅整理，量能大幅縮減。

這種形態的出現常與主力的行為相關。只要股價當前處於累計漲幅不大的位置點，一般來說，隨後會有較大的上漲空間，而這個回檔後的縮量整理平台，常常就是主力快速拉升前的一個過渡階段。在實盤操作中，此縮量平台是中短線入場的好時機。

▲圖 5-7　北京城鄉 2018 年 10 月至 2019 年 5 月走勢圖

圖 5-7 中可以看到，股價在中短線回落幅度較大的相對低點，先是出現持續的橫向窄幅整理。隨後，股價向上緩慢攀升，形成一個放量盤升平台。這期間的走勢，該股明顯強於同期大盤，具有一定的獨立性，標誌著主力積極參與此股，獨立上漲的放量盤升平台，更有可能是主力積極進貨行為所形成的。

隨後，因大盤短線下跌，股價順勢回落，跌回至起漲點附近。此時出現縮量窄幅運行的整理走勢，這是大盤震盪為我們創造的一次短線入場良機，應把握住入場機會。

## 5.6 穿越型的長陽線，可以積極買入佈局

平量長陽突破寬震區形態，是指股價走勢在多個交易日內，形成長陽線、長陰線交替出現的寬震格局。雖然每個交易日的股價盤中振幅較大，但由於長陰線、長陽線交替出現，所以股價重心並未向上移動。此時，一根實體更長的陽線以平量的方式，向上穿越這個寬震區，股價也達到近期小高點，較高的收盤價使得寬震區的籌碼均處於獲利狀態。

穿越型的長陽線是多方積極做多的標誌，平量則代表主力資金實力較強。如果股價的中短期漲幅較小，或者股價處於未啟動狀態，則多預示著有望展開一輪上攻行情，在實盤操作中，我們可以積極買入佈局。

圖 5-8 中可以看到，該股緩慢攀升的價格走勢十分穩健，在攀升區的突破點，形成一個長陽線、長陰線交替出現的寬震區，這是多空產生分歧的區域，也是股價運行

141

方向將明確的標誌。隨後的平量長陽線突破形態，表明股價的運行方向是向上，在實盤操作中，我們應跟隨訊號，積極買入。

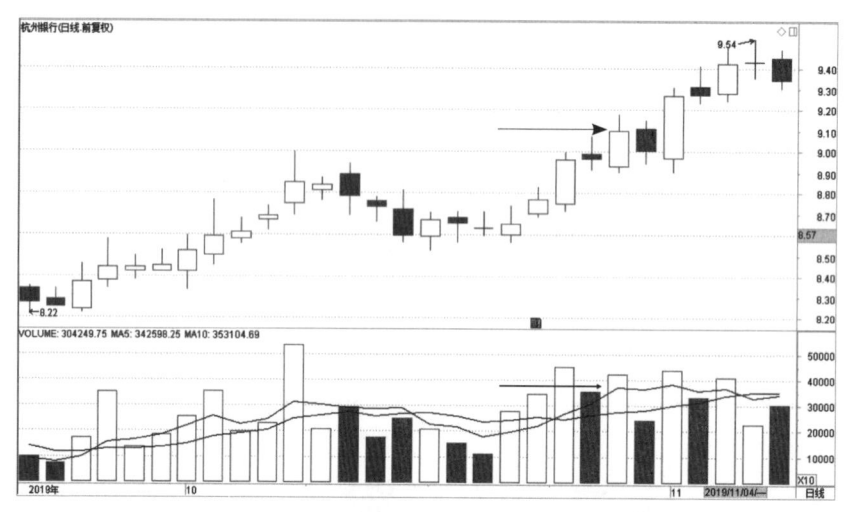

▲圖 5-8　杭州銀行 2019 年 9 月至 11 月走勢圖

## 5.7 縮量雙（三）探低形態，有望展開上攻行情

縮量雙（三）探低形態，是指股價出現了類似於「W」的二次探低（或者三次探低）的震盪走勢，在整個震盪過程中，成交量逐漸減少。

第 5 章　我用日K線與成交量，預測「上漲股」！

　　無論是第二次回探震盪區低點，還是第三次回探震盪區低點，成交量都比前一次回探震盪區低點有所縮減，這說明股價破位下行的做空力量逐漸減弱。如果此時股價的震盪區處於中線低點，那麼這種量價形態可以被看作是多方力量轉強、空方出貨無力的標誌，預示著隨後有望展開突破上攻行情，當二次（或三次）回探震盪區低點時，便是很好的中短線入場點。

　　圖 5-9 的股價在中期低位區間出現了橫向震盪走勢。這期間的成交量隨著震盪的持續而不斷縮減，第二次回探震盪區低點時是一個買點，但此時的股價仍有破位下行的可能。因此，我們可以透過控制倉位的方式來降低風險。但當股價第三次回探震盪區低點時，成交量已明顯縮小，且構築了一個低點整理平台，止穩訊號明顯。此時可以加大買入力度，從而獲取多空力量轉變後的反轉行情帶來的利潤。

▲圖 5-9　赤峰黃金 2018 年 10 月至 2019 年 7 月走勢圖

## 5.8 強縮量出現，表示有主力資金積極吸籌

寬幅箱體區低點強縮量形態，是指股價出現了橫向的寬幅箱體震盪走勢，震盪區一般處於中期高點位，箱體震盪持續時間較長。隨著震盪的持續，當股價再度經短線回落至箱底時，成交量大幅縮減，明顯小於前期震盪回檔後的成交量，故稱之為「強縮量」。

這種量價形態多標誌著在箱體震盪的過程中，有主力資金進行了積極的進貨。在箱底位置出現強縮量時，也意味著主力參與能力較強、手中掌控的籌碼較多，個股有望迎來突破箱體區的上攻行情。此外，從短線角度來講，股價也有向上反彈再碰觸箱頂的趨勢，可以說是在中短線投資中較佳的買入點。

▲圖 5-10　法爾勝 2019 年 1 月至 4 月走勢圖

圖 5-10 中可以看到，股價在短期上漲後的高點長期震盪。如圖中的標注所示，當股價隨著震盪的持續而再度回落至震盪區低點時，成交量呈極度縮量形態，這是主力持股數量較多、空方無力使股價降低的訊號。而且，震盪區低點也是一個很好的反彈買入點，在實盤操作中，此時我們可以大膽買入。

## 5.9 縮量倒三角形態出現，可積極買股入場

「倒三角回升」形態，由一根長陰線之後的連續多根小陽線組合而成，「縮量倒三角」則是指包括長陰線當日的多個交易日內，成交量處於相對縮小的狀態。一般來說，連續小陽線時的量能萎縮得更為明顯。

低點縮量倒三角回升形態出現在短線低點，特別是在股價短線上衝後再度回探前期低點位時。此時股價無力破位下行，只要股價中短線累計漲幅小、短線跌幅大，此型態大多能準確地預示一波上攻行情的展開。在實盤操作中，如果長陰線之後出現連續的縮量小陽線，並且此時的股價短線漲幅小，則縮量倒三角形態已完全形成，那麼我們可以積極買股入場。

圖 5-11 中可以看到，股價的中短線跌幅較大，此前有明顯的獨立上攻行情。在這個股價將要破位下行、短線跌幅較大的位置，出現縮量倒三角形態，表示這是一個階段性的反轉訊號，說明多空力量對比已經發生轉變，在實盤操作中，我們可以短線買入。

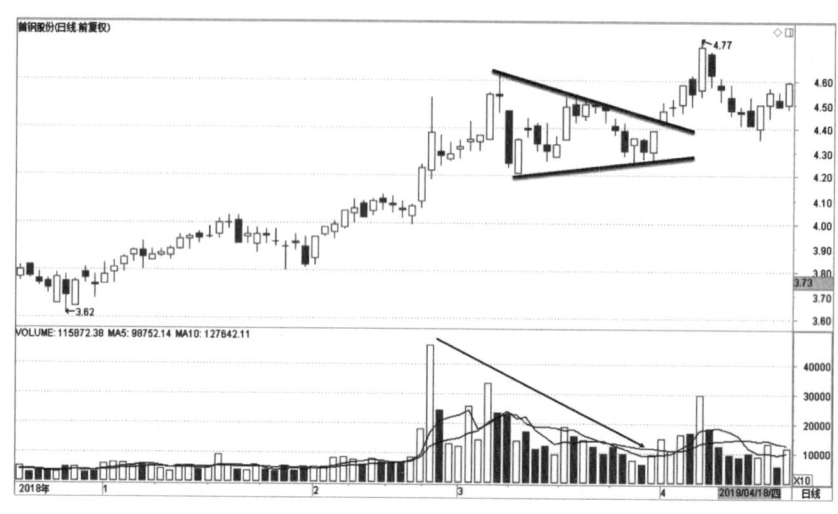

▲圖 5-11　首鋼股份 2018 年 12 月至 2019 年 4 月走勢圖

## 5.10 看到平量式攀爬上穿震盪區間，應耐心持股待漲

　　平量式攀爬上穿震盪區間形態，是一種揭示主力參與股情況的量價形態。個股首先出現持續時間較長的橫向震盪價格走勢，這是一種常見的運行格局，此時很難判斷是否有主力參與其中，多數投資人只能結合震盪走勢，進行波段式的低買高賣操作。一旦股價有向上穿越震盪區的趨勢，投資人很難作出判斷。但是，利用這種量價形態，我們可以判斷股價是會開啟突破上攻走勢，還是會再度折轉返回震盪區間內。

當股價向上運行至震盪區頂部時，若攀升速度緩慢、股價重心緩緩上移，並且成交量未見放大，呈現出一種平量式的狀態，則預示著經過震盪走勢之後，主力已經擁有較多的籌碼（此時的主力已有較強的參與能力，同時股價向上緩慢攀升，是股價脫離主力成本區域的訊號）。在實盤操作中，此時我們應耐心持股待漲，等待主力的進一步拉升，而不是過早離場。

圖 5-12 中可以看到，股價經歷長期的震盪，上下震盪幅度不大，累計漲幅較小，但震盪走勢並不一定預示著有主力參與其中，股價運行方向不明朗。隨著震盪的持續，當股價再度上漲至震盪區的相對高點時，如圖中的方框所標注，以連續平量的方式突破震盪區。

此時全盤獲利，但獲利拋售盤不多，表示主力參與能力較強，結合股價累計漲幅不大且想要突破的價格形態來看，有望迎來一波上攻走勢。在實盤操作中，此時我們可以積極跟隨。

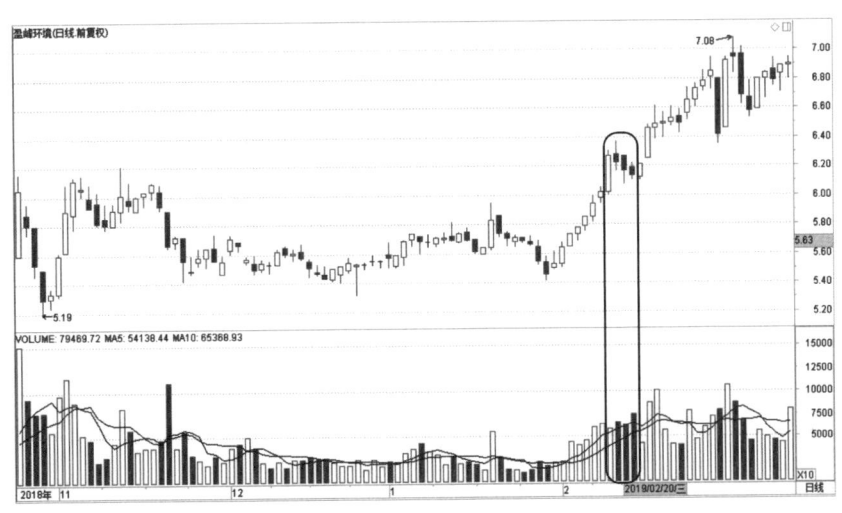

▲圖 5-12 盈峰環境 2018 年 10 月至 2019 年 3 月走勢圖

## 5.11 中短線急跌後回升縮量，有望出現一波反彈走勢

中短線的急速下跌，往往會出現在股價的一波上衝之後。此時，或由於利空消息影響，或由於主力突然反手出貨，股價開始「雪崩」走勢，中短線跌幅大、跌速快，但這種走勢也容易引發強反彈行情。一般來說，如果股價在中線已有較大跌幅，且短線再度出現快速大幅跳水（以兩三根長陰線的方式呈現），那麼此時股價走勢一旦止穩，且以連續多日的小陽線縮量回升，則預示著短期內的做空力量已消耗殆盡，有望出現一波反彈走勢。在實盤操作中，我們可以適當參與，從而獲取反彈收益。

圖 5-13 的股價中線跌幅大、短線跌速快，如圖中的標注所示。在連續 2 根長陰線，股價跌至 5.05 元後，股價隨著連續的小陽線而緩慢回升，回升時的量能萎縮。這是股價止穩的訊號，也預示著反彈行情的展開，此時我們可以進行短線買入操作。

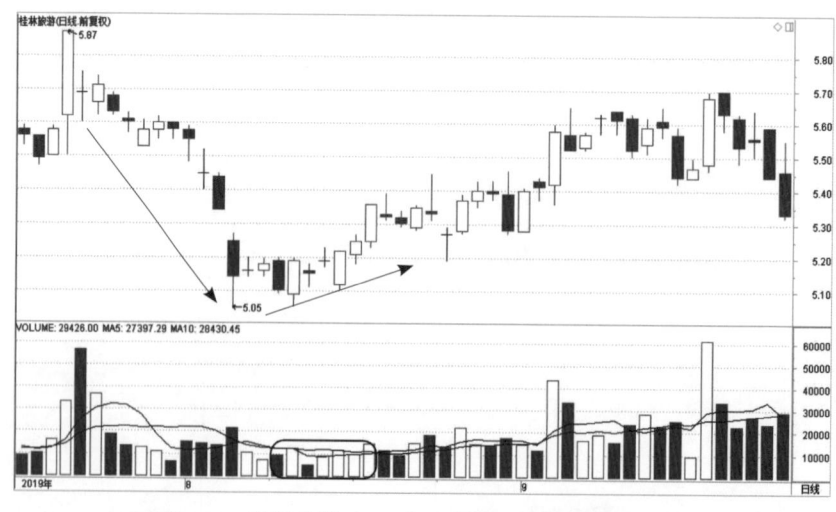

▲圖 5-13　桂林旅遊 2019 年 7 月至 9 月走勢圖

## 5.12 放量突破後，應逢短線回檔之際買入

「寬震式漲跌」是指盤中振幅較大的陰線、陽線在數個交易日內交替出現的量價形態。即這幾個交易日的盤中波動幅度較大，但由於陰線、陽線交替出現，股價沒有上漲。「放量突破」則是指股價突破這個短線寬幅區間時，出現了明顯的放量。

寬震式漲跌是股性開始明顯活躍的訊號，多與主力積極參與有關，此時的量能也會因盤中震盪幅度的加大而放大，股價運行方向尚不明確。隨後的放量突破則表明主力資金的行為是做多的，而且經歷了寬幅震盪區間後，多方已明顯佔據主動地位，這是有望展開一輪上攻行情的訊號。在實盤操作中，我們可以在放量突破後，逢短線回檔之機買入。

從圖 5-14 可以看到，股價在長期盤整之後出現了寬震式漲跌形態，隨後的放量

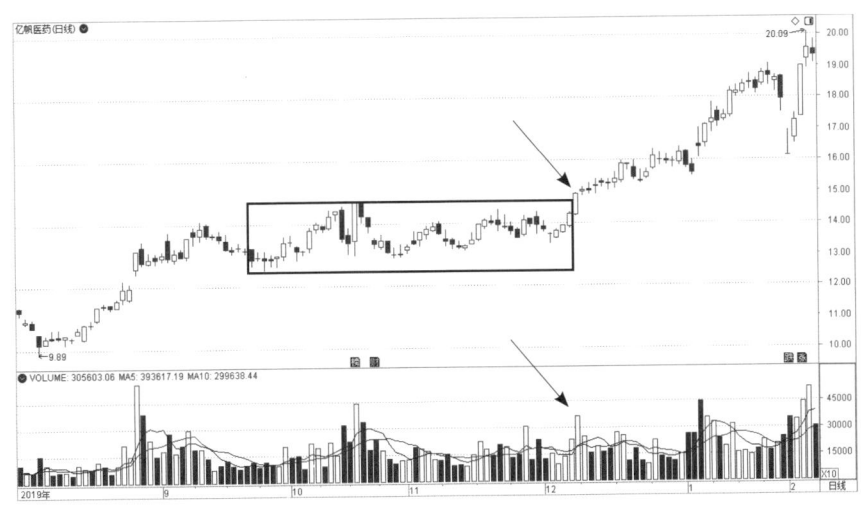

▲圖 5-14 億帆醫藥 2019 年 8 月至 2020 年 2 月走勢圖

突破表明主力在積極做多。寬震式漲跌是多空分歧明顯的標誌，主力此時的參與能力並不是很強，若是沒有明顯的利多消息驅動，股價很難實現突破後立即飆升的走勢。在實盤操作中，當股價放量突破寬幅震盪區後，可以跟隨買進。

## 5.13 震盪活躍式量能，可累計的漲幅不大

所謂「主力股」，是指從價格走勢中可以明顯看到有主力參與其中的個股。一般來說，依據量價形態，我們可以判斷主力的存在。這類個股價格在進入高位區後，若正遇大盤系統性調整，往往也會隨之暴跌，主力很可能在高位區出貨數量較少，或者在暴跌後的低位區又加碼。此時，判斷主力是否會進行新一輪的拉升是關鍵，其中的「震盪活躍式量能」，就是用來判斷主力行為的依據之一。

「震盪活躍式量能」是指在震盪過程中，雖然股價短線波動幅度較大，但股價重心在上移。此時，成交量明顯放大，而且股價剛剛脫離近期最低點，累計漲幅不大。

我們來看看圖5-15中該股的價格走勢變化過程。首先，股價在中長期低點出現一波反彈走勢，這一波反彈讓前期震盪平台區的籌碼處於解套狀態，但是成交量沒有明顯放大，說明市場浮額較少、解套盤未「蜂擁而出」，這也從側面驗證主力仍參與其中。

隨後，借助利多消息，股價以無量漲停板的方式實現短線飆升。但是，在高點位運行不久後，股價又受大盤系統性下跌的影響，出現新一輪的暴跌。主力是否已在反彈過程中快速出貨？這個問題暫時難以判斷。

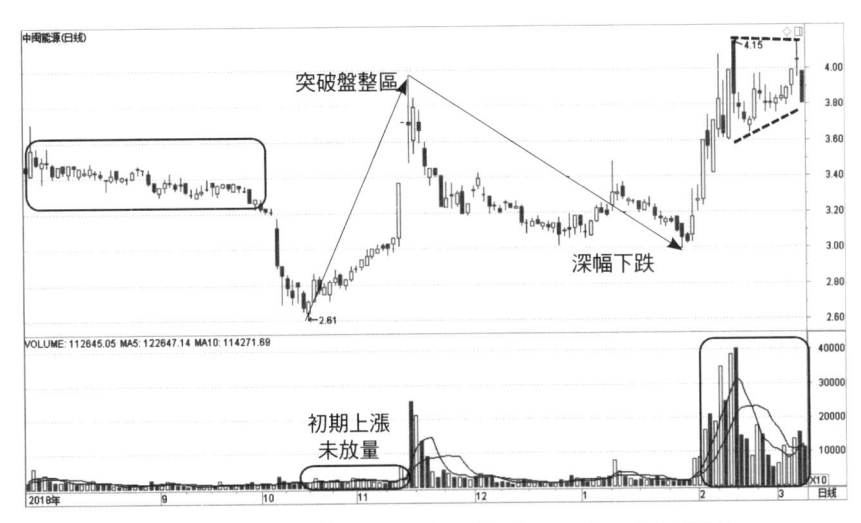

▲圖 5-15　中閩能源 2018 年 7 月至 2019 年 3 月走勢圖

　　但隨著低點止穩走勢，及隨後反彈過程中「震盪活躍式量能」出現，我們預計主力仍有再度拉升股價的意願，且此時股價距低點的累計漲幅不是很大。因股價反覆波動，主力的持有成本也相對較高，震盪活躍式量能又表明了主力積極參與的行為。在實盤操作中，震盪活躍式量能形態構築期間，正是我們逢回檔低點買入的好時機。由圖 5-16 中可以看到，在主力的積極參與下，股價漲勢強勁，遠強於同期大盤。

▲圖 5-16　中閩能源 2018 年 10 月至 2019 年 4 月走勢圖

## 5.14 跌勢中巨量陰線後的反彈點，可能有下跌風險

下跌途中的中短線買入機會並不多，且常出現在急速下跌之後，由於技術面要求及短線做空力量的減弱，常會有反彈行情出現。

跌勢中巨量陰線後的反彈點形態，就是在跌勢中獲取反彈收益的一種量價形態。首先，股價的中短線跌幅已經較大，如果股價剛剛跌破高位整理區、距離最高點較近（少於 20%），則不宜參與。

在下跌途中，股價以一根（或連續兩三根）巨量長陰線再探新低，長陰線當日的量能遠高於此前的均量水準，股價呈加速下跌狀。隨後，一旦股價走勢在數日內止穩，多預示著短期內做空力量過度釋放，若同期大盤走勢相對穩健，則股價有望迎來強勢

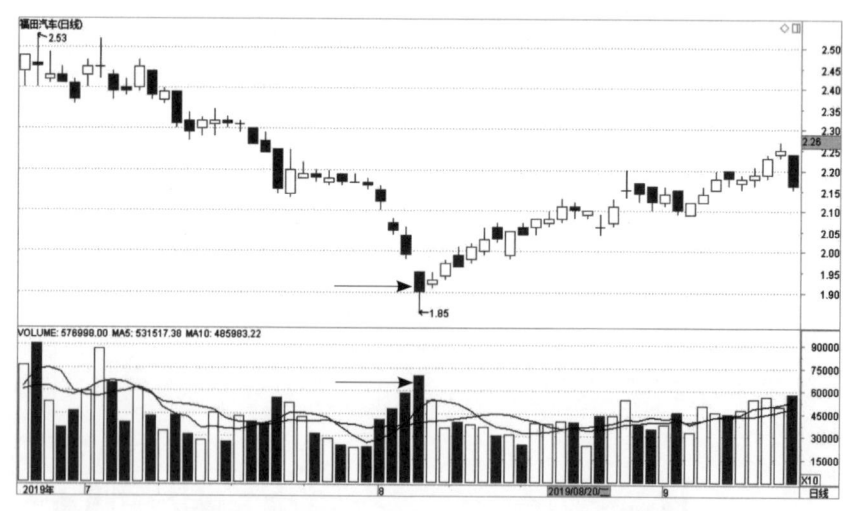

▲圖 5-17　福田汽車 2019 年 6 月至 9 月走勢圖

反彈。

　　這類形態的重點是長陰線的「放量」，只有放出巨量，且在中短線跌幅較大的位置點，這種反彈行情才能「一觸即發」，因為巨量陰線可以被看作是空方力量過度消耗的表現。

　　對於這類形態來說，由於是在跌勢中獲取反彈收益，因此我們更應注重倉位的控制，並密切留意股價短期走向。一旦數日內股價無法回升，始終無法脫離我們的建倉成本區，則應考慮賣出，規避股價有可能出現新一輪的下跌風險。

　　由圖 5-17 中可以看到，股價走勢呈震盪下跌狀，且下跌趨勢明顯，這是多空力量整體對比格局轉變的表現，此時我們不可過早抄底入場。但隨著震盪走勢的持續，如圖中的標注所示，一根巨量長陰線使得股價快速下跌，中短線的跌幅極大，我們此時可以留意反彈行情的出現。隨後幾日的走勢止穩，就是我們短線入場、獲取反彈收益的時機。

## 5.15 漲停板次日巨量陰線，為股價短暫的快速回落走勢

　　**漲停是股價啟動的訊號，也是主力參與的標誌之一**。當股價以漲停板強勢突破啟動時，主力很可能因為市場浮額較多、拉升壓力較大，而先賣出一些籌碼，這時多以放量長陰線形態為主要表現方式。

　　漲停板次日巨量陰線形態，是指股價先以一個盤面走勢強勁的漲停板向上啟動，這個漲停板早盤鎖位、全天未打開，當日量能放大不明顯，是典型的強勢漲停。次

日,股價慣性開高,但在盤中卻節節下滑,收於一根放量長陰線。

如果在隨後的幾日,股價能夠止穩,不延續長陰線後的弱勢運行格局,而且股價累計漲幅小,正處於長期盤整後的突破起點,則這種「強勢板＋放量長陰線」的組合形態,多為一次股價短暫的快速回落走勢,我們可以擇機買入。

由 5-18 的分時圖中可以看到,股價在長期盤整之後,在 2019 年 4 月 4 日出現一字板的漲停板形態,結合股價正處於突破盤整區這一情況來看,這是股價再次啟動的訊號,也是主力有意拉升的訊號。但是,長期的盤整也使得市場浮額過多。次日,股價開高走低,出現放量長陰線,在放量長陰線隨後幾日內止穩,此時是我們短線入場的好時機。

也有個股在兩個漲停板之後,出現這種放量長陰線的價格走勢,「兩個漲停板」往往也對應「兩根放量長陰線」。在實盤操作中,第一根放量長陰線不是最佳的入場抄底點,下面結合案例加以說明。

圖 5-19 中可以看到,股價走勢在連續兩個漲停板之後,出現兩個交易日的放量長陰線。由於股價累計漲幅較小、無利空因素,出現這種形態往往是因為該股有題材面支撐,但主力手中籌碼不夠。在實盤操作中,這類股價走勢往往極為迅捷,我們應

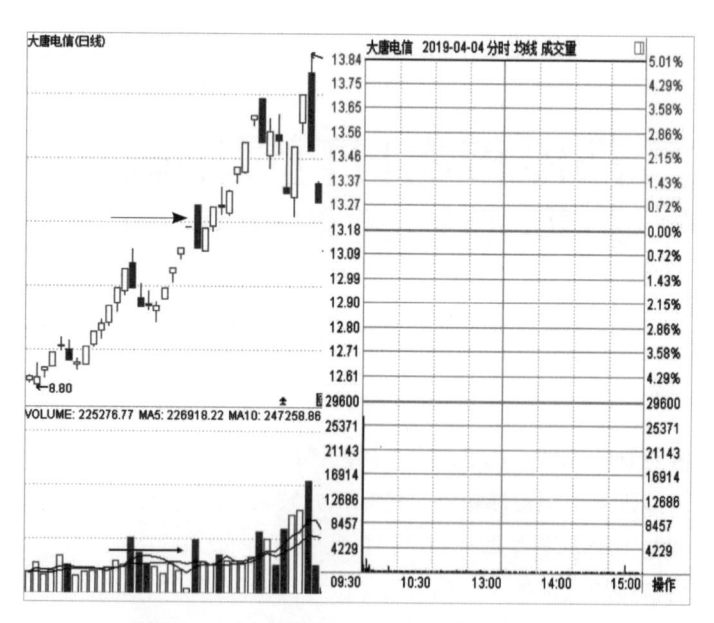

▲圖 5-18　大唐電信 2019 年 4 月 4 日分時圖

密切注意盤面變化。一旦出現盤中股價走勢不弱，此時往往就是主力選擇再度拉升的時機。圖 5-20 為兩根長陰線後第二個交易日的分時圖，股價沒有延續大幅走低的弱勢，而是開低探低拉起，這是股價短期內整理完畢，有望展開新一波上漲走勢的訊號。在實盤操作中，我們應及時跟上，把握買入時機。

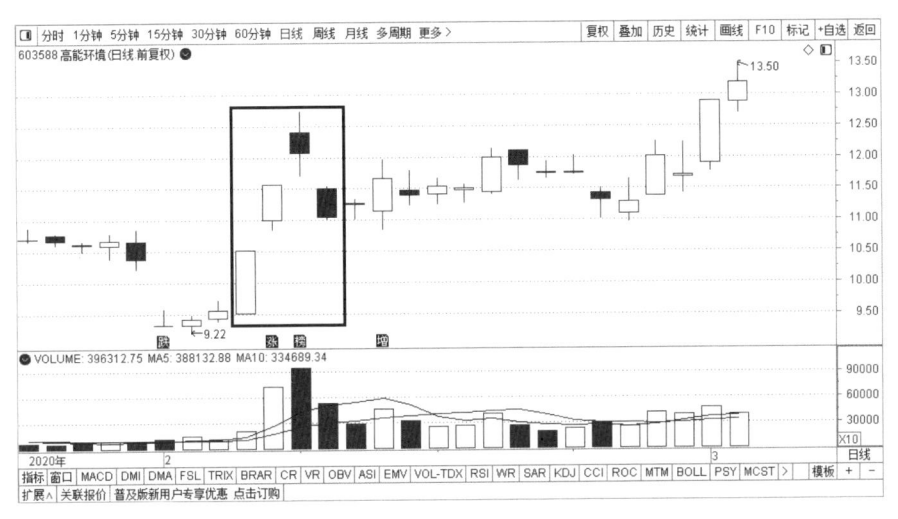

▲圖 5-19　高能環境 2020 年 1 月至 3 月走勢圖

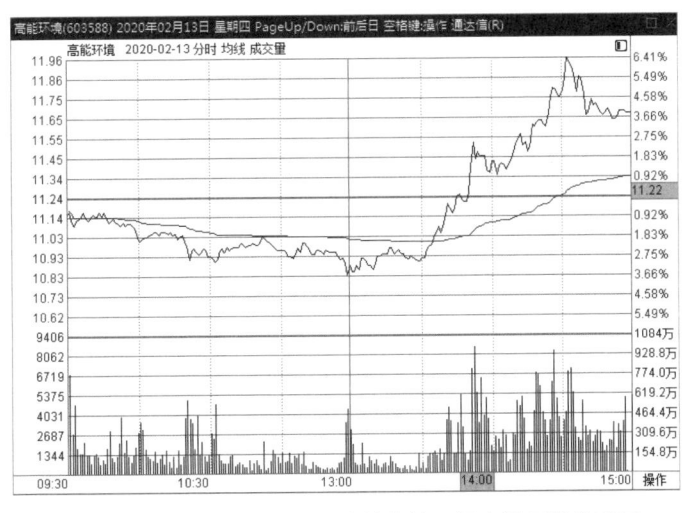

▲圖 5-20　高能環境兩根長陰線後第二個交易日的分時圖

# 第6章
# 我用日K線與成交量，預測「暴跌股」！

## 6.1 單日放量長上影陽線，應賣出股票以迴避風險

在第 5 章中，筆者講解了預示股價上漲的量價形態，依據這些形態，我們更能掌握中短線的買入機會。與此相對的則是預示股價下跌的量價形態，它們是風險的象徵。在股市中，把握機會只勝利了一半，想要在股市中長久生存下去，還需要懂得迴避風險的方法，而本章講解的這些量價形態，相信可以有效幫助讀者從量價角度迴避風險。

單日放量長上影陽線形態，是指股價當日收出陽線但上影線較長，一般來說，上影線長於陽線實體，且當日量能明顯放大。

這種形態常出現在一波上漲後的短線高點，是股價在盤中上衝時遇到較大賣出阻

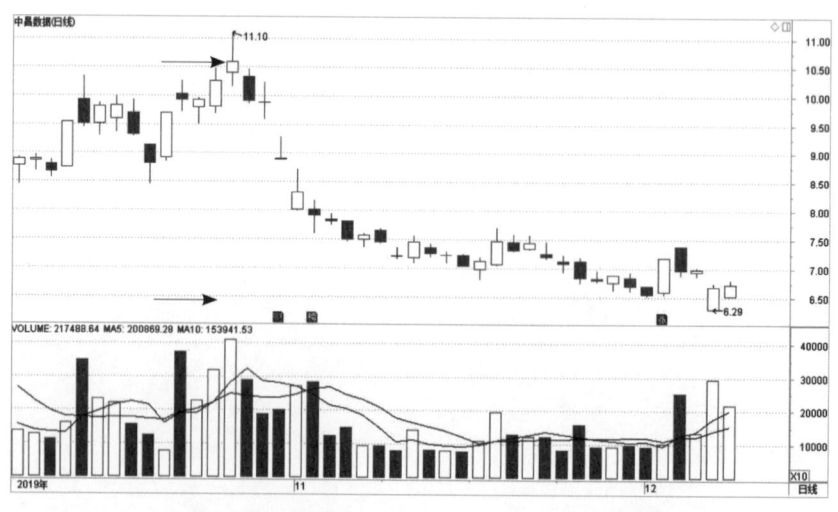

▲圖 6-1　中昌數據 2019 年 10 月至 12 月走勢圖

擋、上攻受阻的訊號，預示著股價有短線回落的可能。在實盤操作中，此時我們應賣出股票以迴避風險。

如圖6-1中可以看到，股價上漲後的短線高點，出現單日放量長上影陽線的形態，這是股價上漲遇阻、空方賣壓較大的訊號，也是股價短線回落的訊號。

## 6.2 放量陰孕線組合，表示空方賣壓較重

「孕線」是一種前長後短的雙日K線組合形態。後面一根短K線的最高價，低於前面一根長K線的最高價，且後面一根短K線的最低價，高於前面一根長K線的最低價，這使得後面的K線猶如「孕於」前面的長K線，因此得名「孕線」。

在孕線形態中，如果前面的一根長K線為陽線，後面的一根短K線為陰線，這種孕線被稱為「陰孕線」。陰孕線多出現在一波上漲走勢後的高位區，如果陰孕線形態伴有量能的放大，則表明空方賣壓較重、多方上攻無力，預示著即將出現一波回檔下跌走勢。

如圖6-2中可以看到，股價的上漲走勢一直很穩健，並未短線飆升，僅從日K線圖來分析，很難預測到股價會短線回落，但此時的成交量卻發生異動。如圖中的標注所示，在高點位的盤整過程中，出現放量陰孕線組合，這兩日的量能異常放大，正是市場賣壓突然加重、多方無力推升股價的訊號，也預示股價的見頂回落。在實盤操作中，就中短線而言，由於股價中線累計漲幅較大，此時我們應賣出股票以迴避風險。

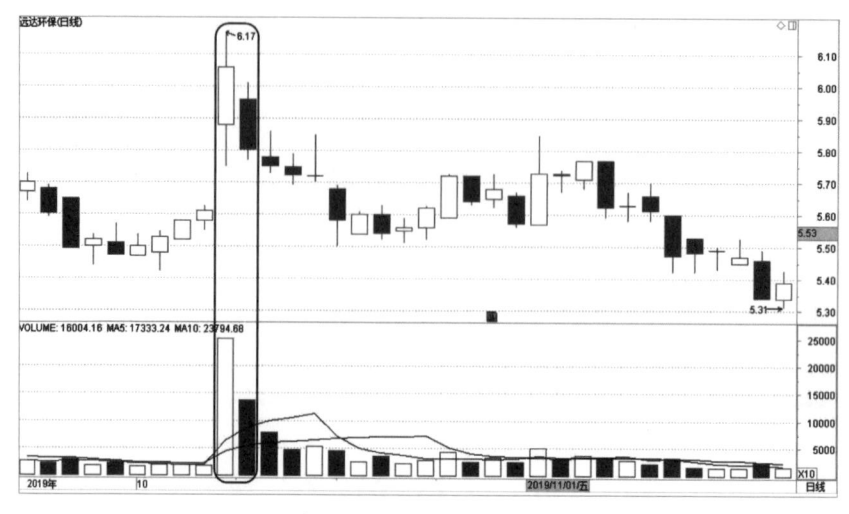

▲圖 6-2　遠達環保 2019 年 9 月至 11 月走勢圖

## 6.3 短線上衝單日天量，回落幅度大

「單日天量」也稱「脈衝式放量」。它是指成交量在單獨一個交易日（或兩個交易日）內突然大幅度放出，其成交量可達到正常水準的 4 倍以上，隨後又突然恢復如初。從成交量的直條圖來看，這一日的放量效果十分明顯，猶如躍動式閃現的電脈衝，打破了量能連續平穩變化的節奏。

短線上衝時的單日天量，伴以當日的長陽線，給人的第一感覺是放量上攻、行情

可期，然而這是因為我們不瞭解脈衝式放量上漲的市場含義。隨後的股價走勢表示，這種直覺往往是錯誤的。

在常態下，市場交投有一個相對連續的過程，量能展現多空雙方的競爭力度，基於市場交投的連續性，量能的放大與縮小也不會過於突兀。但脈衝式放量明顯打破這種連續性交投格局，它是量能的一次偶然性躍動。突然放量、又突然恢復如初，顯然是由某種原因驅動的。只有充分理解脈衝式放量形態的成因，我們才能更完整地掌握這種形態。

在短線上衝時出現的脈衝式放量長陽線，往往會形成一種「放量上漲」的市場氛圍，吸引跟風盤買入，而主力則積極出貨。因此，脈衝式放量當日的盤中高點往往也就是短線高點，股價在此之前短線漲幅較大，但隨後的回落速度快、幅度大。在實盤操作中，我們應注意該類風險。

圖 6-3 中可以看到，股價的一波上漲使其突破盤整區，並在 2019 年 10 月 15 日加速上漲，當日的量能也達到峰值，從該股此前的成交量表現來看，這種放量效果是難以持續的。

我們可以看到圖 6-4 中，當日出現天量是因為開盤後不久，股價就衝高至漲停板附近，但未能收漲停，從而引發巨量賣出。結合股價短線漲幅較大，且無明顯熱門題材支撐來分析，這很可能是多空力量轉變的訊號。在實盤操作中，我們在當日收盤前

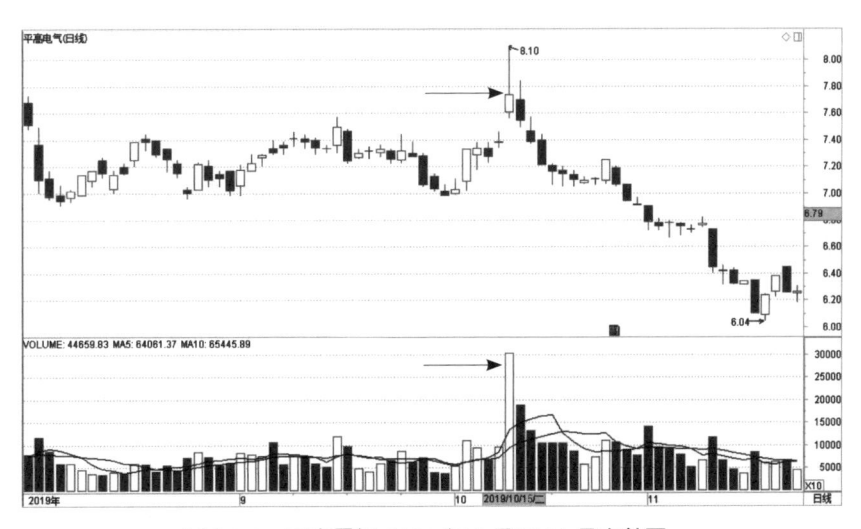

▲圖 6-3　平高電氣 2019 年 8 月至 11 月走勢圖

應賣出或減碼。次日，該股成交量大幅度萎縮，表示 2019 年 10 月 15 日的單日天量形態，是明確的短線見頂訊號。

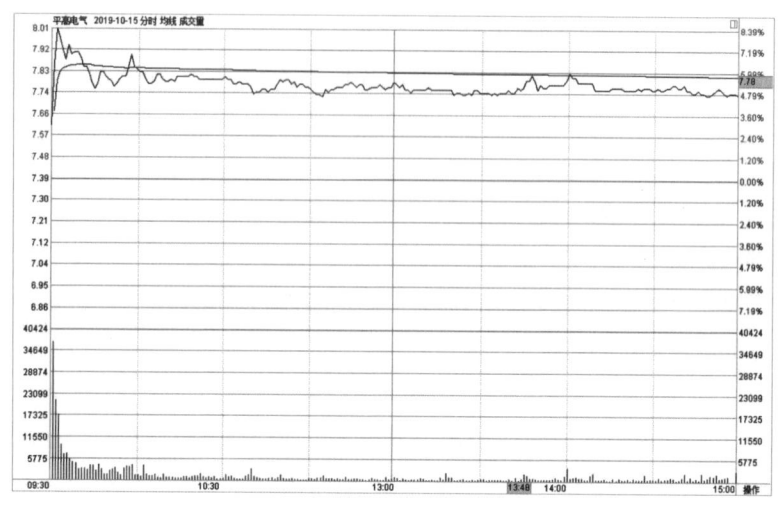

▲圖 6-4　平高電氣 2019 年 10 月 15 日分時圖

## 6.4 放量上漲中探頭式量能，隨時可能反轉下行

放量上漲中的探頭式量能形態，是指股價以放量的方式實現上漲。上漲過程中，在某個交易日中量能進一步放大，但次日量能恢復如初。

探頭式量能的出現，說明股價的中短線上漲已是強弩之末，多方力量已有較大的消耗。如果股價短線漲幅較大、漲速較快，則探頭式量能一旦出現，往往就是股價短線見頂回落之時；如果股價之前的上漲相對穩健，那麼雖然隨後幾日仍能進一步上漲，但上漲基石已不牢固，隨時有反轉下行的可能。

在 6-5 的走勢圖中，股價以穩健的中小陽線方式向上突破盤整區間，但在累計漲幅不大的位置點出現探頭式量能，預示著此輪突破行情的根基並不牢靠。在隨後的若干交易日內，我們應逐步減碼離場、鎖定利潤。

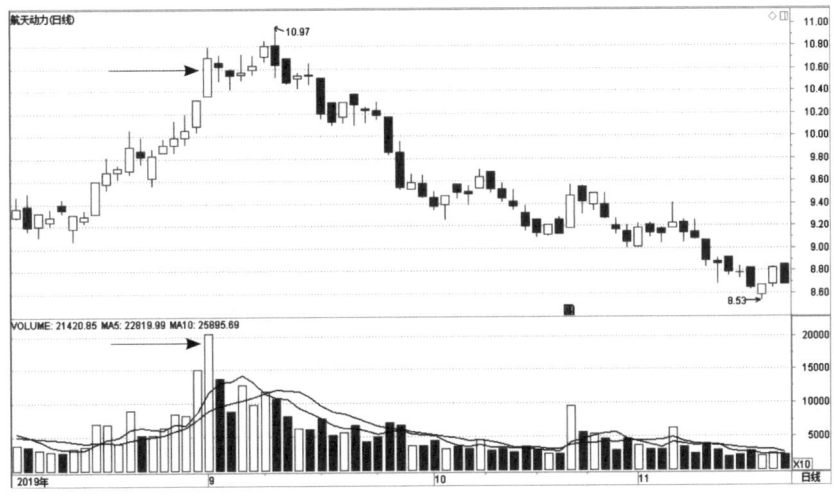

▲圖 6-5　航天動力 2019 年 8 月至 11 月走勢圖

下頁圖 6-6 與圖 6-5 的案例不同，圖 6-6 該股價格的短線上漲走勢較為迅速、漲幅大，此時出現的探頭式量能大多是股價短線見頂的訊號，尤其是該股價格在次日又出現滯漲。在實盤操作中，此時我們應果斷賣出。

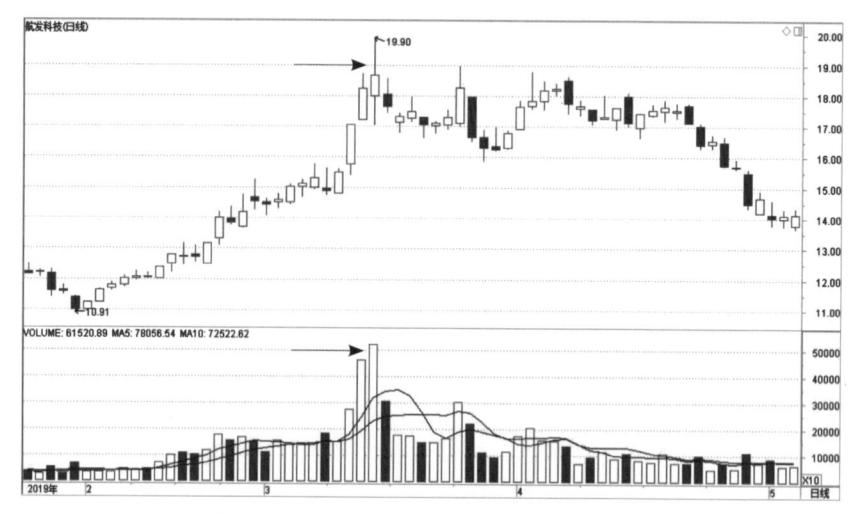

▲圖 6-6 航發科技 2019 年 1 月至 5 月走勢圖

## 6.5 遞增放量下的量能峰，是股價的階段性高點或低點

　　逐級式遞增放量形態，是指在一波快速上漲過程中，股價連續收出陽線，且成交量呈現出逐級放大式的遞增特徵。所謂的逐級放大式，就是後一交易日的量能略高於前一交易日，5日均量線呈快速上揚狀。

　　遞增放量是一種只能持續數個交易日的局部放量形態，往往與股價走勢沿某一方向快速發展有關，是買盤持續加速流入（遞增放量與股價上漲同步出現），或是賣盤持續加速拋售（遞增放量與股價下跌同步出現）的表現。在實盤操作中，我們應關注遞增放量形態下的量能峰值點，因為這裡往往也是股價的階段性高點，或股價的階段性低點。

　　圖6-7在股價震盪走高並創出短線新高的一波行情中，出現連續4日逐級放大的遞增放量形態，在第四個交易日，股價收出長陽線，且量能創出近期新高。結合該股的歷史表現來看，此時的量能難以再度放大，且短線上攻呈加速狀。在實盤操作中，此時我們可以適當減碼、鎖定利潤。

　　圖6-8在一波反彈走勢中，股價連續5天上漲，量能遞增式放大。如圖中的標注所示，此時量能無法進一步放大，是反彈結束的訊號。在實盤操作中，若我們想要短線獲取反彈收益，則此時應賣出。

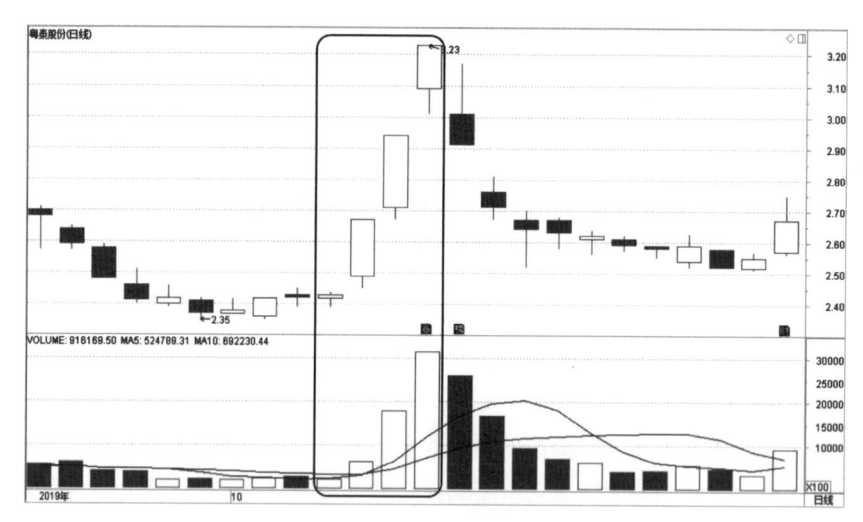

▲圖 6-7　粵泰股份 2019 年 9 月至 10 月走勢圖

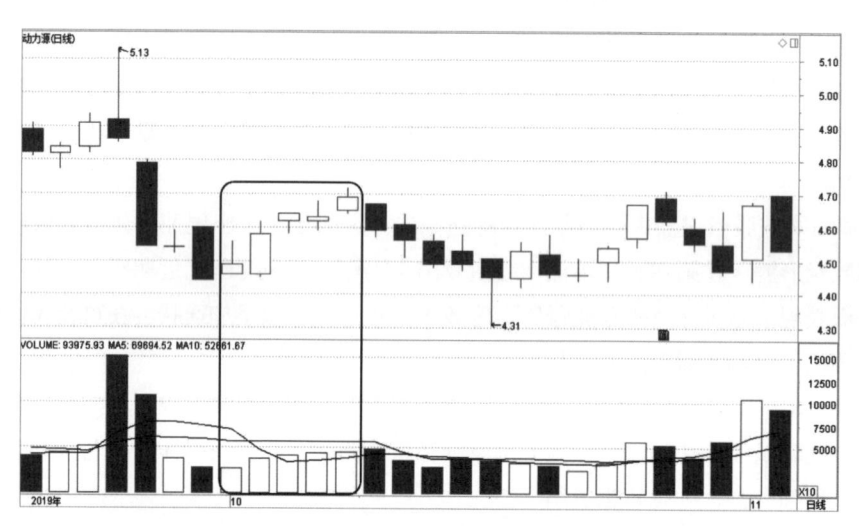

▲圖 6-8　動力源 2019 年 9 月至 11 月走勢圖

## 6.6 大幅放量式滯漲有兩種表現形式

大幅放量式滯漲形態也常被稱為「堆量滯漲」，這種形態是指在短線高點，個股連續多個交易日明顯放量，量能的放大效果相近。但是，此型態下股價並未明顯上漲，即量能的大幅放出無法推升股價，股價會呈滯漲形態。

堆量滯漲主要有兩種表現形式。一是，在橫向滯漲過程中，以中小陽線、陰線居多，股價在每個交易日的盤中振幅不是很大。此時，僅從 K 線走勢來看，股價的運行相對平穩，未見明顯異常，如果不借助成交量，我們幾乎難以做出有效的判斷。二是，在橫向滯漲過程中，長陽線、長陰線交錯出現，股價在每個交易日的盤中振幅都較大。

這兩種表現形態雖然有所不同，但市場含義是相近的。既然放大的量能無法推升股價，並且交易是雙向的，那麼這種放量就表示短期內賣壓很沉重。大幅度的放量又大幅消耗掉短期內的市場潛在買盤，嚴重削弱多方力量，預示股價的整理。

圖 6-9 中股價因利多消息的驅動而漲至短線高點，此時股價上下震盪，長陽線、長陰線交替出現，量能急劇放大，但股價無法上行。這屬於多個交易日盤中股價振幅較大的放量滯漲形態，是多空分歧過大的標誌，也呈現沉重的賣壓。在實盤操作中，我們應及時在盤中震盪衝高時賣股離場。

圖 6-10 中可以看到，在短線漲幅較大的位置點，股價橫向滯漲，K 線圖呈小幅度波動狀。單看 K 線的運行，這似乎是上升途中的一個中繼整理平台，但結合同時間的量能情況來分析，會發現這屬於短線高點的放量滯漲形態，是一個危險的訊號，預示股價的整理。在實盤操作中，此時我們應賣出股票以迴避風險。

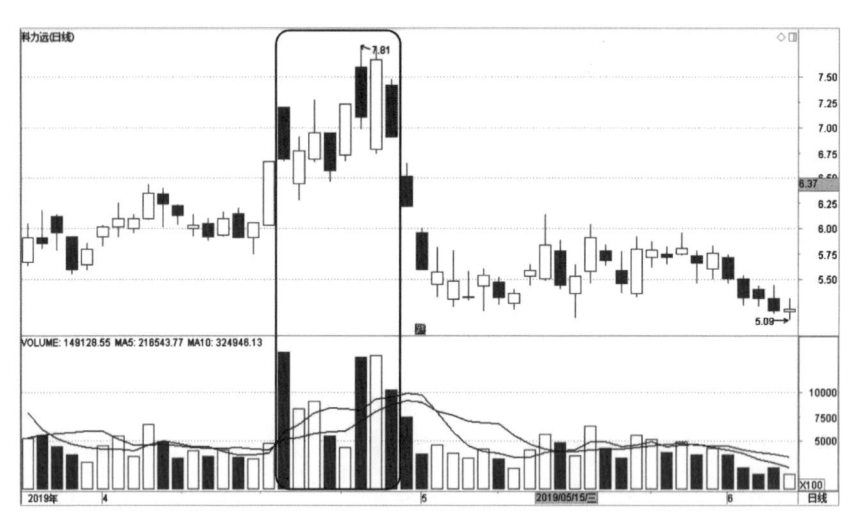

▲圖 6-9　科力遠 2019 年 3 月至 6 月走勢圖

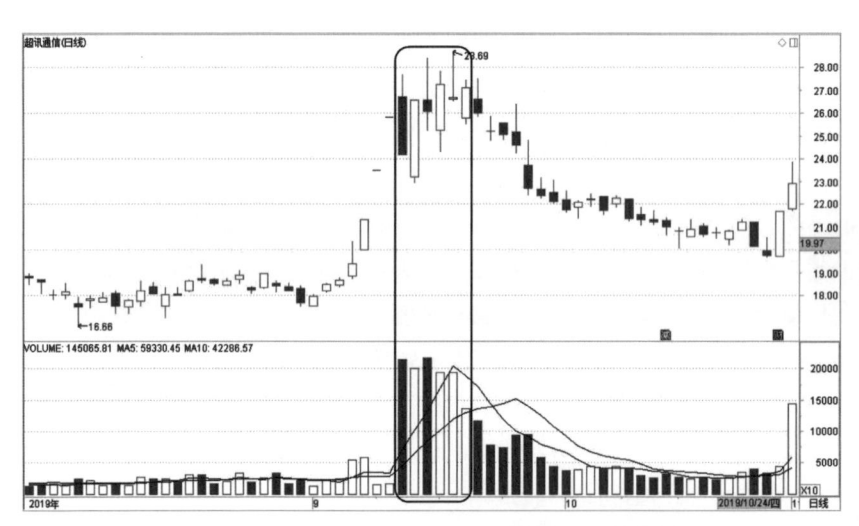

▲圖 6-10　超訊通信 2019 年 7 月至 11 月走勢圖

## 6.7 高位整理區突然縮量，股價走勢多會震盪緩跌

　　股價經歷長期上漲後會進入高位區，在這個區間，我們難以判斷股價走勢。因為股價前期的獨立上漲，表示有主力參與此股，所以結合量價形態的變化來分析是重點，也是關鍵。

　　如果股價在高位整理區中運行時，突然出現量能大幅萎縮的震盪形態，這種量價關係的轉變，往往預示著多方力量開始趨於枯竭，而空方賣壓則陸續釋放中。這是多方力量轉弱、空方力量轉強的訊號，預示頂部將出現，也是中長線投資人賣股離場的訊號。

　　運用這一量價關係時，應注意兩點。一是股價的累計漲幅。只有在股價的累計漲幅較大、個股處於明顯高估狀態時出現的這種縮量滯漲形態，才是可靠的趨勢反轉訊號。二是要準確地識別出何為滯漲形態。整理形態一般會使股價重心上移，而滯漲形態則不同，由於空方力量開始佔據優勢，因此股價走勢多以震盪緩跌、股價重心下移等為表現形式。

　　圖 6-11 中可以看到，股價此前的上漲具有很強的獨立性，主力明顯參與其中。隨著累計漲幅加大、主力拉升放緩，股價進入高位震盪區，此時股價重心無法繼續上移，我們也應留意趨勢的反轉。如圖中的標注所示，此時出現的整理區突然縮量形態，就是股價盤整後將破位下行的訊號，也是提示中短線投資人賣出離場的訊號。

　　對於價格累計漲幅巨大的個股來說，它們多有主力積極參與。當股價進入高位區時，若股價長期震盪滯漲且量能極度萎縮，則表示雖然此時主力的能力依舊較強，但由於主力獲利空間巨大，股價在高位區的狀態是極不穩定的。一旦大盤出現回檔或是主力有意大力出貨，那麼個股破位下行的空間極大。在實盤操作中，我們應規避此類個股。

圖 6-12 中可以看到，股價在高位區長期震盪滯漲運行，此時量能極度萎縮，股價走勢雖獨立於大盤。但由於主力獲利幅度大，股價破位下行的機率也隨著震盪的持續而增加，散戶不宜參與此類股票。

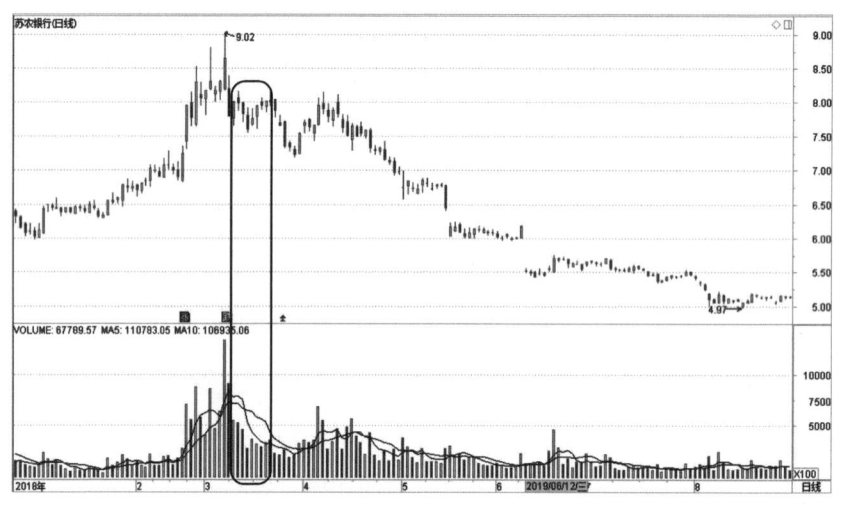

▲圖 6-11　蘇農銀行 2018 年 12 月至 2019 年 8 月走勢圖

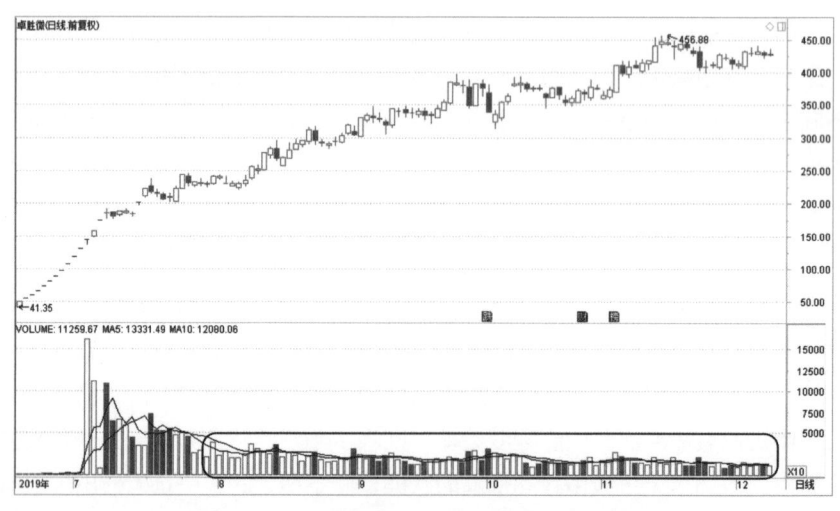

▲圖 6-12　卓勝微 2019 年 6 月至 12 月走勢圖

## 6.8 震盪破位前突然縮量，預示主力參與能力提升

在橫向的震盪運行中，即使股價重心略有上移，但如果震盪期間沒有主力入場，則隨著多空交投趨於冷清、市場人氣逐漸低迷，股價還是極有可能破位下行。在實盤操作中，很多股票在震盪破位之前（即使震盪區間的累計漲幅不大），常常會出現突然縮量的形態特徵，這是一個警示風險的訊號。

在實盤操作中，有時難以分辨震盪之後的突然縮量，究竟是因為主力參與能力提升、積極鎖籌，還是因為市場交投趨於冷清、買盤無意入場。此時，我們可以關注縮量時的 K 線形態特徵：如果此時的陰線實體明顯較長，多預示著買盤無意入場、空方力量有轉強趨勢；反之，多預示著主力參與能力有所提升。下面筆者將結合案例加以說明。

圖 6-13 可以看到在橫向震盪過程中，成交量大幅萎縮，陰線實體明顯較長，這是股價破位前的警示訊號。

▲圖 6-13　韓建河山 2019 年 5 月至 2020 年 2 月走勢圖

## 6.9 穿越式長陰放量反轉，此時應果斷賣出

穿越式長陰放量反轉形態常出現在盤整走勢中，從 K 線形態來看，它往往是開高走低的長陰線，陰線實體極長，使當日的收盤價接近或跌破原有的橫向震盪區間。這種長陰線多伴有量能的放大，是主力資金快速出貨的重要訊號。

一般來說，若同期大盤走勢較弱，一旦股價走勢中出現這種類型的放量長陰線，說明股價隨後的短線跌速快、跌幅大。在實盤操作中，為了資金安全，此時我們應果斷賣出。

圖 6-14 中可以看到，股價在高位區出現橫向震盪走勢。此時，一根開高走低的放量長陰線極為明顯，它是趨勢反轉的訊號，預示著將展開一輪快速下跌行情，是明確的賣出訊號。

很多時候，我們不一定要等到收盤時，才確定這是開高走低的放量長陰線，在盤中可以判定的前提下，逢反彈之機賣出是更好的選擇。

圖 6-15 的分時圖中可以看到，該股早盤放量跳水，而從圖 6-14 中可以看到當日量能明顯放大，盤中跌幅較大，股價一直運行於均價線下方，這是資金加速撤出、多方無力反擊的訊號。

結合圖 6-14 中的放量長陰線來看，股價走勢已呈破位狀，我們應果斷賣出，不必等到收盤時再做決定。

圖 6-16 股價在震盪下跌的過程中出現一波反彈，反彈時出現一根開高走低的放量長陰線，這是反彈行情快要結束的訊號，也預示著將展開新一輪下跌行情。在實盤操作中，我們應注意股價走勢快速轉變的特徵，結合個股及大盤的變化，及時調整買賣策略。

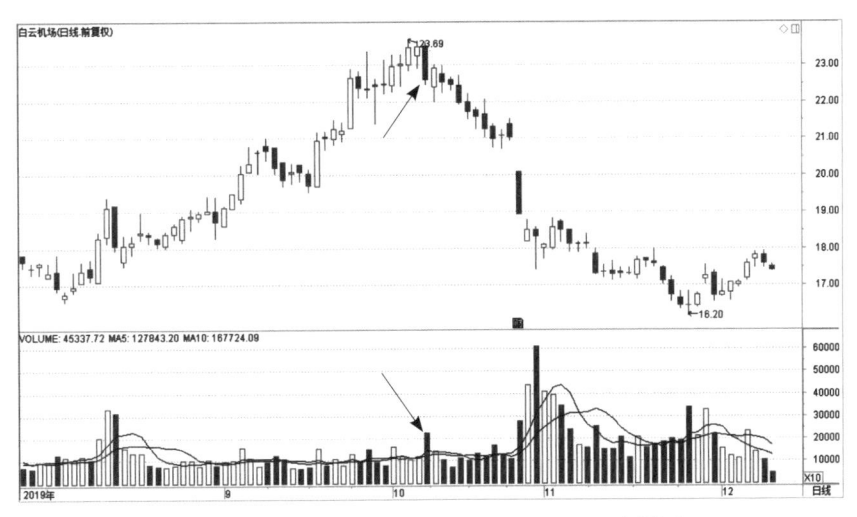

第 6 章 我用日 K 線與成交量，預測「暴跌股」！

▲圖 6-14 白雲機場 2019 年 7 月至 12 月走勢圖

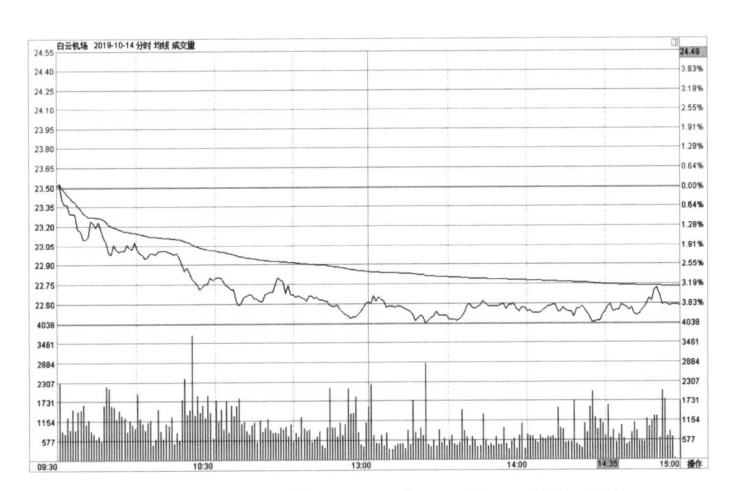

▲圖 6-15 白雲機場 2019 年 10 月 14 日分時圖

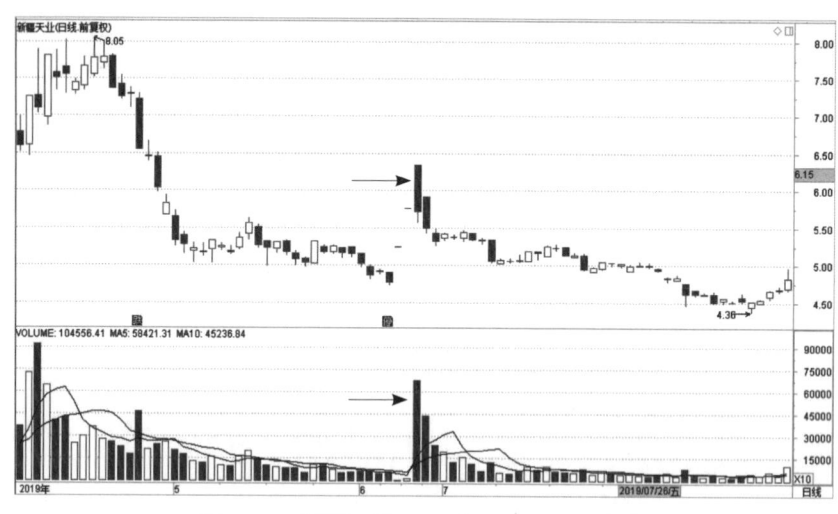

▲圖 6-16　新疆天業 2019 年 4 月至 8 月走勢圖

## 6.10 跳空破位放量長陰線，此時不宜過早抄底買入

　　一旦股價步入跌勢時，「跌勢不言底」這句用來警示風險的名言，可能被那些喜歡抄底的投資人所忽略。在跌勢中，能以更低的成本買入固然重要，但是若低點的整理只是暫時的，則此時買入無疑是十分危險的。從時間的角度來看，當前的低點很可能就是以後的高點。

　　跳空破位放量長陰線形態，是我們判斷跌勢是否見底的重要形態之一。若股價以

第 6 章　我用日K線與成交量，預測「暴跌股」！

一根跳空開低、盤中放量低走的長陰線降至新低，則多表示市場中賣壓依舊十分大，當前的這個低點很難形成真正的底部區。在實盤操作中，此時我們不宜過早抄底買入。

圖 6-17 中可以看到股價自高點位開始震盪下行，並明確步入下跌通道。這時，我們應以應對跌勢的方法進行操作，中長線投資人可以持幣觀望，短線投資人則可以結合股價及大盤的波動情況，適當參與以獲取反彈收益。

如圖中的標注所示，一根跳空開低的放量長陰線加快股價的下跌速度，放量長陰線之後是持續的小陽線、小陰線，股價出現止穩走勢。這根放量長陰線只是股價下跌途中的第一次加速下行，距離頂部並不遠，下跌趨勢並未見底，此時我們不宜過早抄底入場。

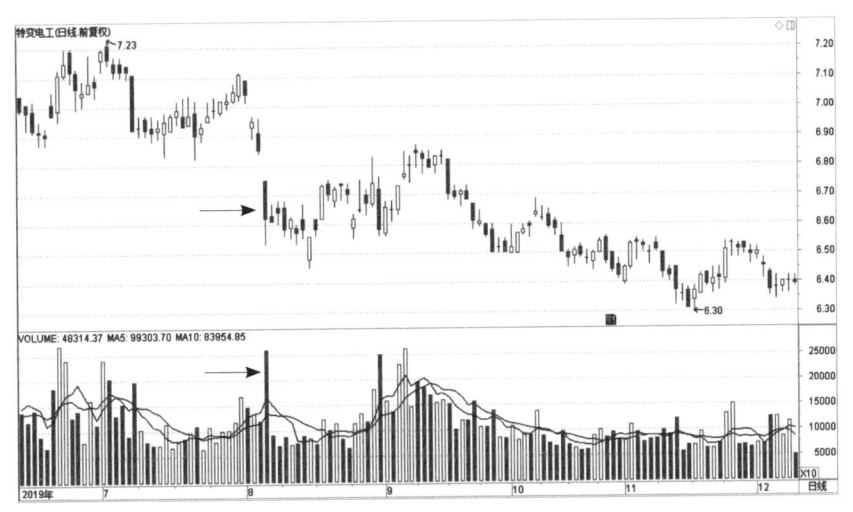

▲圖 6-17　特變電工 2019 年 6 月至 12 月走勢圖

## 6.11 高點收漲的天量陰線，其轉向後的下跌幅度會較大

高點收漲的天量陰線形態出現在短線快速上漲過程中，此時股價跳空上漲，盤中慣性上衝，但在高點遇到賣壓阻擋，股價會出現一定的下滑。至收盤時，收盤價低於開盤價，當日收出陰線，但股價仍然處於上漲狀態，跳空缺口未回補。

這種盤中走勢伴以明顯放大的量能，是多空力量對比格局在盤中快速轉變的標誌，多預示著短線上攻走勢的結束。由於股價短線漲幅較大，其轉向後的下跌幅度往往會較大，跌速也會較快。

圖 6-18 中可以看到，一波短線快速上漲之後，股價在早盤慣性衝高、隨後快速下滑。在圖 6-19 盤中運行情況圖中，股價在早盤開高走高的原因是慣性上漲，隨後

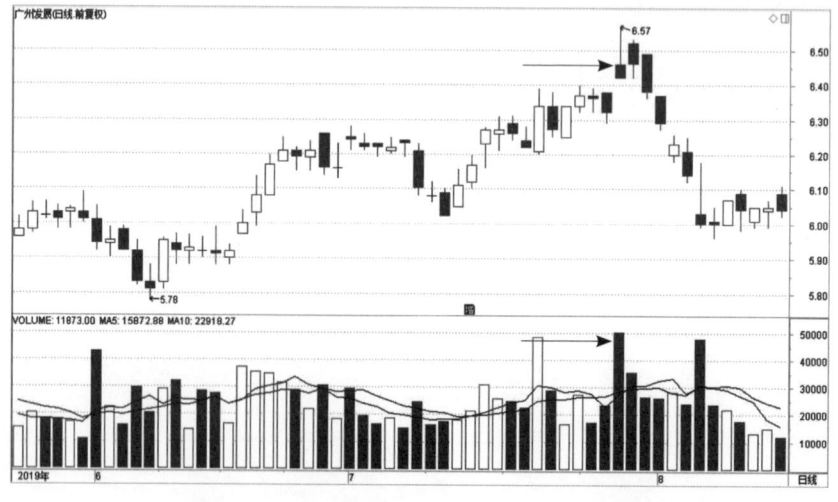

▲圖 6-18 廣州發展 2019 年 5 月至 8 月走勢圖

快速跌破均線，反彈無力，這是多空力量轉變的訊號。如圖 6-18 所示，當日量能明顯放大，結合股價在盤中震盪下行的情況來看，主力已開始出貨，因此，每一次的盤中反彈都是我們減碼、賣股的好時機。

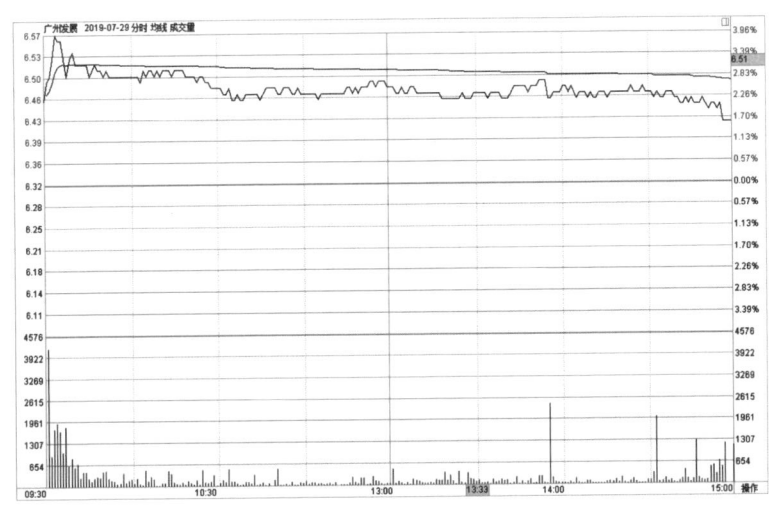

▲圖 6-19　廣州發展 2019 年 7 月 29 日分時圖

## 6.12 飆升股量價緩慢下滑時，應果斷賣出

飆升股量價緩慢下滑形態，出現在股價短線大幅飆升之後。由於股價飆升，成交量也大幅放出，但這種走勢持續的時間較短。隨後，股價失去了上漲動力，在短線高點處，交替出現的小陰線、小陽線使得股價重心下移，同期的成交量也開始不斷下滑，這就是「量價緩慢下滑」形態。

在短線高點處，這種形態是多空力量對比緩慢轉變的標誌，即多方力量緩慢減弱、空方力量緩慢增強，是一個由量變到質變的過程。一旦多空力量轉變結束，將展開短線加速下跌行情。在實盤操作中，我們識別出這種量價形態後，應果斷賣出，不可抱有僥倖心理。

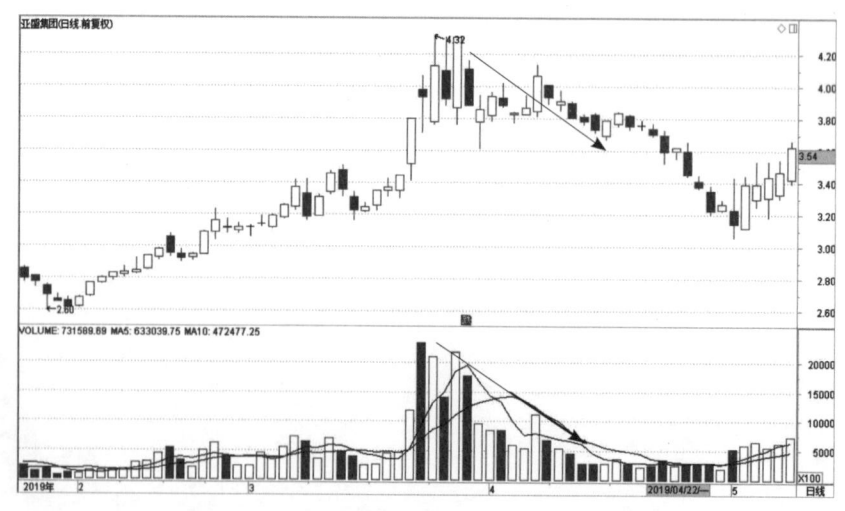

▲圖 6-20　亞盛集團 2019 年 1 月至 5 月走勢圖

如圖 6-20，股價先是出現一波短線飆升走勢，在這期間量價齊升，成交量的放大十分明顯，這使得股價短線漲幅極大。在隨後的高點處，股價開始滯漲，小陽線和小陰線交替出現，股價重心開始下滑，成交量也隨之不斷縮小。這種量價同步緩慢下滑的形態，預示著該股很難有第二波上攻行情。在實盤操作中，我們此時應果斷賣出、鎖定利潤。

## 6.13 巨量的長下影線，應短線賣出離場

「長下影線」是多空雙方盤中競爭較為激烈，且最終以多方佔優勢收盤時，所出現的一種 K 線形態，它往往被視作股價上漲訊號。但是，若結合股價的局部走勢及量能來分析，則有不同的處理方式。

如果長下影線出現在短線高點處，且當日伴有巨量放出，這是空方賣壓突然增大的訊號。雖然多方在當日進行有力的承接，但是當日的巨量也預示多方力量的過度消耗。這種巨量長下影線出現的當日，無論是收陽線還是收陰線，只要出現在局部高點處，都可以被看作是股價回落的訊號，此時我們應短線賣出離場。

在圖 6-21 中可以看到，股價在經歷長期盤整之後開始突破上行，在短線漲幅為 30% 左右的位置點，出現一根巨量長下影陰線，這是一個較為明確的短線反轉訊號，也是上攻行情受阻的訊號，此時我們應賣出。

在盤整走勢中，巨量長下影線形態也是提前作出判斷的重要依據。圖 6-22 中可以看到，股價在中線漲幅較大的位置區，持續橫向震盪運行，隨著震盪走勢的持續，

股價運行方向仍不明朗。如圖 6-22 中的標注所示，此時出現巨量長下影陰線形態，表示該股中有較多的空方賣壓，雖然當日未使股價馬上降低，但隨著多方力量的不斷減弱，股價隨後破位下行的機率加大。在實盤操作中，我們應逐步減碼、降低風險。

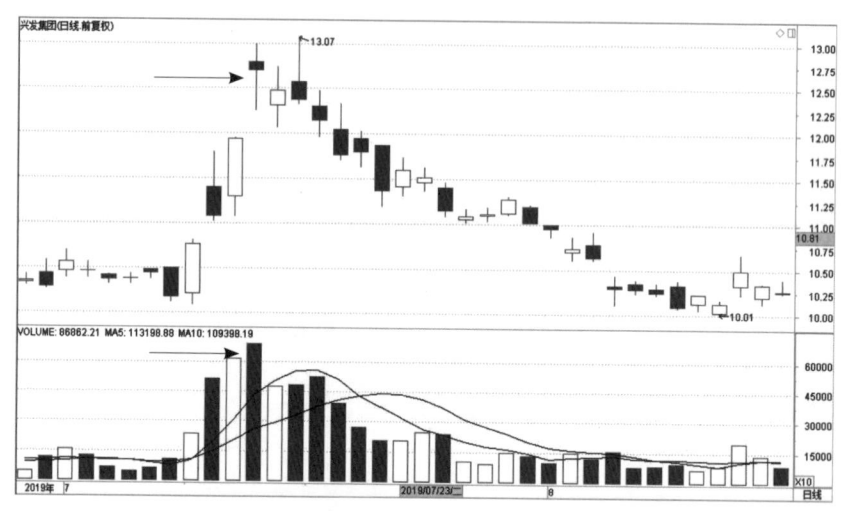

▲圖 6-21　興發集團 2019 年 6 月至 8 月走勢圖

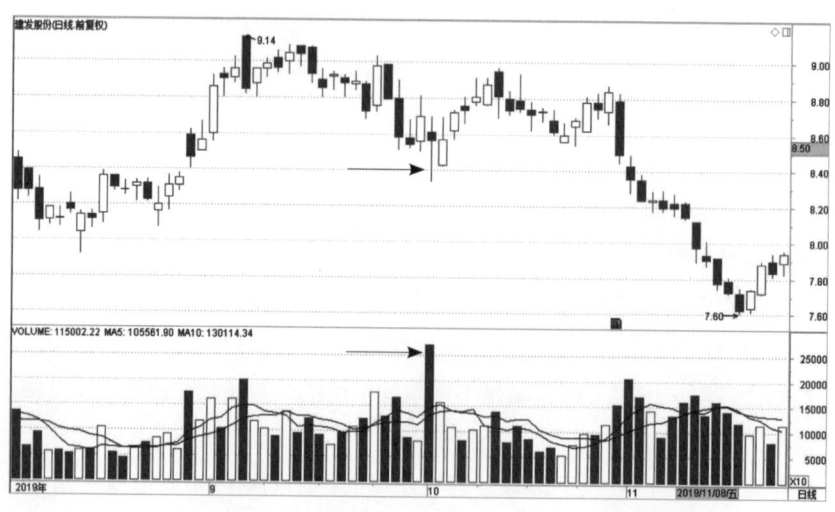

▲圖 6-22　建發股份 2019 年 8 月至 11 月走勢圖

## 6.14 雙陽天量出現時，應賣出股票以迴避風險

雙陽天量形態，是股價短線上衝時的一種常見形態。兩個交易日都收出長陽線，且股價短線漲幅較大；這兩個交易日的放量效果相近，且遠大於其他交易日的量能。從日K線圖中來看，這兩個交易日的成交量十分突兀。

雙陽天量形態的出現，多與主力手中籌碼不多、參與能力不強有關。由於獲利浮額過多、賣壓過重，主力在拉升時遇到強大壓力，雖然這兩個交易日收出陽線，但極大地消耗多方力量。

一般來說，雙陽天量經常出現在低點位盤整後的突破走勢中，雖然它不是主力出貨的訊號，卻預示著股價的短線大幅調整。在實盤操作中，我們應賣出股票以迴避風險，等待股價回檔止穩後再擇機買入。

圖 6-23 中，股價在向上突破時，短線漲速較快、漲幅較大，此時出現的雙陽天量形態是股價短線見頂的訊號。

對於該股來說，雙陽天量中的第二個交易日收盤前，是最好的賣出時機。如圖 6-24 分時圖中可以看到，當日股價振幅超過 10%，尾盤時又無法收漲停板，這說明經過一天的上漲之後，由於多方力量消耗過大，因此在收盤階段已是空方佔優勢。這是典型的弱勢型分時圖，次日開低的機率較大，結合雙陽天量這個賣出訊號進行分析後，收盤前果斷賣出、鎖定利潤是較佳的策略。

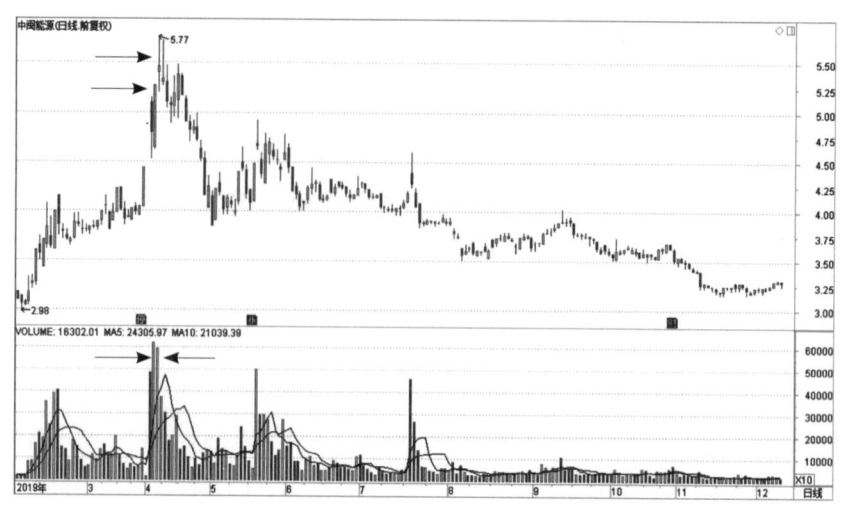

▲圖 6-23　中閩能源 2019 年 2 月至 12 月走勢圖

▲圖 6-24　中閩能源 2019 年 4 月 11 日分時圖

## 6.15 連續小陰線縮量下滑形態，預示股價即將下跌

　　多空力量的轉換往往是一個循序漸進的過程，陰線、陽線僅代表著一天交易後的多空勝負情況。若個股連續收出小陰線、使得股價開始下滑，即使同期的量能萎縮，這也是空方力量開始轉強的訊號。特別是當股價處於短線上漲後、潛在獲利賣出較多的位置點時，這種連續縮量小陰線的走勢，很容易使得持股者失去耐心而選擇拋售，從而進一步加快股價的下跌速度。

　　一般來說，盤整後出現這種連續小陰線縮量下滑形態，往往是股價破位下行前的警示訊號，短線高點出現這種形態，則預示著股價大幅調整的展開。

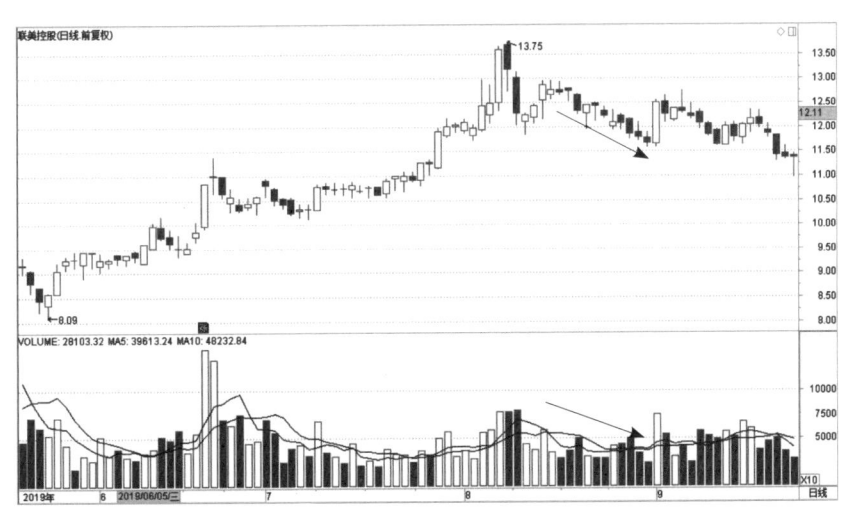

▲圖 6-25　聯美控股 2019 年 5 月至 9 月走勢圖

圖6-25中，股價在大盤橫向震盪期間經過了「特立獨行」的上漲，累計漲幅較大，主力在高位區有出貨的需求。如圖中的標注所示，此時出現了連續小陰線縮量下滑形態，這就是高位反轉、股價加速下行前的警示訊號，也是多空力量轉變過程中的一個短暫的過渡時期，如果我們不能準確地辨識它，很有可能會在高位區被套牢。

第7章
# 我用分時圖,抓到個股「最佳買賣點」!

## 7.1 早盤中出現放量上揚，應逢回落的低點買入

日 K 線圖中的量價配合關係固然重要，但對於短線交易來說，能夠在盤中捕捉到最佳買賣點才是交易的關鍵。**短線的買點越低，我們在操作中就會越主動，設立的停利位和停損位就更不易受大盤偶然波動的影響。**

短線的賣點把握得好，可以獲取更多的利潤，實現「正確的交易多賺、虧損的交易少賠」，有利於資金的滾動增值。想要更精準地判斷盤中高點和低點，正確解讀盤中量價形態就是關鍵。在本章中，我們將聚焦分時圖，看看分時圖中的量價關係，能提供哪些買賣訊號。

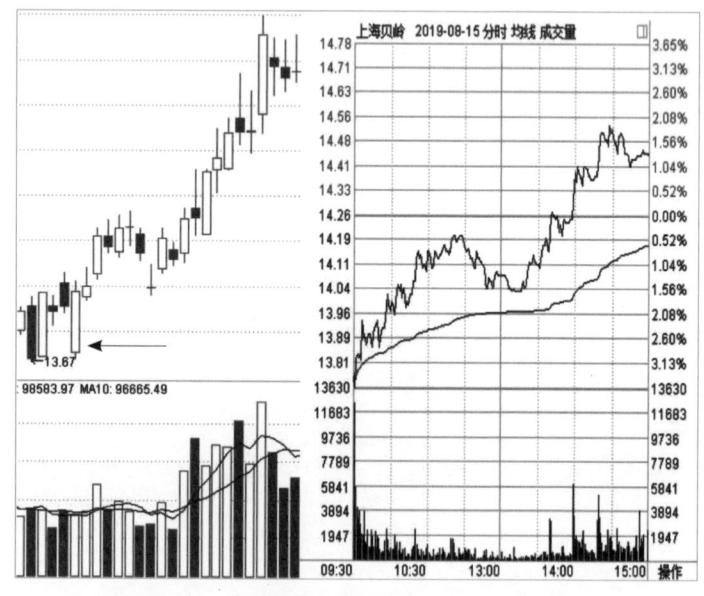

▲圖 7-1　上海貝嶺 2019 年 8 月 15 日分時圖

早盤是多空雙方的必爭之地，特別是對於主力而言，參與能力相對較強的主力往往會選擇在早盤拉升股價，而非尾盤。

　　如果股價中短線漲幅較小，在早盤中出現放量上揚的形態，隨後能在盤中節節走高、呈強勢運行格局，並且當日放量效果溫和，那麼多預示主力有意拉升股價、市場賣壓相對較輕，一輪中短線上攻行情或將開啟。實盤操作中，在隨後幾個交易日，我們可以逢盤中股價震盪回落的低點進行短線買入操作。

　　由圖 7-1 此分時圖可以看到，股價在緩緩攀升的過程中，當日加速上漲。早盤放量上揚、盤中節節走高，這是主力開始大力拉升股價的訊號，短期內出現一波上攻走勢的機率較大。若無明顯的熱門題材支撐，則隨後一兩個交易日就是短線入場的最好時機；若有消息、題材面配合，則當日即可追漲買入。

## 7.2 盤中量價齊升不回落，收盤前應積極短線買入

　　盤中量價齊升不回落形態，是指股價在盤中交易時間段出現了流暢快速上揚，主力拉升動作明顯。在快速上揚的過程中，成交量隨著股價的衝高而不斷放大，即量與價呈同步不斷上升的態勢。在隨後的盤中高點，股價強勢整理而不回落，距離下方的均價線始終有一定的距離。

　　這是一種極為強勢的分時圖中的量價組合，流暢快速的股價上揚伴以同步放大的量能，是主力大單入場拉升的表現。股價在隨後的盤中高點處不回落，說明市場獲利賣壓輕、主力參與能力強。若此時股價的中短線漲幅較小，則這種盤面形態預示著有

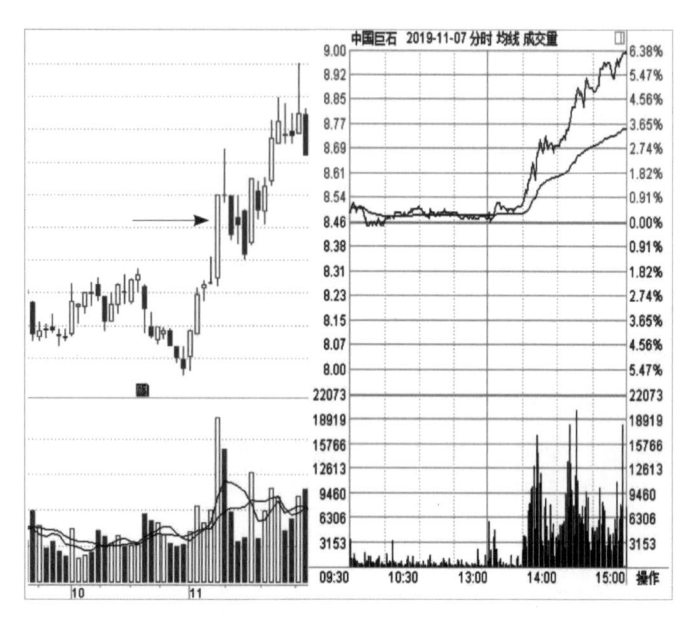

▲圖 7-2 中國巨石 2019 年 11 月 7 日分時圖

望展開一輪上攻行情。在實盤操作中，若當日盤中漲幅不大（小於 5%），則收盤前可以進行積極的短線買入操作。

圖 7-2 的當日盤中股價快速上揚，分時圖中呈現出量價齊升的形態，隨後股價在盤中高點處強勢運行、震盪緩升，股價重心不回落。結合日 K 線圖來看，此時正處於低位盤整突破點，因此可以判斷出這個強有力的上揚分時圖，是一波上漲行情開始的訊號，也是提示我們應短線入場的訊號。

在實盤中，與此案例形態相似、但不完全相同的分時圖有很多，我們應注意其形態的變化。其中，理解形態的市場含義、學會解讀形態的變化才是關鍵。下面來看一個與此例形態相近、但略有不同的分時圖。

圖 7-3 中可以看到，該股在其價格盤中上揚時出現量價齊升形態，但量價的配合還不夠理想，量能的放大不充分，分時線不夠挺拔，隨後在盤中高點，股價也出現一定的回落，但回落幅度較小。

綜合來看，圖 7-3 是一個與圖 7-2 形態相似、但相對「弱勢」的分時圖，然而它仍不失為一個預示股價短線上漲的訊號。

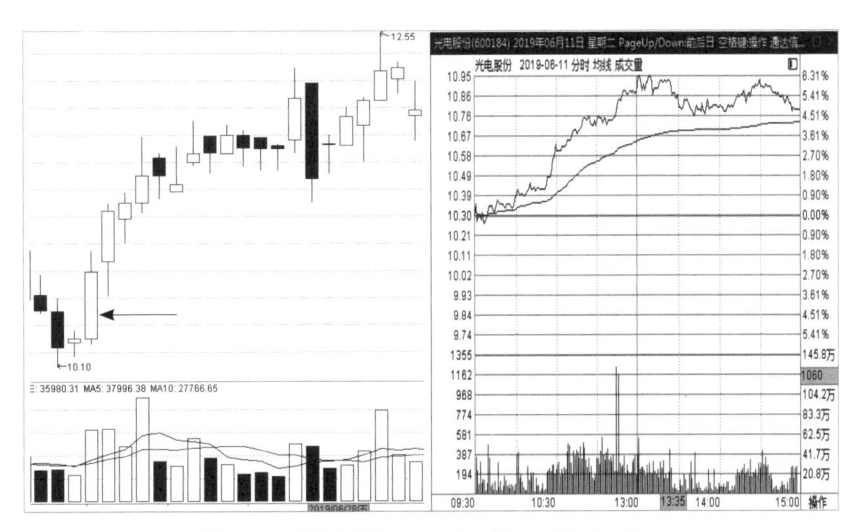

▲圖 7-3　光電股份 2019 年 6 月 11 日分時圖

## 7.3 量堆推升節節高，股價中線的上漲空間可觀

　　量堆推升節節高形態，也稱為「台階式上揚」形態。從形態的角度來看，股價如同邁著台階向上漲，在每一波快速上揚後都會出現一個量能堆；隨後，股價在推升後的高點強勢橫向運行，這是一個整理過渡時期；最後，再度出現量能堆，推升股價至盤中新高點。

　　這種盤面量價形態往往是中長線主力入場，並積極拉升股價的訊號，股價的上漲

189

有著堅實的基礎，盤中高點的買盤承接力度也很強，市場賣壓不重。若股價累計漲幅不大或者正處於盤整後的突破點，則這種盤面形態預示著將展開一輪上漲行情，短線交易有一定的利潤空間，股價中線的上漲空間也較為可觀。

圖 7-4 中可以看到，在低位的橫向整理之後，股價在 2019 年 8 月 19 日開始向上突破。盤中出現了多次較為明顯的上漲，每一次上漲後都有一個量能堆，且上漲後的盤中高點都能夠強勢止穩運行，從而能在盤中不斷走高。這是一個強勢型的分時圖，有主力積極參與，此時是買入時機。

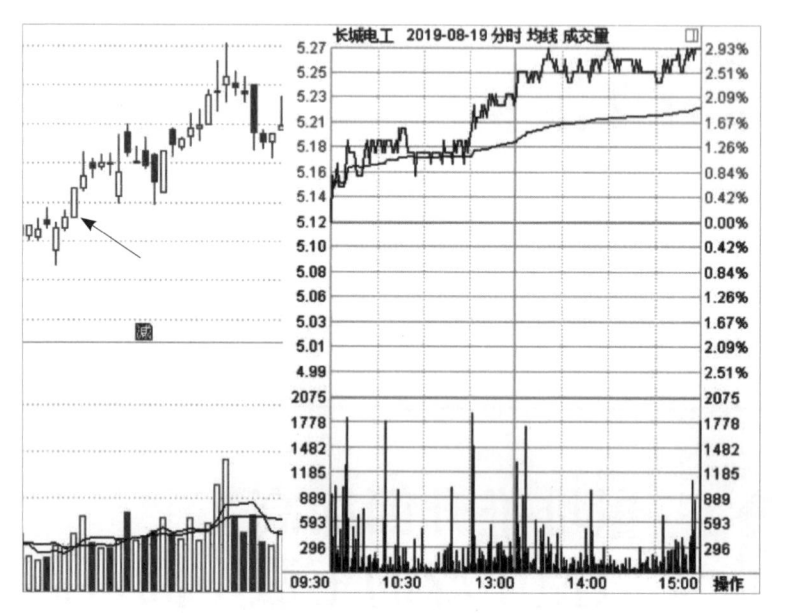

▲圖 7-4　長城電工 2019 年 8 月 19 日分時圖

## 7.4 活躍量能的斜線式拉升，是低風險的買入時機

活躍量能的斜線式拉升形態，是顯示出主力蹤跡的一種盤面量價形態。在盤中，常常是在尾盤階段，股價的上揚走勢呈45度角（或60度角）的斜線狀，持續上漲的時間較長，整個上揚過程中的量能保持著放大的態勢。

一般來說，如果斜線拉升的幅度不是很大，且股價在盤中高點能夠止穩不回落，那麼表明主力參與能力較強，其拉升行為會在隨後的交易日中持續下去。在實盤操作中，我們還應關注日K線圖，如果這種盤面量價形態出現了中短線的低點，則是一個風險低、潛在收益高的買入時機。

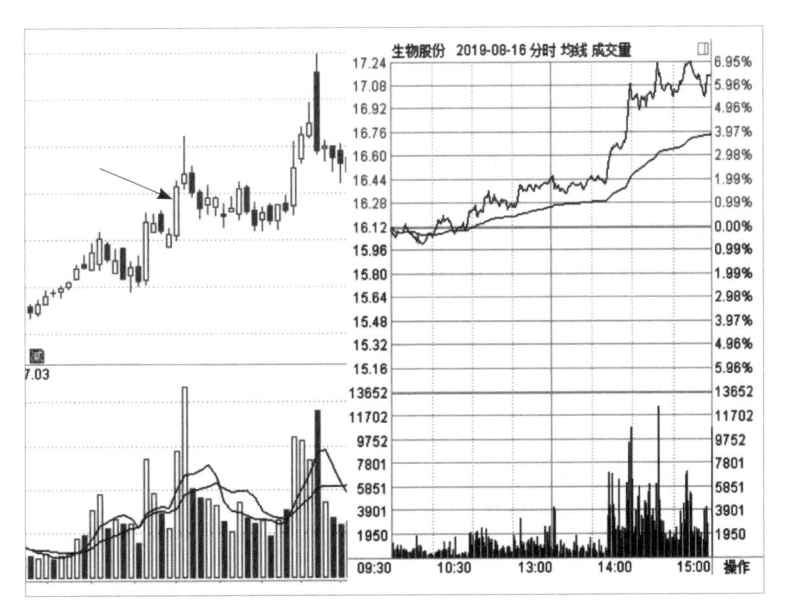

▲圖 7-5　生物股份 2019 年 8 月 16 日分時圖

圖 7-5 中可以看到，股價在尾盤階段出現斜線式放量拉升，當日成交量放大，股價正處於盤整突破點。結合此分時圖所顯示的主力參與行為來分析，可知隨後股價出現突破上攻的機率極大。在實盤操作中，我們可以短線買入，享受主力拉升成果。

## 7.5 開低下探帶量震盪上揚，應趁回檔低點買入

開低下探帶量震盪上揚形態，常出現在一波快速下跌走勢中。股價當日慣性開低，開盤後出現一波跳水，但隨後在買盤的承接下開始震盪上揚，並躍升至均價線上方，成交量保持相對放大的狀態。

這種量價形態是短期內多空力量轉變的訊號，在實盤操作中，當股價震盪上揚、向上攀升明顯時，表示多方力量已經明顯佔據主動地位，我們可以逢盤中回檔低點買入，因為隨後股價在盤中節節走高的機率較大。若個股出現這種量價形態，則其收盤價往往接近全天最高價，短線買入的風險較低。

圖 7-6 中可以看到股價短線下跌，幅度大、速度快。當日早盤股價下探，隨後震盪上揚、放量攀升。至此，多空力量對比格局開始轉變，雖然因盤中的震盪回升，股價略有上漲，但從日 K 線圖來看，短線的反彈才剛剛開始。在實盤操作中，我們應趁盤中回檔，低點買股入場。

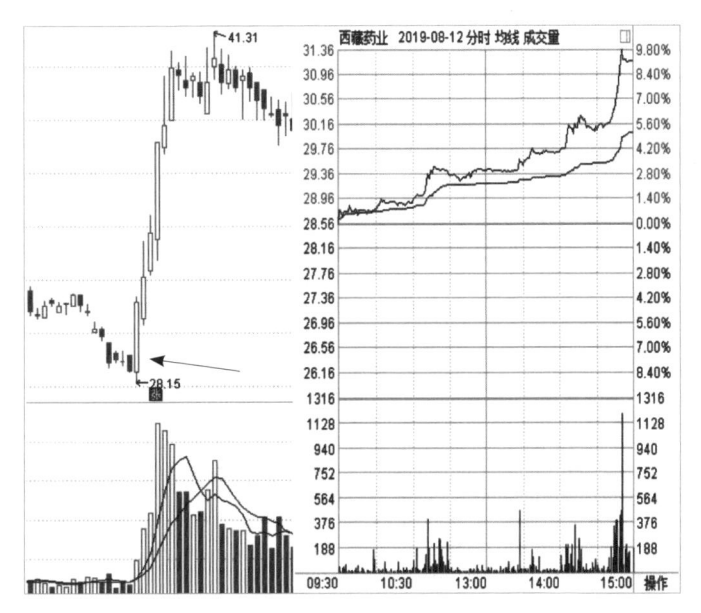

▲圖 7-6　西藏藥業 2019 年 8 月 12 日分時圖

## 7.6 早尾盤二度上揚，預示買入的訊號

　　早尾盤二度上揚形態，是主力拉升股價時一種較常見的盤面形態。早盤開盤後不久，股價快速上揚，分時成交量同步放大，股價隨後在盤中橫向運行，持續時間長；在尾盤階段，股價再度上揚，分時成交量同步放大。透過這兩波拉升，股價在盤中穩

193

▲圖 7-7　江泉實業 2019 年 8 月 26 日分時圖

健上漲,這也是中短線內主力有意拉升股價、股價步入上升通道的訊號。在實盤操作中,如果股價突破低位盤整區或處於短線超跌狀態,則此分時圖中的形態預示著一波上攻行情的出現,這是買入訊號。

圖 7-7 中的個股在早盤階段、尾盤階段均出現了流暢、挺拔的上揚走勢,中盤階段股價強勢橫向運行,這與主力資金的積極參與密切相關。從日 K 線圖中來看,當日正處於低位整理後的突破點。結合分時圖進行分析後,可知這是主力拉升的訊號,預示著上行情的展開,是買股入場的時機。

同一個主力在買賣個股時往往會採取相同的手法,該股價格在整理數日之後的 2019 年 9 月 10 日,再度出現了首尾盤二度拉升的盤面形態。如圖 7-8 所示,首尾盤的兩波上揚也有明顯放大的量能作為支撐,與圖 7-7 的拉升遙相呼應,主力做多意願較強、做多行為堅決。此時的股價中短線漲幅較小,仍有較為充裕的上升空間,在實盤操作中,我們此時則應該耐心地持股待漲。

▲圖 7-8　江泉實業 2019 年 9 月 10 日分時圖

## 7.7 水平式巨量，應第一時間離場以規避風險

　　水平式心電圖巨量形態也稱為「一字形巨量」形態，它是指個股在盤中的分時線呈水平運行，或水平式的上下跳動，分時成交量大幅放出。水平巨量形態的執行時間可長可短，短為十幾分鐘，放量較為明顯；長則幾小時，放量較為均勻，但兩者的市場含義是一樣的，不必單獨分析。

　　一般來說，在水平巨量分時線形態出現之前，股價往往會先在盤中出現一波快速

上衝走勢，隨即快速跳水，並呈現出水平巨量的分時線走勢。

水平巨量分時圖給人的直接感覺，是大買單與大賣單正展開交鋒，似乎有老主力離場，新主力入場進貨。然而，實際情況並非如此，股價在隨後的運行中往往會快速下跌，這表示沒有新入場的主力在積極買賣個股。

筆者分析許多案例後，得出此形態的分時圖常出現在股價短線漲幅較大的情況，它是一種較為可靠的短線下跌訊號。在這種分時圖出現之後，股價在短期內有很大的機率將出現急速下跌。因此，對於散戶來說，當遇到此類分時圖中的形態時，不應抱有僥倖心理，應第一時間賣股離場以迴避風險。

圖 7-9 中的股價短線漲幅較大，當日股價在盤中跳空開高，隨即向下俯衝，呈水平運行狀，分時線未呈現買賣雙方交易過程中本應出現的波動形態。而且，在水平運行中，我們可以看到量能明顯放大、大買單與大賣單交易頻繁，當日的放量效果從日K線圖中可以看得更清晰。這是有大資金在積極賣出的訊號，在實盤操作中，我們應及時賣出離場。

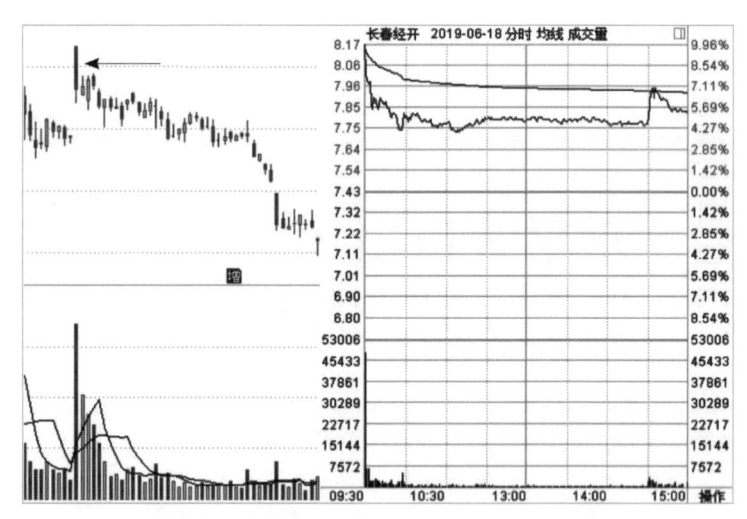

▲圖 7-9　長春經開 2019 年 6 月 18 日分時圖

## 7.8 「皮球落地」巨量跌停，應逢反彈及時賣出

「皮球落地」巨量跌停形態，是一種有趣的比喻說法。它的形成過程一般是這樣的：當日個股因利空消息或價格短線漲速過快，先是出現了跌停或接近跌停，隨後股價在盤中被突然拉升，但在盤中高點沒有得到支撐，股價開始快速地向下滑落，向下滑落過程中的反彈力度越來越弱。整個過程如同「皮球落地」，股價最終又向下滑落至跌停價附近，當日成交量呈巨量形態。

這種分時圖中的形態是短線暴跌拉開序幕的訊號，也是短線主力快速出貨的標誌，在實盤操作中，我們應該逢反彈及時賣出才能更好地迴避風險。

圖 7-10 中可以看到，當日股價在急速上漲、開高後快速跳水奔向跌停板，並在盤中反覆鎖住跌停板；午盤之後被突然拉升超過 10%。這種拉升並不意味著有跟風盤進入，只是主力在製造多空分歧，目的就是快速出貨，隨後的盤面運行猶如「皮球落地」，當日放出了巨量。在實盤操作中，主力在盤中的快速拉升給了持股者逢高退出的時機，不可錯過。

圖 7-11 中的股價短線漲幅極大，短線主力對股價進行了快速拉升，在出貨時往往也十分快速，主要採取突然下跌至跌停板、然後盤中拉升的方式，從而吸引短線跟風盤入場，主力則在跟風盤入場時，減碼出貨。

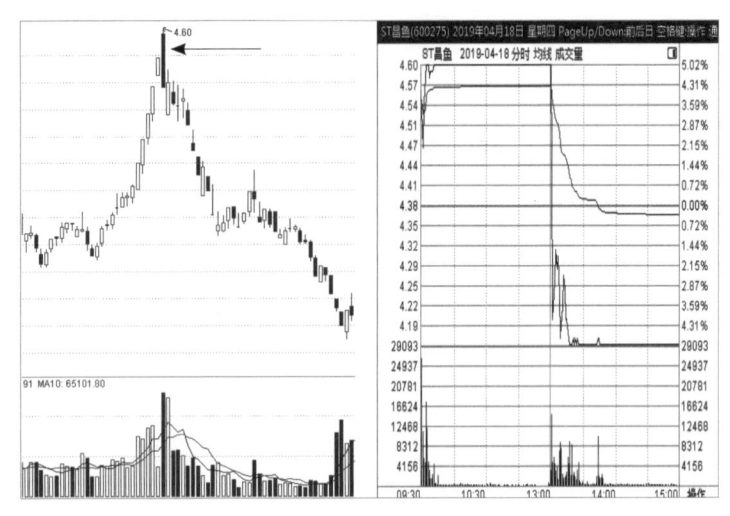

▲圖 7-10　ST 昌魚 2019 年 4 月 18 日分時圖

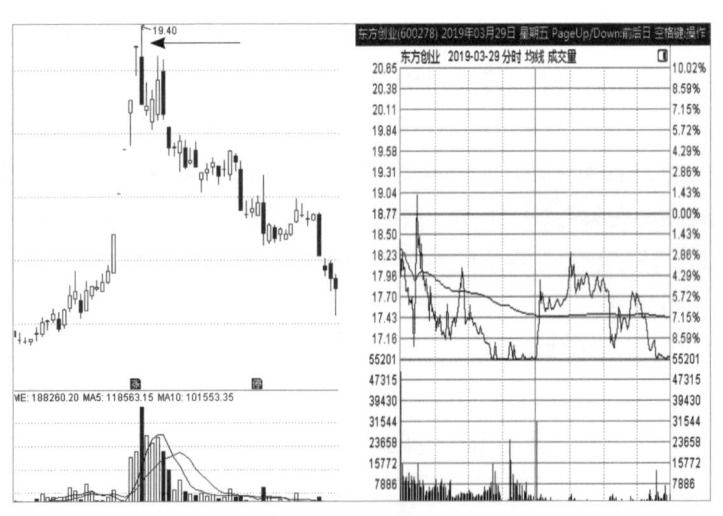

▲圖 7-11　東方創業 2019 年 3 月 29 日分時圖

## 7.9 破位前跳水式出貨，是股價破位前的警告

快速出貨是主力常用的手法之一。**在股價短線高點或盤整之後，主力若感覺出貨較為吃力，為了節省時間，往往會採取快速賣出的方式來提升出貨速度**。有時候，股價盤中放量跳水之後，還能短暫地「收復失地」，在日 K 線圖上收出一根長下影線，可能是長下影陰線，也可能是長下影陽線，但它們的市場含義較為接近。這給投資人的印象是買盤承接力較強，殊不知這只是股價真正破位前的一次警示訊號，若我們不能正確解讀它，則會損失慘重。

圖 7-12 中，在股價上漲之後，當日走勢突變，早盤直線跳水並伴以分時成交量的大幅放出。雖然在收盤前股價再次被拉回，但這種放量長下影線可以被看作是股價破位前的一次預演。在實盤操作中，我們此時應警惕風險，及時賣出。

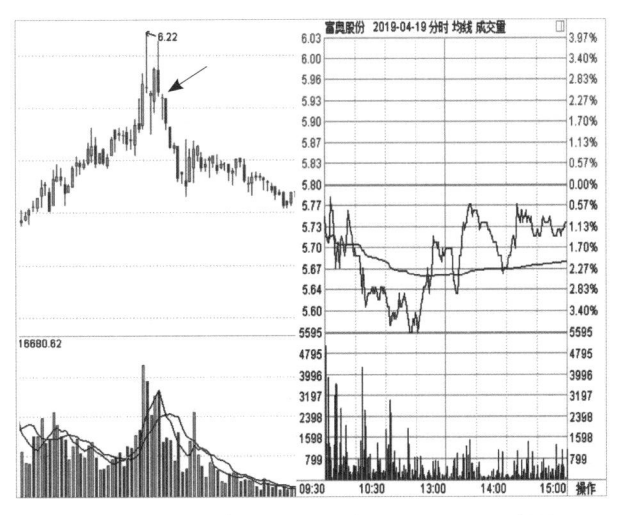

▲圖 7-12 富奧股份 2019 年 4 月 19 日分時圖

## 7.10 向上試盤型溫和放量，當日不是最好的入場時機

　　主力在拉升股價時，往往會採取試盤的方法，「向上試盤」就是一種常用的方法。它的形成過程是這樣的：在盤中交投較為平靜的背景下，主力突然拉升股價，拉升時間往往在幾分鐘內結束，拉升幅度大多在 5% 以內；隨後主力放棄拉升，讓股價在盤中高點自然回落。透過股價的回落方式、回落速度、回落幅度，主力可以大致瞭解市場獲利賣壓情況，從而決定是否繼續實施拉升計畫。

　　如果在回落時，分時線能夠以均價線為支撐，或者圍繞均價線運行，且當日放量溫和，那麼這是試盤效果較為理想的訊號。股價隨後稍做整理，主力對其進行拉升的機率較大，一輪上漲行情有望出現。

　　在實盤操作中，試盤當日往往並不是最好的入場時機，我們可以再觀察幾日，若隨後幾日能夠保持強勢整理的態勢，則可以買入，等待主力拉升。反之，若隨後幾日走勢較弱，則從短線角度來看，暫不宜參與。

　　值得注意的是，「試盤」應出現在主力「進貨」與「拉升」兩個環節之間，因此我們要結合個股的日 K 線圖，來判定在個股盤中出現的是否為試盤線。若此前沒有明顯的進貨區間，即使當日的盤面形態相似，也不可以將其認定為試盤線。

　　圖 7-13 中可以看到，股價剛剛跳出低位盤整區，當日小幅開高後隨即上衝，但在盤中高點未獲支撐，股價順勢下滑。從成交量來看，市場賣壓並不沉重，當日量能溫和放大。在隨後幾日，股價強勢整理，這是短線入場較好時機。

▲圖 7-13　深南電A 2019年6月11日分時圖

## 7.11 「向下試盤」是主力以拋售大單快速出貨

「向下試盤」是主力透過拋售幾筆大單的方式，來快速出貨的行為，這會使得股價大致呈直線下跌。隨後，主力不再出貨，以此判斷多方的承接能力，看看在股價快速下跌之後，究竟是恐慌性的賣盤更多，還是抄底性的買盤更多。

若股價能夠震盪回升至均價線上方，或者股價下跌後無恐慌盤賣出，則預示著試盤成功。由於賣壓很輕，當日會呈現縮量狀態（這與向上試盤時的溫和放量不同），

201

隨後股價有望在主力的拉升下不斷上漲，在實盤操作中，此時我們可以短線買股入場。

圖 7-14 從日 K 線圖走勢來看，股價正處於整理後的低位盤整中，短期內有震盪突破的趨勢。如圖中的標注所示，開盤後，突然出現幾筆大賣單使股價快速下挫，在大賣單出現後的幾分鐘內，分時量異常放大，隨後市場恢復正常的交投狀態，股價也震盪回升至均價線上方。

盤中出現這種走勢，表示在主力向下試盤的過程中，沒有引發恐慌性賣出的離場，這是該股籌碼鎖定程度良好的標誌，也預示隨後股價極有可能在主力的拉升下突破上行。在實盤操作中，此時我們可以短線買入。

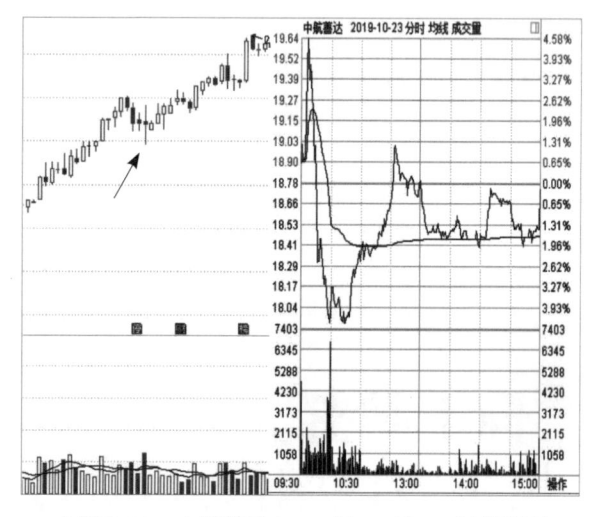

▲圖 7-14 中航善達 2019 年 10 月 23 日分時圖

## 7.12 單筆天量買單，是主力有意拉升的訊號

　　有效推升的單筆天量買單形態，是指股價在盤中平穩運行時，多處於小幅上漲狀態，盤中出現了一筆或連續幾筆高價大買單，使得股價突然躍升了兩、三個百分點。隨後，股價在盤中高點強勢地橫向運行並且不回落，當日的量能呈溫和放大形態。

　　這種盤面形態展現了兩個市場含義：一是，突然出現的大買單使得股價有效上漲，因此，這個大買單並不是大戶的隨機性買入；二是，市場短期內的獲利賣壓較輕。綜合這兩個方面的含義來看，若股價處於中短線的低點位，則它是主力有意拉升的訊號，預示著短線上攻行情的展開，此時我們可以買入。

　　圖 7-15 中可以看到，股價處於短線盤整的位置，短期內走勢已止穩回升，當日

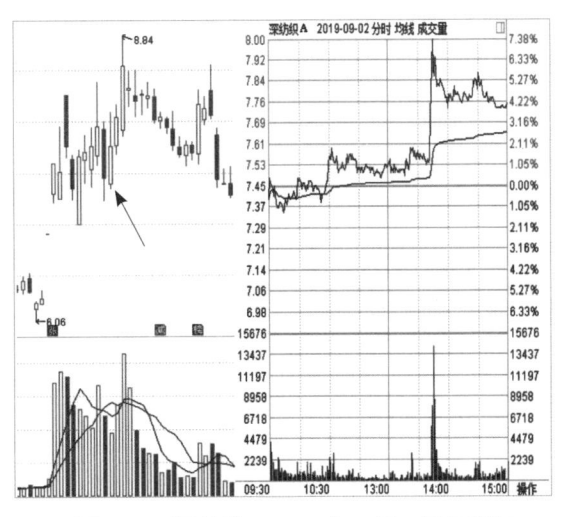

▲圖 7-15　深紡織Ａ 2019 年 9 月 2 日分時圖

盤中小幅上漲 2 個百分點，午盤後，單筆大買單有效推升了股價。從盤面形態來看，這一分鐘的分時量放得非常大，股價在突然上漲了約 5 個百分點後也能強勢止穩。這是主力拉升的訊號，此時的反彈幅度很小，一旦主力開始拉升，股價仍有較為充裕的上漲空間。在實盤操作中，我們可以進行買入操作。

## 7.13 漲停板進貨，是主力黑馬股常用的手法

　　盤中漲停板進貨，是主力資金在買賣短線黑馬股時常用的手法之一，主力一般將其用在有熱門題材支撐，且基本面良好、前期價格未出現大幅上漲的個股上。此時，為了迎合熱門題材，主力往往會借助於漲停板來製造多空分歧，於漲停板上大力買入，隨後快速拉升，實現漲停進貨、漲停拉升一體化的飆升格局。對於散戶來說，能否正確地辨識漲停板進貨形態，將直接決定其短線追漲的成功率。

　　一般來說，個股在早盤階段即強勢漲停板，但也未牢牢鎖住，中短線獲利浮額在看到漲停板無法鎖住後，往往有較強的賣出意願，而真正的主力資金則會借此機會大力買入。鎖住漲停板後，為達到充分進貨的目的，個股在漲停板上會多次打開，但因主力的積極買入。從日 K 線圖來看，當日成交量明顯放大，但不會出現天量。

　　當然，僅從漲停當日的盤面形態來分析只是一個方面，此外我們還要關注漲停次日的開盤情況。若主力短線拉升意願強，又於漲停價位買入較多籌碼，則主力多會利用股價上漲慣性強力拉升，以脫離自己的成本區。在漲停進貨次日，股價多會呈現小幅開高，開盤後主力因積極參與、強勢拉升，從而快速脫離成本區。

基於以上兩個方面（漲停當日的盤面形態、漲停次日的開盤情況），再結合個股的題材面，我們可以較為準確地判斷出，主力是否進行了漲停進貨操作，從而確定追漲的可行性。

圖 7-16 中可以看到，當日股價一舉突破了前期盤整平台，午盤後快速鎖住漲停板，在盤中高點交投活躍，漲停之後多次打開，當日量能明顯放大。綜合該股的日 K 線走勢，可以判斷出主力進行漲停進貨操作的機率較大。

到了次日，如圖 7-17 所示，可將該股開高走高的盤面形態作為進一步的驗證，在實盤操作中，次日股價開盤衝高後回落至均價線附近時，就是一個較好的短線追漲入場點。

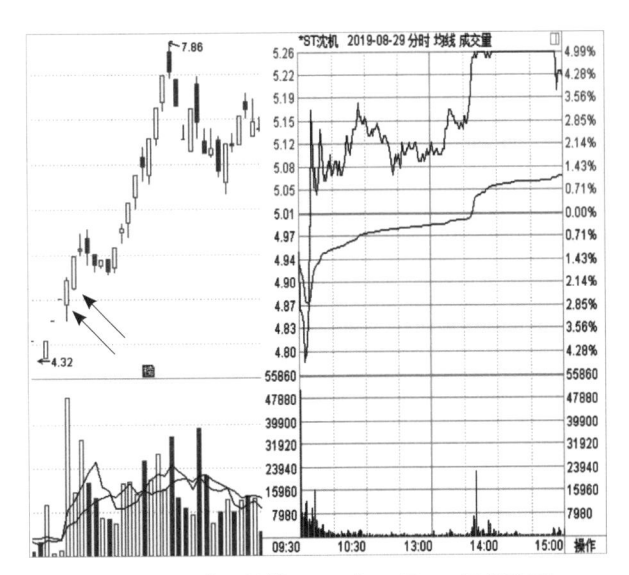

▲圖 7-16　*ST 沈機 2019 年 8 月 29 日分時圖

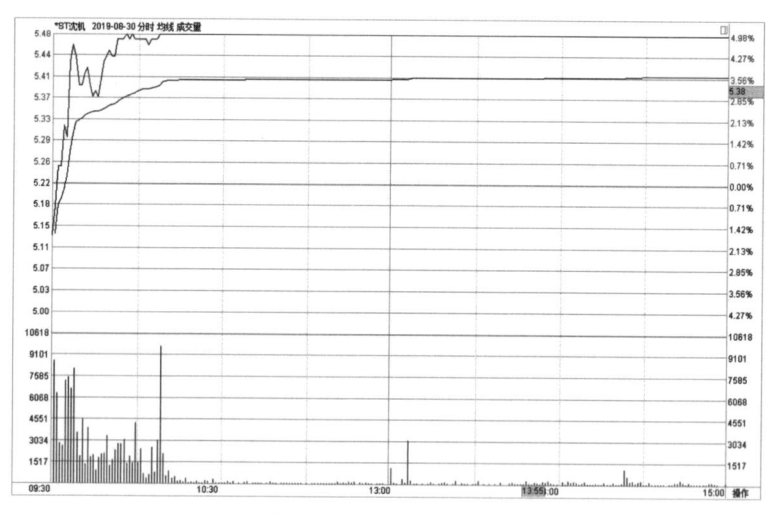

▲圖 7-17　*ST 沈機 2019 年 8 月 30 日分時圖

## 7.14 衝高跌至均價線下方，與主力出貨有關

　　均價線代表著盤中的支撐與壓力。股價在盤中，特別是早盤階段，快速上衝後，若出現放量跳水式下行，並直接跌至均價線下方，則多表明之前的上衝可能與主力的拉升出貨有關。

　　主力在個股早盤開盤不穩定時，快速將股價拉升到一個高點位，隨即大量拋售，股價迅速下滑，持股者難以成功賣出。當發現股價已遠離盤中最高點時，持股者往往

會產生惜售心理，希望在隨後的盤面中的賣出價位可以與最高點接近。主力正是利用持股者的這種心理，降低盤面賣壓，而自己則悄悄出貨。

圖 7-18 中的股價早盤快速衝高，但隨即跳水至均價線下方，跳水時量能明顯放大，這是資金撤出的訊號。一般來說，股價在盤中直線跳水幅度大、有明顯放量且經過一波跳水後直接跌破均價線，就是強弱轉化的明確標誌，常與主力的出貨行為相關，預示著中短線下跌走勢的開啟，隨後股價在盤中很難再出現強勢反彈。

在實盤操作中，當我們發現這種形態後，應第一時間或等股價反彈至均價線附近時，賣股離場。

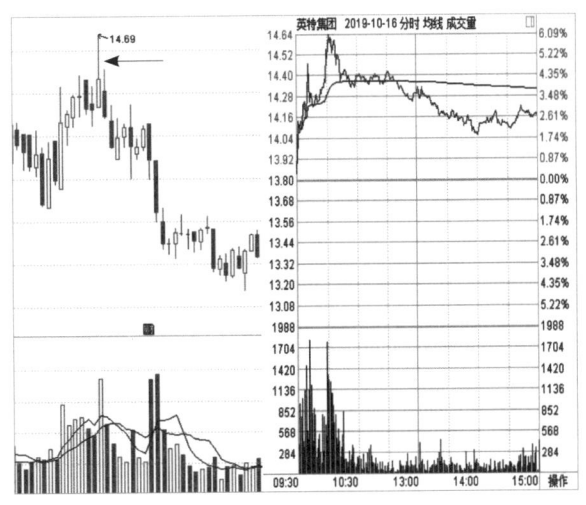

▲圖 7-18　英特集團 2019 年月 10 月 16 日分時圖

## 7.15 45度角放量下行，是趨勢反轉的訊號

盤中 45 度角放量下行形態，是主力資金持續撤出時的重要盤面形態之一，它的形態特徵是分時線呈 45 度角，且股價不斷下滑。這種運行態勢的持續時間較長，至少會保持半個交易日，並且隨著股價的下滑，分時量也同步地不斷放大。

45 度角放量下行常出現在午盤之後，且會一直運行至收盤，這使得收盤價接近當日最低點。

相對於盤中穩步攀升、放量走高的形態來說，下行時的放量則更為真實，因此，這種放量的 45 度角下行也表現了做空力量的強大，是隨後個股或有大幅下跌行情出現的訊號。在實戰中特別要注意的是，如果股價的中短線漲幅相對較大，在高點出現這種 45 度角放量下行形態，往往是趨勢反轉的訊號。股價短線回落後，此時我們不宜抄底入場，因為後期的下跌幅度將更大。

圖 7-19 中可以看到，當日股價處於中短線漲幅較大的高點位，早盤衝高，隨後走勢出現轉變，股價開始震盪下行，呈 45 度角放量下行，一直持續到收盤。在下行過程中，可以看到量能明顯放大，這是場內資金大量撤出的訊號，且此時的股價正處於中短線高點，在實盤操作中，我們應及時賣出該股以迴避風險。

相同的盤面形態總是預示著相同的未來走向。如圖 7-20 所示，在 2019 年 11 月 11 日股價開盤後，便呈 45 度角放量下行，當日也處於短線高點，可見主力運用了同樣的出貨手法。

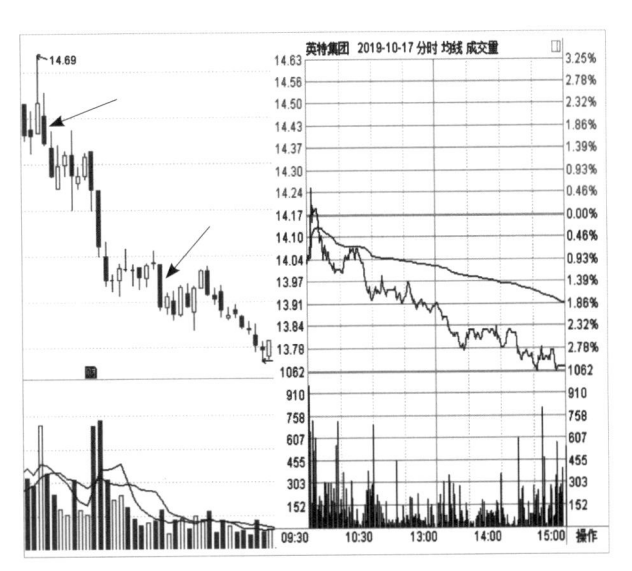

第 7 章　我用分時圖，抓到個股「最佳買賣點」！

▲圖 7-19　英特集團 2019 年 10 月 17 日分時圖

▲圖 7-20　英特集團 2019 年 11 月 11 日分時圖

## 7.16 開盤後的閃擊漲停板，可用兩要素分析後期走勢

開盤後的閃擊漲停板形態，是指個股在早盤開盤後的短短幾分鐘內，由於個股交投相對清淡，此時受到突然的單筆大買單影響，股價快速地衝擊漲停板。但這筆大買單的目的顯然不是拉升股價，股價隨後瞬間被大量的賣單砸下。隨後，分時線在盤中漲幅較小的位置區開始趨穩，這使日 K 線圖中出現長上影線。

這種開盤後的閃擊漲停板形態，很明顯是由大額資金異動而形成的，它往往是主力資金將有所行動的訊號。在實盤操作中，當個股出現這種分時圖形態時，我們可以結合兩個要素來分析。

一是，看股價的全天走勢是否呈持續滑落狀。如果股價在早盤閃擊漲停板後，其走勢在盤中持續滑落，甚至還出現跳水，那麼這大多是主力短期內有意出貨的表現。主力透過開盤時的閃擊漲停板，讓投資人認為隨後股價會再度上漲至漲停板附近的價位，也可以大大降低持股者「逢高出場」的賣股意願，而主力則可以藉機出貨。如果股價在早盤閃擊漲停板後，其走勢較為穩健、可以穩穩地運行於均價線上方，那麼這種走勢就極大地限制主力的出貨行為。

二是，看個股的局部價格走勢情況。這種分時圖形態，如果出現在一波快速上漲後的階段性高點，那麼它大多是價格將反轉下行的訊號；如果出現在短期大幅下跌後的低點時，那麼它更有可能是主力拉升前的一次向上試盤行為。

相對而言，這種分時圖形態更常見於一波上漲走勢後的高點。當這種分時圖形態出現在一波快速上漲後的階段性高點時，表示主力在短期內有著較強的出貨意願，往往預示著短期內將出現快速下跌行情，是應及時賣股離場的訊號。

圖 7-21 中可以看到，當日該股價格在早盤開盤後向上閃擊漲停板。我們可以看到，股價上衝漲停板的速度是極快的，隨後再度跌回的速度也是極快的，因此我們稱

第 7 章　我用分時圖，抓到個股「最佳買賣點」！

之為閃擊漲停板形態。如圖 7-22 的日 K 線走勢圖中可以看到，當日股價正處於一波快速上漲走勢後的階段性高點，且股價在當日震盪下行，因此這種閃擊漲停板形態，可以看作是主力短期內出貨意願較強烈的訊號。

在實盤操作中，我們應及時賣股離場，以迴避風險。圖 7-22 為西部資源 2019 年 8 至 11 月走勢圖，箭頭所指處為 2019 年 9 月 18 日。

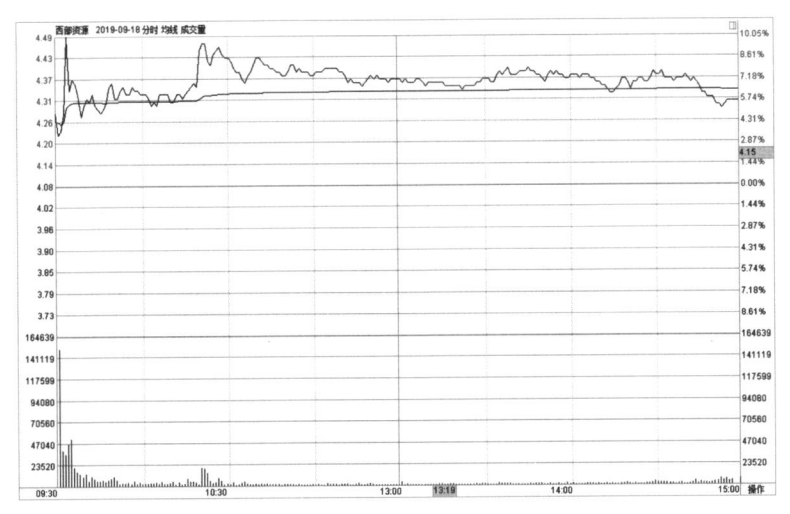

▲圖 7-21　西部資源 2019 年 9 月 18 日分時圖

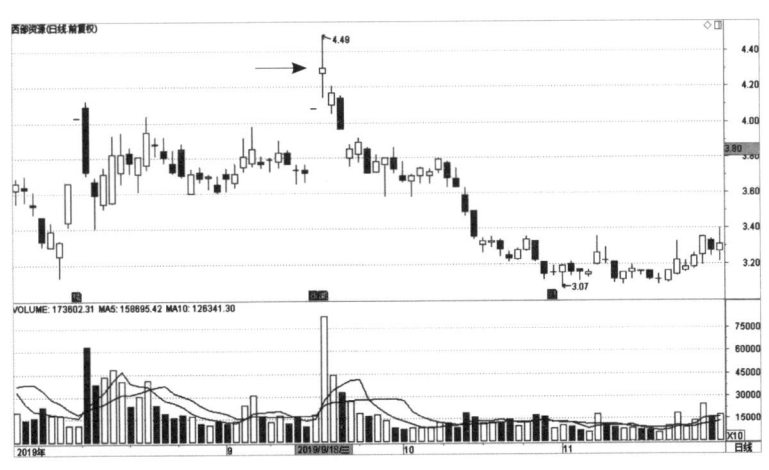

▲圖 7-22　西部資源 2019 年 8 月至 11 月走勢圖

211

以下我們再舉另一個案例。當這種分時圖形態出現在緩緩攀升的走勢中時，說明個股價格短期內或許會出現寬幅震盪走勢，而當日的盤中最高點，也很有可能是隨後一段時間的區域高點。但是，由於股價的階段性上漲速度較為緩慢，因此股價在短期內出現大幅下跌的可能性不大。在實盤操作中，我們可以在之後數個交易日內逢高賣股。

圖 7-23 中可以看到，當日該股在早盤開盤後出現閃擊漲停板的形態，隨後股價持續滑落。如圖所示，當日股價正處於緩緩攀升走勢中，這一形態的出現，說明股價中短期內的上漲走勢不容樂觀。在實盤操作中，我們應在隨後的交易日中逢高賣股。圖 7-24 為中國船舶 2019 年 4 月至 7 月走勢圖，箭頭所指處為 2019 年 6 月 14 日。

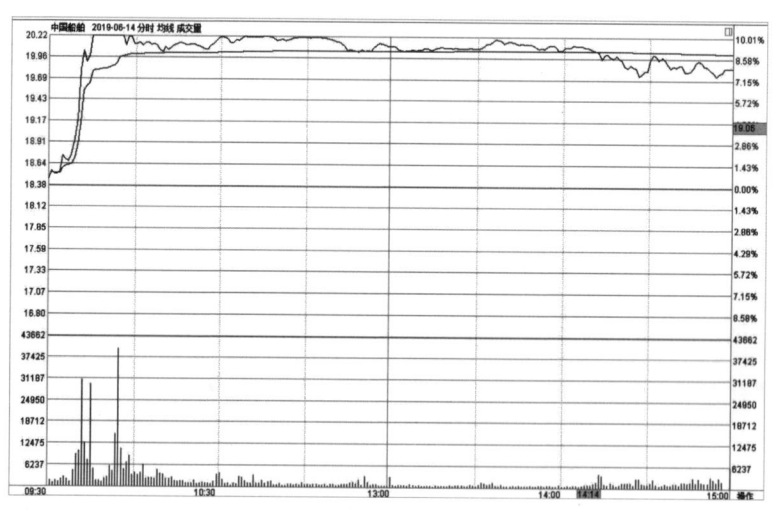

▲圖 7-23　中國船舶 2019 年 6 月 14 日分時圖

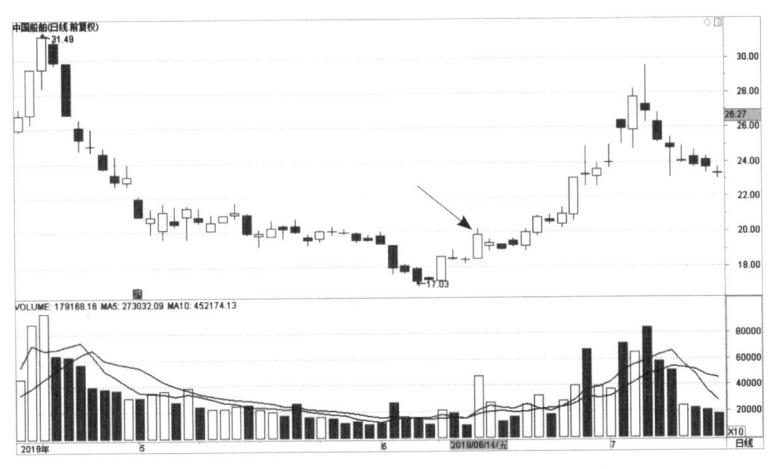

▲圖 7-24　中國船舶 2019 年 4 月至 7 月走勢圖

## 7.17 凹形板形態是籌碼加速換手的標誌

　　開盤漲停板、中盤打開的「凹形板形態」，是指股價在早盤開盤後的幾分鐘內就快速漲停板（或者是個股直接以漲停板的方式開盤）。但隨後不久，漲停板就被打開，但股價並未大幅下跌，成交量集中於漲幅為 7% 左右的位置區，直至尾盤半小時左右，股價才在大買單的掃盤下再度漲停板並直至收盤。這種漲停分時圖形態似凹形，故稱之為「凹形板」。

　　凹形板往往出現在盤整後的突破位置區，是籌碼加速換手的標誌。但籌碼究竟是

從主力手中流入散戶手中,還是從散戶手中流入主力手中呢?我們可以結合個股的前期走勢,及凹形板出現之後的走勢情況來分析。

當股價在上升途中的盤整突破位置出現了這種凹形板時,若此時的股價累計漲幅不大,股價沒有在凹形板之後就快速地反轉下行,而是呈現出長時間的止穩盤整走勢,則這多代表凹形板形態出現後,市場的賣壓並未明顯增強、籌碼仍被主力牢牢地掌握在手中。

因此,前期盤整突破位置處的凹形板,極有可能是由主力的一次快速進貨所引起的。在此情況下,我們應在凹形板之後的止穩走勢中,逢回檔低點買股入場,才能獲利於個股隨後極有可能出現的快速上漲行情。

圖 7-25 中可以看到,當日該股價格在 10:30 左右快速漲停板,但漲停板時間相對較短。隨後,股價在盤中漲幅為 3.5% 左右的位置區持續地橫向運行(ST 股漲停幅度為 5%),直至收盤前半小時左右,才再度強勢漲停板。當日該股的這一分時圖形態,屬於典型的凹形板形態。

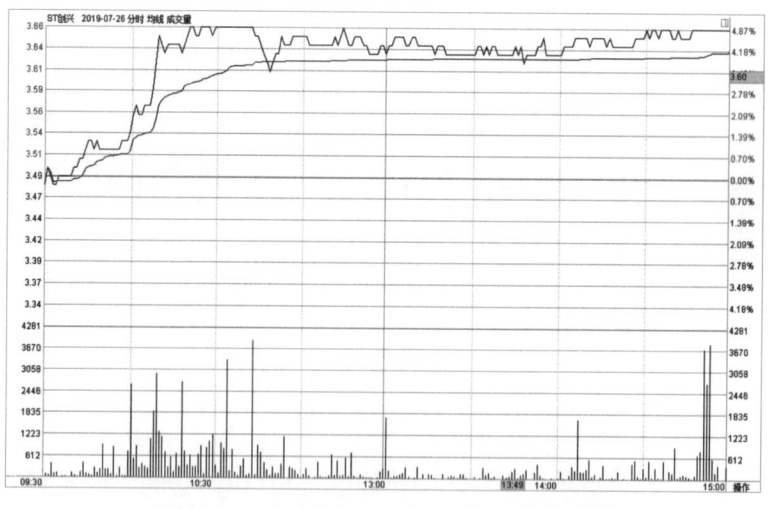

▲圖 7-25　ST 創興 2019 年 7 月 26 日分時圖

從日 K 線走勢圖中可以看到,如圖 7-25 所示,當日股價正處於上升途中的盤整突破位置區。此分時圖形態一般來說,並不是主力短期內強勢拉升股價的訊號,在實盤操作中,我們不妨多觀察一段時間再做決定。

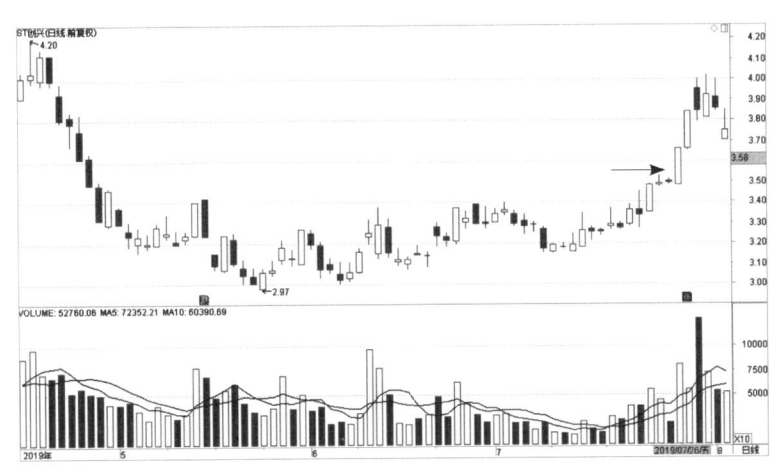

▲圖 7-26　ST 創興 2019 年 4 月至 8 月走勢圖

　　該股在 2019 年 7 月 26 日之後，於突破後的位置區再度漲停，這表示 2019 年 7 月 26 日的籌碼大幅換手，並非因為主力資金出貨，既然主力在當日沒有出貨，那麼主力就極有可能是買家。圖 7-26 為 ST 創興 2019 年 4 月至 8 月走勢圖，箭頭所指處為 2019 年 7 月 26 日。

　　在高位區的盤整震盪走勢之後，若個股於盤整突破位置處出現這種凹形板，並且在凹形板之後，還出現典型的看跌組合形態或快速回落走勢，則此凹形板多代表主力的出貨行為，是風險的預示，而非機會的象徵。

　　圖 7-27 中可以看到，當日該股的盤面分時圖呈現出凹形板形態，且當日量能大幅放出，這可能是主力籌碼流入市場的訊號，也可能是散戶籌碼流入主力手中的訊號，我們可以透過觀察個股隨後的走勢情況來判斷。

　　一般來說，如果籌碼是由散戶手中流入主力手中，那麼主力為了保障建倉成本的安全性，大多會全力護盤，不讓股價出現大幅下跌。如果籌碼是由主力手中流入散戶手中，那麼主力隨後仍舊會強力出貨，股價也大多會出現快速的下跌走勢。

　　可以看到 2019 年 4 月 8 日之後，股價在高位區開低走低，收出長陰線，這是一種典型的看跌組合形態。隨後，股價快速下滑，主力沒有護盤意願。因此，在實盤操作中，我們不可以追漲買入。圖 7-28 為滄州大化 2019 年 2 月至 12 月走勢圖，箭頭所指處為 2019 年 4 月 8 日。

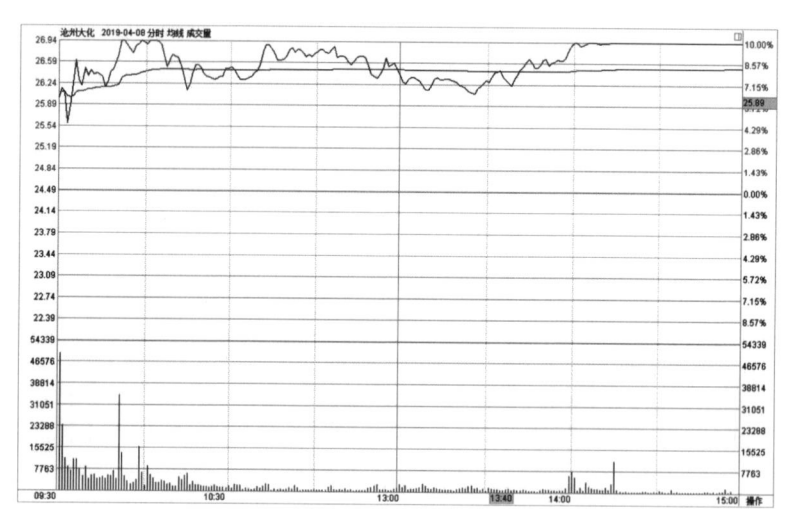

▲圖 7-27　滄州大化 2019 年 4 月 8 日分時圖

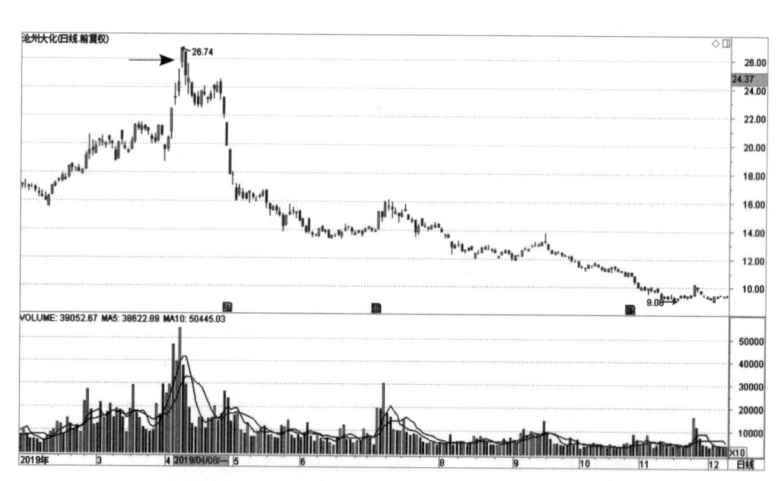

▲圖 7-28　滄州大化 2019 年 2 月至 12 月走勢圖

## 7.18 10點前強勢的漲停板，是典型的看漲形態

　　上午 10 點前衝高不回落的漲停形態，是指股價在早盤開盤之後大幅上漲，一般來說，其漲幅會超過 7%，並在當日大漲之後的高位區強勢運行，且未出現明顯的回落，隨後股價會在 10 點前於這一高位區再度上漲，並且牢牢地鎖住漲停板。

　　早盤開盤之後股價就大幅上漲，這說明有主力在積極地推升股價，隨後股價可以在大漲後的盤中高點位置區，強勢運行而不明顯回檔，這說明主力參與能力強、市場獲利賣壓輕。10 點之前就強勢漲停板，說明個股的漲停板時間早，這也是主力做多意願堅決的表現。因此，這種漲停分時圖形態是一種典型的看漲形態，在實盤操作中，若個股之前的 K 線走勢較為配合，則我們不妨進行短線追漲操作。

　　由圖 7-29 中可以看到，當日股價在早盤開盤後快速上漲且漲幅較大，隨後股價在大漲後的高位區強勢運行，且沒有出現明顯的下跌，在 10 點前股價再度因強勁的大買單鎖住漲停板。這種形態就是 10 點前衝高不回落下的漲停形態，它是主力資金強勢做多的標誌，也是股價進入加速上漲階段的訊號。如圖 7-30 所示，股價在 2019 年 8 月 20 日之前，處於穩健的攀升走勢中，累計漲幅不大。

　　但是，2019 年 8 月 20 日的漲停板不僅創出新高，還使股價上漲呈加速狀，因此在實盤操作中，我們應積極地追漲買股。圖 7-30 為 *ST 山水的走勢圖，箭頭所指處為 2019 年 8 月 20 日。

　　圖 7-31 中可以看到，當日該股在盤中出現這種 10 點前衝高不回落的漲停形態，結合該股之前的日 K 線走勢（股價正處於長期盤整後的突破位置處），我們可以認為這是主力資金對股價展開強勢拉升的訊號。在實盤操作中，我們應在第一時間追漲買股，以享受主力的拉升成果。圖 7-32 為 *ST 椰島的走勢圖，箭頭所指處為 2019 年 6 月 19 日。

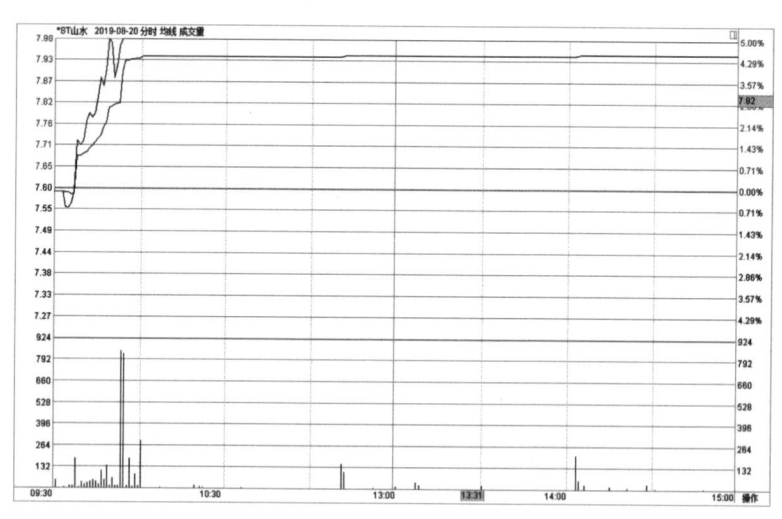

▲圖 7-29　*ST 山水 2019 年 8 月 20 日分時圖

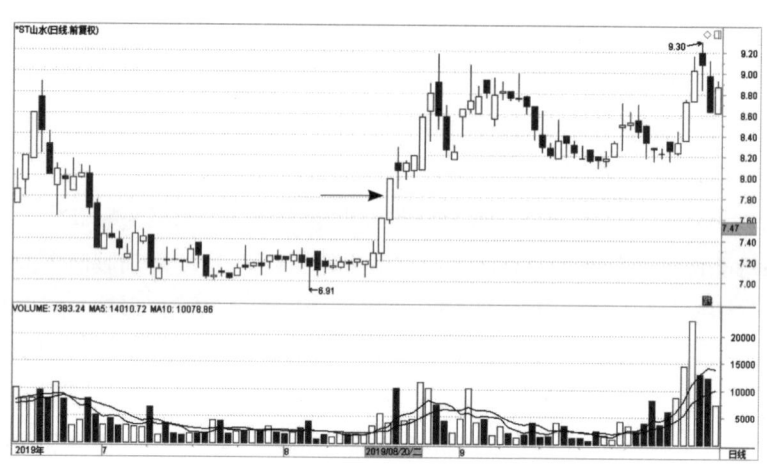

▲圖 7-30　*ST 山水 2019 年 6 月至 9 月走勢圖

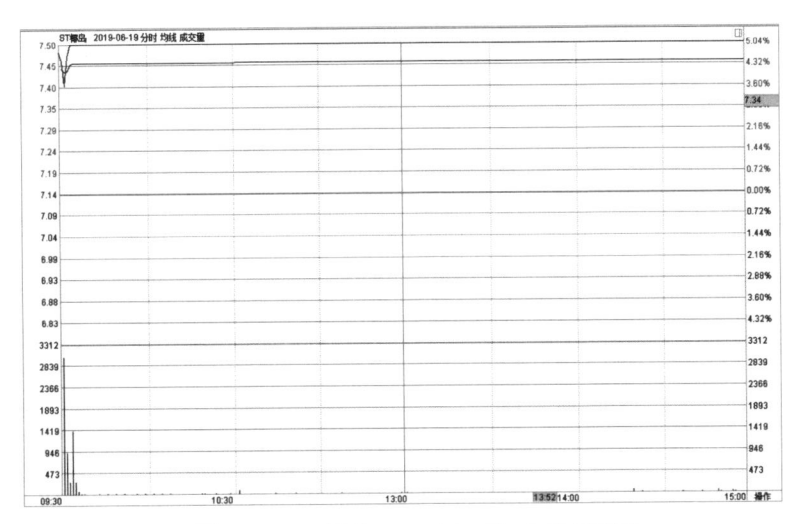

▲圖 7-31　ST 椰島 2019 年 6 月 19 日分時圖

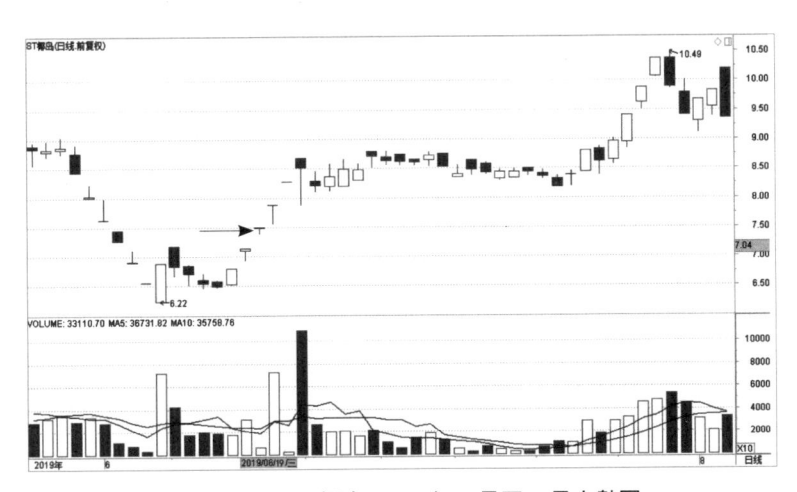

▲圖 7-32　ST 椰島 2019 年 5 月至 8 月走勢圖

## 7.19 早盤大漲後、午盤前後的直線漲停形態

　　早盤大漲後、午盤前後的直線漲停形態是指，股價在早盤階段大幅上漲，並且呈現出了明顯的強勢運行特徵。隨後，在午盤前後，股價再度自均價線附近快速啟動，出現了一波直線上漲收漲停板，並且牢牢鎖住漲停板至收盤。與 7.18 節所介紹的「10 點前衝高不回落的漲停」形態相比，這是一種主力資金參與跡象更為明顯、股價上漲也更為強勢的分時圖形態。

　　它一般意味著主力判斷出大盤走勢較好，且主力有較強的拉升股價的意願，是個股強勢上漲行情出現的訊號。

　　在 7-33 的分時圖中可以看到，當日股價在早盤階段大漲，且分時圖呈現了典型的強勢運行特徵（例如：分時線穩健運行於均價線上方、股價上漲幅度較大、量價配合關係理想等），這說明有主力資金在積極買賣該股。

　　當日股價正好處於上升途中的盤整走勢之後的突破位置點，因此，我們應留意股價盤中隨後的走勢，一旦股價在盤中有再度強勢啟動並鎖住漲停板的傾向時，我們就應及時追漲買入。因為結合該股前期的日 K 線走勢和早盤階段的表現來看，一旦該股於當日出現強勢漲停板形態，就是該股將出現上漲行情的訊號。

　　隨後，股價在午盤之前出現了直線式的上漲，並牢牢鎖住了漲停板，這是股價啟動的訊號，也是主力開始強勢拉升股價的訊號。圖 7-34 為中昌數據的走勢圖，箭頭所指處為 2019 年 8 月 27 日。

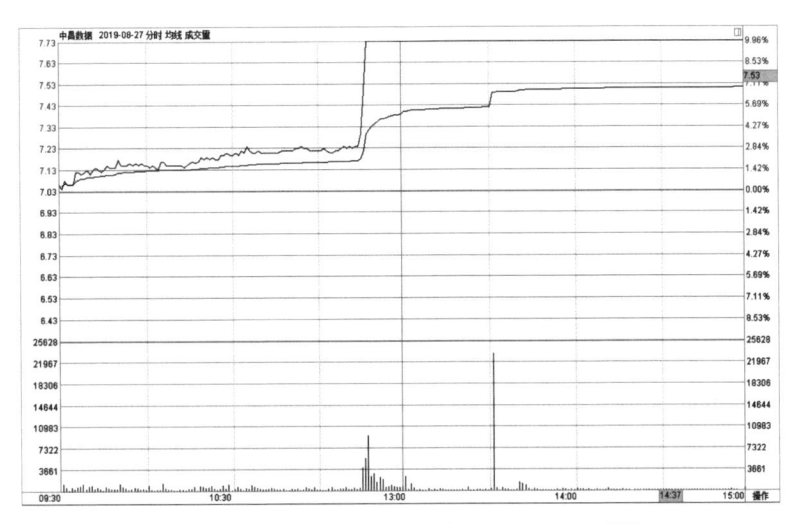

第 7 章　我用分時圖，抓到個股「最佳買賣點」！

▲圖 7-33　中昌數據 2019 年 8 月 27 日分時圖

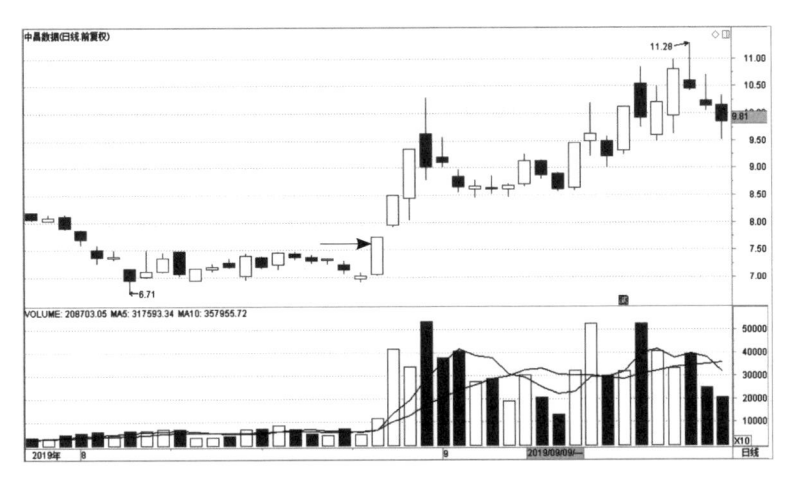

▲圖 7-34　中昌數據 2019 年 7 月至 9 月走勢圖

## 7.20 早盤15分鐘內快速上漲的二次漲停板

追漲是最重要的一種操作漲停板的方式，**一般來說，個股的封板時間越早、漲停板鎖得越牢固，代表主力當日的拉升意願就越堅決**，是股價中短期內上漲潛力更大、上漲勢頭更淩厲的標誌。但是，若股價只以一波快速上漲就牢牢封住漲停板，則參與搶漲停板的操作難度較大，投資人應清晰判斷個股的整體走勢，並冷靜觀察個股的當日盤中表現。

當投資人以漲停板價位搶到籌碼後，股價很可能無力強勢鎖住漲停板，因為這種上衝漲停板的走勢，其根基有可能不是很牢固，很可能存在快速轉向的風險。

早盤 15 分鐘內快速上漲的二次漲停板形態，是一種很好的漲停板形態，它是指股價在早盤開盤後便快速地大幅上漲，並向上衝擊漲停板，但是股價沒有在第一次衝擊漲停板後就強勢鎖住漲停板，而是在漲停板價位附近略做整理（分時線站於均價線上方）。隨後，股價在第二次衝擊漲停板時強勢鎖住漲停板，直至收盤。一般來說，對於股價第二次能否強勢鎖住漲停板，我們比較容易判斷，可以結合個股之前的 K 線走勢形態、當日是否有利多消息等因素來分析，如果個股有這些因素的配合，則第二次漲停板走勢的出現多是主力做多意願的真實體現。

再舉一個案例，圖 7-35 中可以看到，當日股價在早盤開高後快速衝擊漲停板，但是第一次沒有牢牢鎖住，而是第二次鎖住漲停板時才強勢封牢，這給了我們一定的思考時間，決定是否參與追漲買股操作。

結合該股前期的突破走勢，以及當時市場中熱度較高的環保類題材，我們可以較為準確地判斷：當日的分時圖形態，是主力資金開始參與該股並有強勢拉升意願的表現。因此，在實盤操作中，我們可以在股價即將第二次鎖住漲停板時，快速地以漲停板價位掛單買入，進行搶漲停板的操作。

第 7 章　我用分時圖，抓到個股「最佳買賣點」！

圖 7-36 中我們可以看到，箭頭所指處為 2019 年 8 月 19 日，該股在隨後 2019 年 8 月 21 日、22 日又出現了強勢的漲停。因此，在 2019 年 8 月 19 日所出現的這種早盤 15 分鐘內快速上漲的二次漲停板形態，是主力資金短期內強勢拉升股價的可靠訊號。

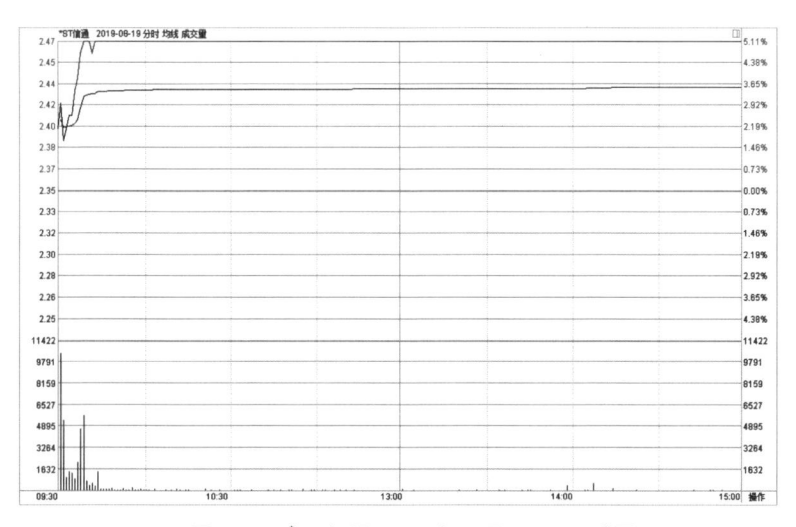

▲圖 7-35　*ST 信通 2019 年 8 月 19 日分時圖

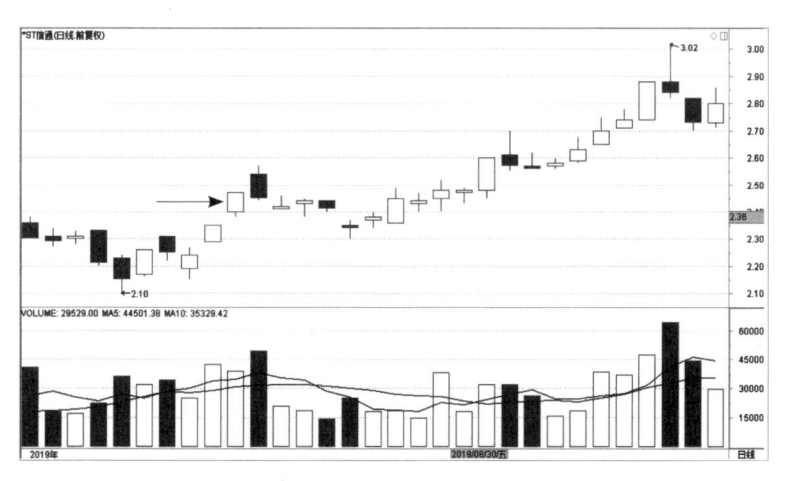

▲圖 7-36　*ST 信通 2019 年 8 月至 9 月走勢圖

223

# 第 8 章
# 一出手賺 3 倍！
# 13 支黑馬股實戰案例

## 8.1 進貨後極度縮量整理（電信類股）

黑馬股是指可以在中短期內價格快速上漲且漲幅驚人的個股，成功地買入並持有這類股票，是股市的魅力所在。想要成功捕捉到黑馬股並不是一件容易的事，需要有較豐富的看盤經驗，並掌握一定的技巧。

基於量價形態來說，想捕捉到黑馬股需要善於分析，從量價形態的變化來分析主力的市場行為，進而及時買股入場。在本章中，我們仍以「量價」為核心，看看黑馬股如何透過量價的變化，向我們發出訊號。

進貨後極度縮量整理形態常出現在主力進貨之後、快速拉升之前，是一個相對短暫的過渡整理過程。該形態的構築過程如下：股價首先緩慢地震盪攀升，此時量能明顯放大，這是資金積極入場的標誌；隨後，股價小幅整理，呈橫向窄幅整理狀，在這期間成交量明顯地大幅萎縮（與之前股價震盪攀升時的量能相比）。

極度縮量整理平台的出現，標誌著主力進貨已經較為充分、主力參與能力大幅提高，市場浮額很少。此時，在大盤止穩的背景下，主力隨時可以向上拉升股價，而且從中長線角度來看，這個縮量整理平台也是處在低位區。可以說，無論中線還是短線，此形態都是一個很好的入場點。

**實戰案例：中國聯通**

圖 8-1 是中國聯通的走勢圖，股價的震盪攀升較為緩慢，但是量能充分放大，結合股價重心上移的走勢來看，有資金在積極入場。隨後，股價回檔進行平台式整理，此期間的成交量突然大幅萎縮，這就是「進貨後極度縮量整理」形態，預示著該股有成為黑馬股的潛力，此時的縮量平台也是較佳的中短線入場點。

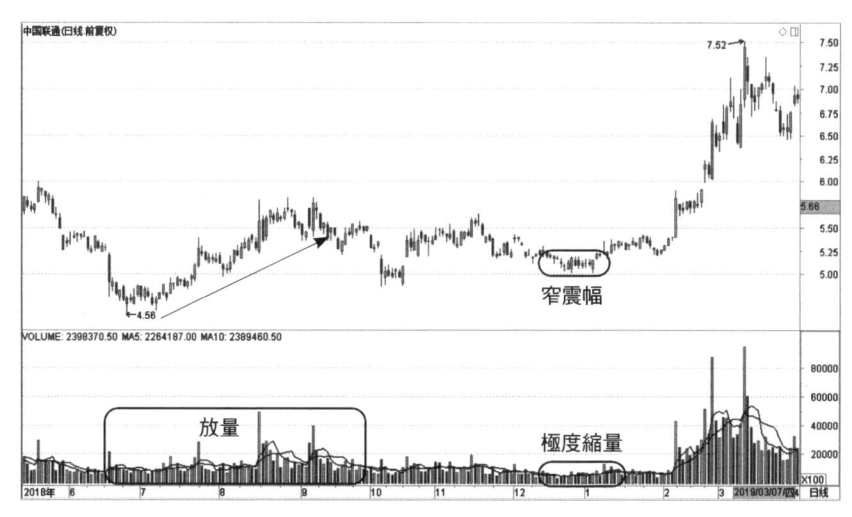

▲圖 8-1　中國聯通 2018 年 5 月至 2019 年 3 月走勢圖

## 8.2 盤整中的極度縮量（物流類股）

　　盤整（我們這裡主要指低位盤整區間）中的極度縮量形態，是指股價處於中短線大幅下跌後的低位震盪區間，震盪幅度不大約 10% 左右，在這期間的成交量相對平穩。但是，隨著震盪的持續，某幾個交易日的成交量突然大幅萎縮，遠小於之前的均量，呈現出極度縮小的形態。

　　極度縮量形態的出現，表示有主力參與且主力持股數量多。由於在這幾日的盤

中，主力沒有參與買賣，股價的波動幅度也不是很大，所以市場交投極為冷清，出現極度縮量形態。

這是一個需要仔細觀察才能發現的量價特徵，極度縮量並不是個股被市場拋棄的結果，而是主力高度參與下的產物。其實，我們可以結合個股之前的運行情況來分析，一般來說，個股此前的運行都會有一定的獨立特徵，並不是隨波逐流的邊緣股。

**實戰案例1：廈門象嶼**

極度縮量表示大量的籌碼並沒有在市場上，而是在主力手中。如果此時股價處於中長期的低位區，這種市況預示著，個股有望在主力的參與下成為黑馬股，是機會的象徵。

圖8-2為廈門象嶼的走勢圖，該股在低位區的震盪過程中，連續4天出現極度縮量形態，縮量效果十分明顯。一旦股價向上運行、突破這一整理區，就是主力開始拉升股價的標誌。在實盤操作中，對於這類股票，我們可以積極買入，耐心持有並等待突破。

**實戰案例2：浙江富潤**

對於特立獨行的強勢股來說，主力參與其中的時間往往較長。當股價經歷上漲到達一個高位平台後，若在平台震盪過程中出現極度縮量形態，表示主力仍舊持股較多。結合強勁的盤整走勢來看，主力的參與能力依舊很強，因此個股有望迎來新一波上攻行情。在實盤操作中，我們可以適當短線參與。

但是，相對於低位盤整區的極度縮量形態來說，此時買入畢竟是追漲行為，且我們的買入成本要遠高於主力，本著資金安全的原則，輕倉參與才是上策。

圖8-3為浙江富潤的走勢圖，此股走勢十分強勁。在中短線已有明顯升幅的背景下，股價仍能夠強勢震盪，股價重心不回落，從盤面形態上來看，沒有主力出貨的跡象。如圖中的標注所示，一小波回檔後，出現極度縮量整理，這表明主力參與能力依舊較強、市場浮額較少，該股出現新一波上攻行情的機率較大。在實盤操作中，在強者恆強的市場格局下，我們可以適當參與以獲取中短線收益。

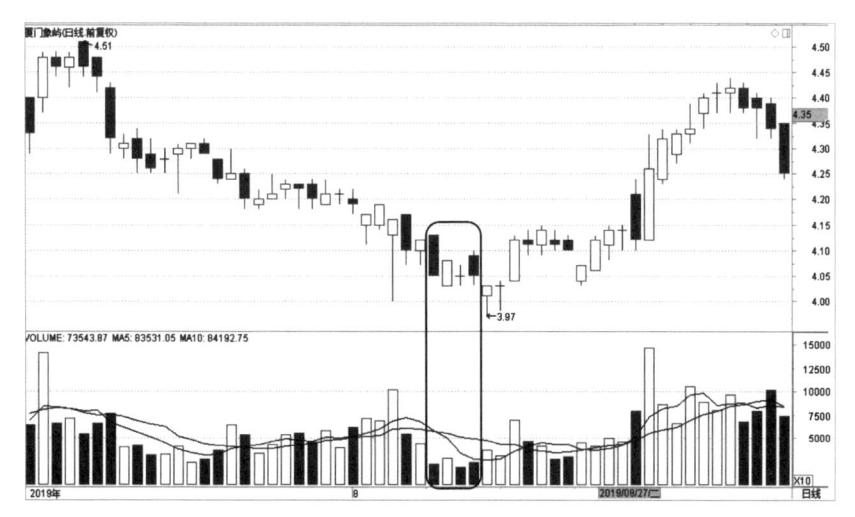

▲圖 8-2　廈門象嶼 2019 年 7 月至 9 月走勢圖

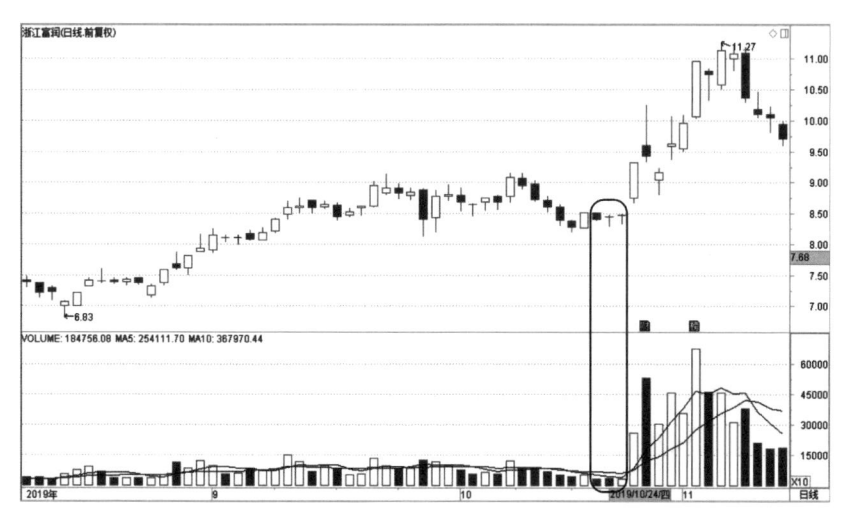

▲圖 8-3　浙江富潤 2019 年 8 月至 11 月走勢圖

## 8.3 獨立股回落啟動點縮量盤整（電子類股）

價格強勢上漲、脫離於大盤震盪格局的個股，其中一定有主力在積極參與。但若股價在中短線獨立上漲之後，恰逢大盤出現了系統性的回檔，且回檔幅度較大，股價往往也會因此而出現大幅度下跌，甚至回落至上漲波段的啟動點附近，而這也給了我們買入的機會。

在實盤操作中，可以借助於回落後的量價關係，來判斷主力是否在之前的高點位進行出貨，及主力在當前低點的參與能力如何、市場賣壓如何等等，來決定是否進行短線交易。

股價在回落至上漲波段的啟動點附近後，一觸即發的反彈上攻走勢較為少見，更多的是持續的橫向震盪。若股價在反覆震盪之後能夠伴有明顯的縮量，則表示隨著震盪的持續，主力的能力得到了提高，股價也有望在主力的積極參與下，再度強勢上攻，恢復之前的獨立運行態勢。

**實戰案例1：激智科技**

圖8-4為激智科技的走勢圖，圖中疊加了同期的創業板指，對比後可見，在大盤橫向滯漲時，該股價格獨立上揚、震盪攀升。隨後受大盤影響，股價再度回落至上漲波段的啟動點附近。此時的大盤走勢不穩，主力也沒有過於激烈的逆市拉升，而是讓股價隨大盤橫向整理。

隨著整理的持續，我們可以看到該股成交量大幅縮減，這是市場賣壓逐步減輕的標誌，也是主力參與能力仍舊較強的訊號。結合該股前期的獨立上攻行情，可以預測其價格隨後仍有望恢復上漲走勢。在實盤操作中，此時我們可以買股入場。

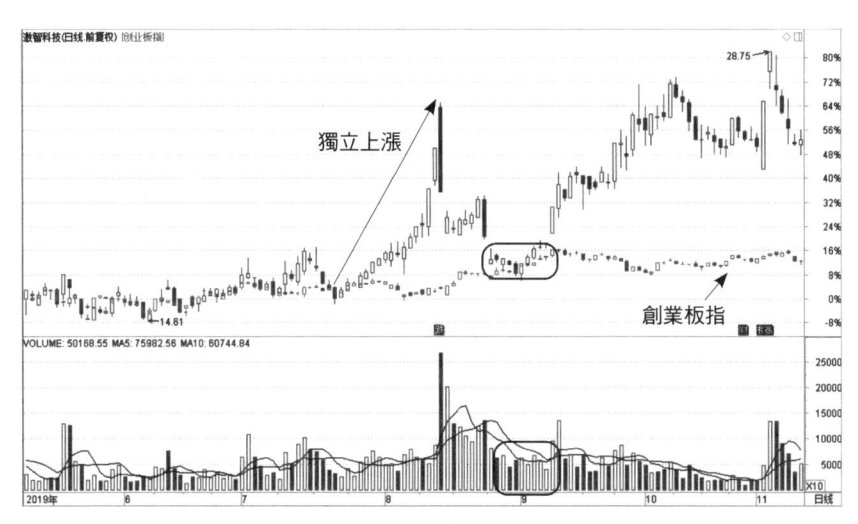

▲圖 8-4　激智科技 2019 年 5 月至 11 月走勢圖

**實戰案例2：平治信息**

圖 8-5 為平治信息的走勢圖，該股因主力參與，前期出現連續快速上攻的價格走勢。股價隨後在高點停留的時間不長，受到大盤影響出現大幅整理，並跌至啟動點附近，主力沒有足夠的時間與空間出貨。

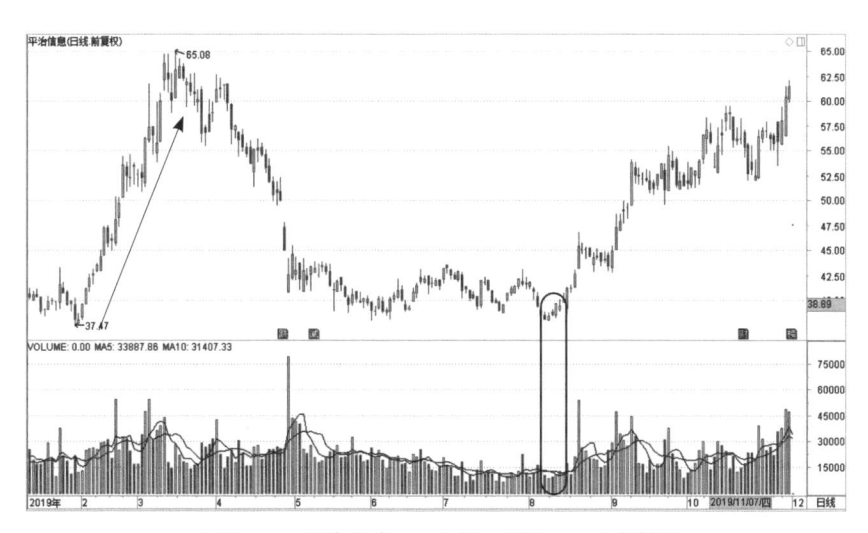

▲圖 8-5　平治信息 2019 年 1 月至 11 月走勢圖

在啟動點附近，該股因前期價格的強勢上漲已完全啟動股性，其在上下震盪期間十分活躍，這是進行波段操作的好時機，隨著震盪的持續，成交量出現較大幅度的萎縮。如圖中標注所示，在這個明顯縮量的整理時期之後，該股也迎來較為強勁的反彈上攻行情。

## 8.4 震盪上行區間整體縮量（醫藥製造類股）

震盪上行區間整體縮量形態，是一種主力參與下的盤面形態，股價以震盪的方式向上運行。這個震盪區間可能出現在創新高的一波上漲中，也可能出現在大幅整理後的反彈波段中。雖然震盪期間的上下震盪幅度較大，但成交量卻比之前的均量明顯縮小。震盪上行時的整體式縮量形態，表示主力持股數量多、參與能力強。若此時的股價累計漲幅不大，後期仍有較為充裕的上行空間。在實盤操作中，我們可以逢股價震盪回檔低點時買入。

**實戰案例：興齊眼藥**

圖 8-6 為興齊眼藥的走勢圖，股價在短線大幅整理後開始震盪上行，震盪期間的量能大幅度縮減。結合該股此前較為獨立的攀升走勢來看，主力仍參與其中，且持股數量多。對於該類有強主力參與的股票，我們應及時逢震盪回檔的短期低點買入，並耐心持有。

第 8 章　一出手賺 3 倍！13 支黑馬股實戰案例

▲圖 8-6　興齊眼藥 2019 年 1 月至 12 月走勢圖

## 8.5 漲停突破點強勢放量整理（電子類股）

　　漲停板，往往是主力強勢拉升股價的訊號，但也有一些漲停板如曇花一現，若我們貿然追漲，將承受較大風險。漲停突破點強勢放量整理形態，是我們用來捕捉黑馬股的一種量價形態，它是指股價先以一個漲停板突破盤整區間，並在漲停板當日伴有明顯放量，這是股價突破時多空分歧加劇的結果。隨後數日，股價未出現回落，而是在漲停當日的收盤價附近強勢整理，整理期間量能保持放大狀態。

漲停突破點是一個關鍵點，它是多空雙方爭奪的重要關口。強勢放量整理往往是主力進一步拉升前的加碼訊號。再結合股價之前處於低位盤整區間的狀態來看，一旦主力加碼完畢，則股價在主力的積極拉升下，出現快速、大幅上漲的機率極大。在實盤操作中，這個強勢放量整理平台，是中短線入場的好時機。

### 實戰案例：深科技

圖 8-7 為深科技的走勢圖，股價於 2020 年 1 月 3 日以漲停板的方式，突破了長期整理平台。如圖 8-8 的分時圖所示，此時，我們還難以判斷主力的後續行為，無法確定其是繼續拉升，還是逢高賣出。

由隨後幾日的強勢整理且量能放大的情況來看，有資金在漲停價附近大力參與。在實盤操作中，這個較為短暫的強勢整理平台就是買入時機。一旦股價隨後以長陽線的方式突破這個平台，則該股成為黑馬股的機率極大，而且股價此時的累計漲幅很小，我們追漲所承擔的風險不大。這種潛在收益高、中短線風險低的商品，是值得我們重點投資的標的。

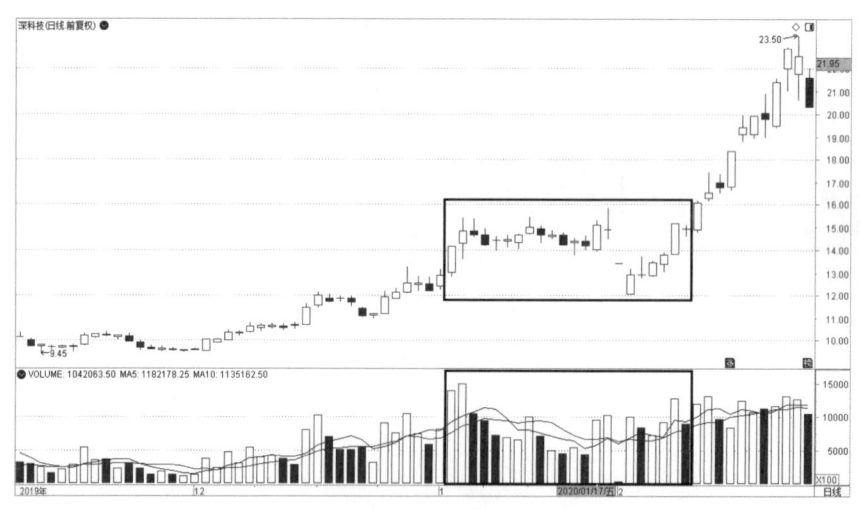

▲圖 8-7　深科技 2019 年 11 月至 2020 年 2 月走勢圖

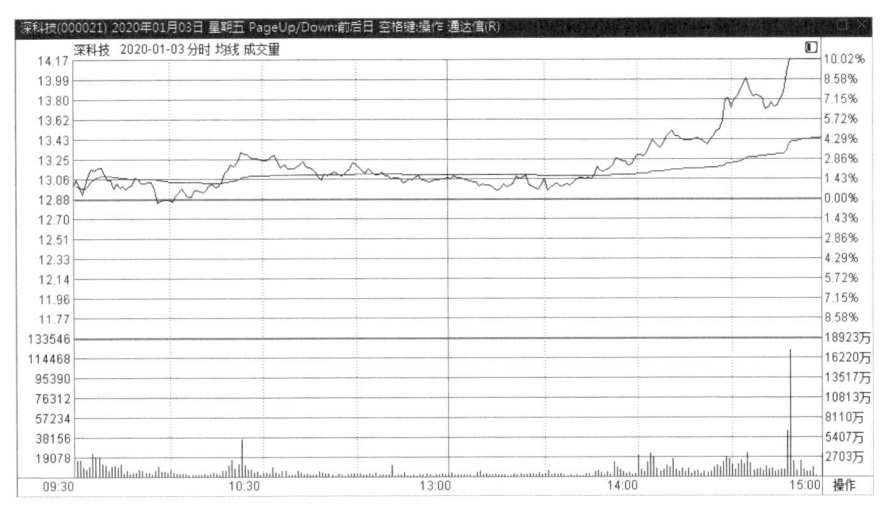

▲圖 8-8　深科技 2020 年 1 月 3 日分時圖

## 8.6 突破點連續加碼式放量（能源類股）

　　突破點連續加碼式放量形態，是中線主力快速建倉、加碼時的一種盤面形態。從日 K 線圖來看，股價先是在低位區長期整理，波動幅度較小，主力進貨較為緩慢，受大盤或行業回暖等因素影響，主力看到了拉升時機，但手中籌碼數量不多。

　　此時股價仍處於低位區，主力採取快速拉升、突破平台區的方法進行短線加碼，連續幾日（一般來說至少 3 日）的長陽線伴以放量，主力可以大量進貨，從而為隨後

235

的進一步拉升打好基礎。

在實盤操作中，我們還應觀察連續放量後的股價走勢，若股價能夠在短線高點強勢整理不回落，則說明主力中短線做多意願較強，不願讓股價再度回落至持有成本區。此時，也應順著主力的思路，短線追漲入場。若出現放量長陰線，則表示主力參與能力仍不強，我們在中短線操作上不宜追漲，應等短線回檔較為充分時，再選擇買入。

**實戰案例：華能水電**

圖 8-9 為華能水電的走勢圖，股價在突破時，連續 3 日放量並伴以中陽線，這是主力加碼買入、進行拉升的訊號。隨後的強勢整理和縮量向我們表明：市場賣壓較輕、主力無出貨行為。結合股價中短線漲幅較小的情況來看，股價在主力的積極參與下，有望進一步震盪走高。在實盤操作中，我們在這個縮量整理平台可以進行買入操作，並且耐心持有，等待股價上漲。

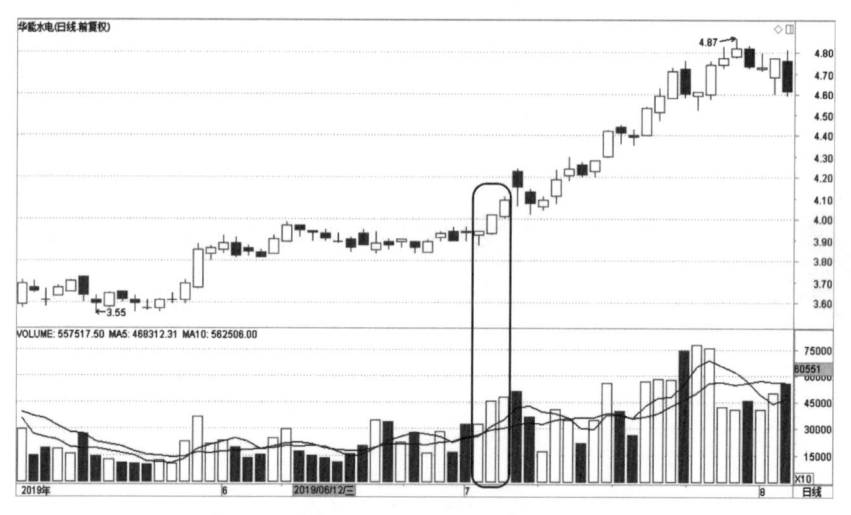

▲圖 8-9　華能水電 2019 年 5 月至 8 月走勢圖

## 8.7 N字形放量漲停（造紙印刷類股）

N字形放量漲停形態，是指個股前後出現了兩個漲停板，中間數日為回檔走勢，兩個漲停板當日均明顯放量，中間數日則相對縮量。這是一種較為獨特的漲停形態，其出現大多與主力積極參與有關。

放量漲停的兩個交易日，是主力快速進貨的表現，中間的縮量回檔，則是整理不穩定獲利浮額的一種方式。綜合大量案例的分析結果來看，這類股票隨後成為黑馬股的機率較大。

在實盤操作中，當N字形放量漲停形成後，我們不必急著追漲入場，因為這樣很有可能短線被套。可以等股價短線小幅回落、追漲風險釋放後，再擇機買入。無論是長線還是短線，這都是投資的好時機。

**實戰案例：銀鴿投資**

圖 8-10 為銀鴿投資的走勢圖，在股價突破低位窄幅整理區時，出現了N字形放量漲停形態，這是主力積極參與該股的明確訊號。如圖 8-10 所示，對於隨後股價短線回落後的投資時機，投資人應多加把握。

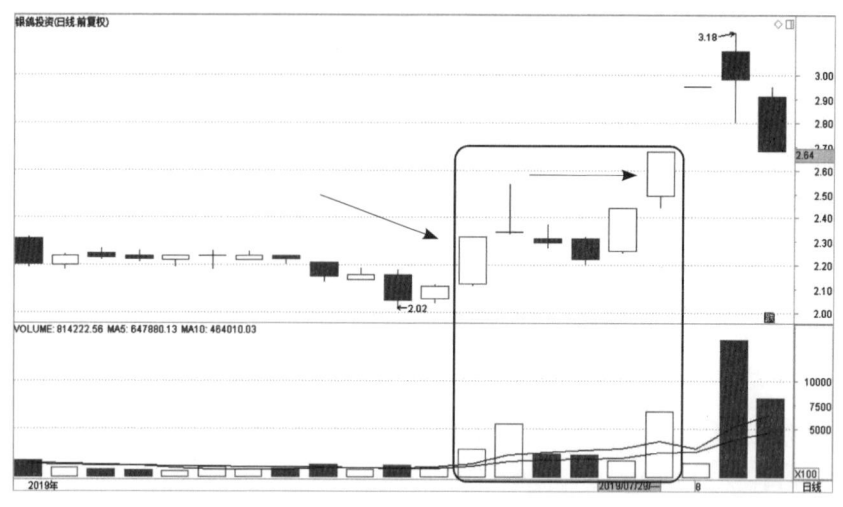

▲圖 8-10　銀鴿投資 2019 年 7 月至 8 月走勢圖

## 8.8 跳空漲停板放量平台（文化傳媒類股）

跳空漲停板放量平台形態，是個股在利多消息的刺激下，主力快速建倉時所採取的一種方式。利多消息促使股價以跳空漲停板的方式，突破了平台區間，從而激發多空分歧。

此時主力手中的籌碼不足，主力沒有選擇繼續拉升，而是讓股價在漲停價附近進行橫向整理。由於全盤獲利，且市場在對利多消息的解讀上存在分歧，主力可以積極

地加碼、進貨。股價在走勢上呈橫向的強勢震盪整理，期間量能放大，一旦主力加碼完畢，就會進行新一輪的拉升操作。

從個股案例來看，在業績驅動型、資產注入型這兩種利多消息的刺激下，最有可能出現此類形態。特別是在利多消息較為突然、主力前期進貨不充分的情形下，一旦個股出現類似的形態，我們不妨在漲停平台區積極投資，等待新的上攻走勢出現。

**實戰案例：長城動漫**

圖 8-11 為長城動漫的走勢圖，受雲端遊戲概念的刺激，市場的熱情被引燃，當日的跳空漲停板突破了前期震盪平台。

但一個漲停板顯然不能釋放如此明顯的利多消息，股價走勢反映的是未來，主力深悉這一要旨，並在漲停板平台處進行了大力度的加碼，股價走勢呈強勢震盪不回落狀。它也為該股隨後成為黑馬股埋下了伏筆，若我們瞭解市場主力常用的這種加碼手法、拉升方式，就可以在這個漲停板平台區與主力同時操作，隨後耐心持有，享受主力的拉升成果。

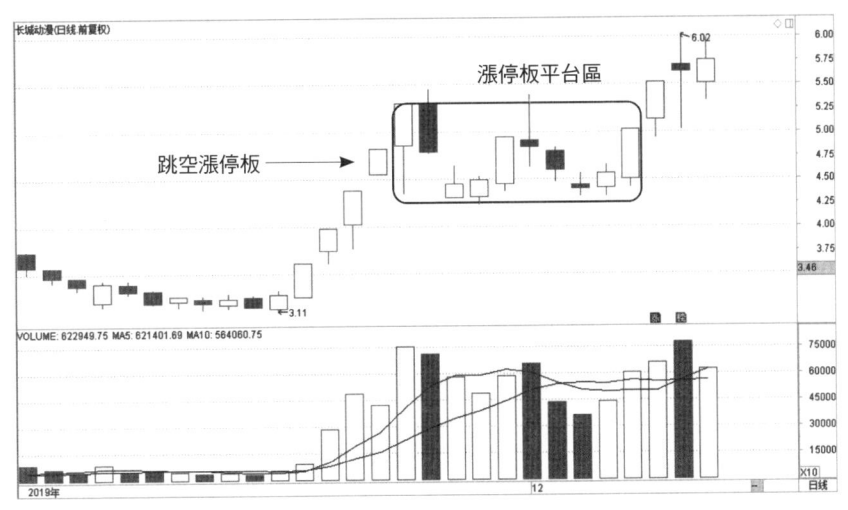

▲圖 8-11　長城動漫 2019 年 11 月至 12 月走勢圖

## 8.9 不放量收復前期跌停區（汽車類股）

　　個股雖然發佈利多消息（往往是資產注入、股權轉讓等較為重大的利多消息），但是因停牌時間長、停牌期間股市下跌空間大，往往會在復牌時被市場忽略其利多消息，從而出現跌停板補跌價格走勢。

　　這種走勢往往也會使得主力資金備受煎熬。隨著股市回暖，利多消息逐漸釋放，如果主力資金沒有在低位斬倉離場，則股價收復失地、進而再創新高的機率還是較大的。

　　在實盤中，如果股價能夠以不放量的方式，自跌停後的低點開始震盪上揚、收復失地，則說明主力持股數量較多，沒有在低位區出貨。隨後這類股票在市場回暖的背景下，有望在主力的參與下價格大幅上漲，並且獲得釋放利多消息所帶來的上漲效應。

### 實戰案例：*ST安凱

　　圖 8-12 為 *ST 安凱的走勢圖，該股出現連續跌停板的價格走勢，但從整個日 K 線圖來看，股價此前穩健震盪上揚、走勢獨立，主力參與跡象明顯。因此，在連續跌停補跌之後，我們應密切關注主力的市場行為。

　　如圖 8-12 中的標注所示，股價在震盪回升、收復跌停板失地時，伴有明顯的縮量，這表示主力仍積極參與且持股數量較多。在實盤操作中，我們可以跟隨主力適當參與。但是，對於這類業績不明確、受消息面影響較大的股票，我們應控制好持有比例，以保護資金的安全。

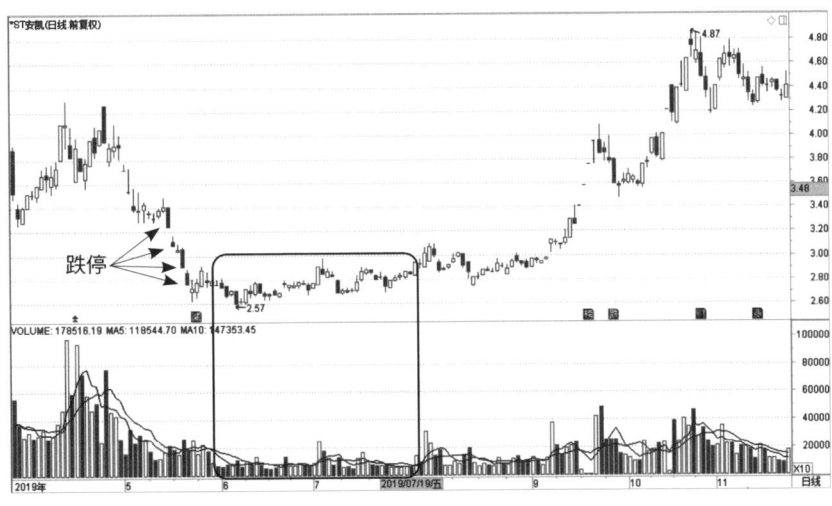

▲圖 8-12 *ST 安凱 2019 年 4 月至 11 月走勢圖

## 8.10 啟動前的逆市放量震盪平台（紡織服裝類股）

　　啟動前的逆市放量震盪平台形態，是指股價在突破啟動過程中，受到大盤系統性下跌的影響。在突破位置點，上下寬幅震盪、伴有量能放出，震盪期間伴有漲停板出現。

　　這種盤面形態是個股獨立性較強的標誌，強勢的放量震盪平台區是主力在其中積極拉升、但遇到市場賣壓的標誌，主力也因大盤的回落而使得自己持股數量增多、持

241

有成本升高。在這種形態中,震盪平台區的放量一定要很充分,量能要遠大於前期均量,只有這種量能效果,才能顯示出主力的強力加碼行為。如此一來,一旦大盤止穩,主力為了資金安全,多會強勢拉升,從而使得股價快速脫離其成本區域。而這個放量震盪平台區也就是我們買入的好時機。

**實戰案例:*ST中絨**

圖 8-13 為 *ST 中絨的走勢圖,圖中疊加了同期的深證成指。如圖中的標注所示,在股價以漲停板的方式突破平台區時,因大盤回落,股價加速突破未成功,期間成交量大幅放出,股價上下震盪,這是主力強力加碼行為的表現。隨後大盤止穩時,主力多會選擇繼續拉升。在實盤操作中,此震盪平台區就是我們逢回檔低點買入的好時機。

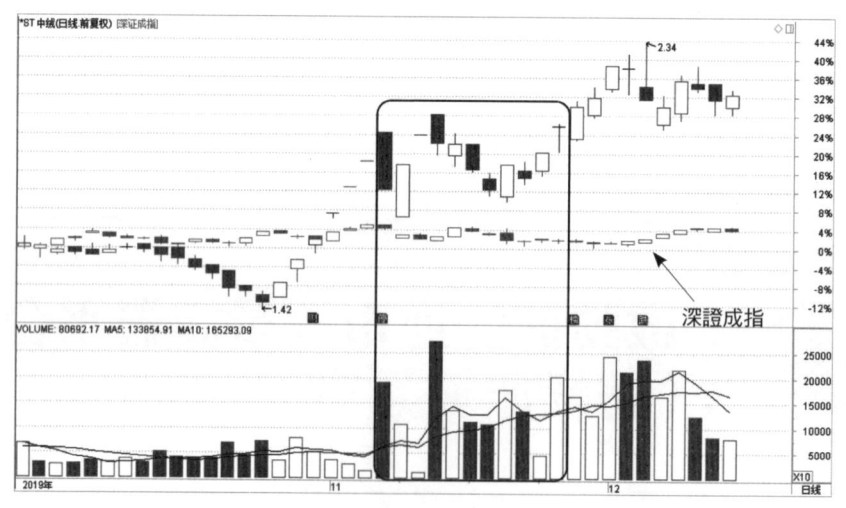

▲圖 8-13　*ST 中絨 2019 年 10 月至 12 月走勢圖

## 8.11 漲停震盪平台溫和放量區（航空類股）

在大幅下跌後的低點或當股價突破低點平台時，先是出現了一個漲停板，隨後股價以這個漲停板價位作為支撐，持續橫向震盪。在震盪過程中，股價上下波動較為明顯，成交量溫和放大，整個震盪區的持續時間較長。

這種量價形態可以被視作主力資金緩慢進貨的市場行為。一個漲停板引發了市場分歧，在隨後的震盪走勢中，股價重心緩緩上移，表示買盤資金入場積極，一旦主力完成進貨，股價就會加速脫離這個震盪區，打開上升空間。

**實戰案例：海特高新**

圖 8-14 為海特高新的走勢圖，股價在中短線大幅下跌之後，開始止穩。先是以一個漲停板進行拉升，引發多空分歧，隨後的溫和式放量震盪走勢，則是主力入場進貨的表現。在實盤操作中，在識別出這種盤面形態後，我們可以在股價震盪回落的時候買入，既可以避免短線被套，又可以耐心等主力拉升、股價突破上行。

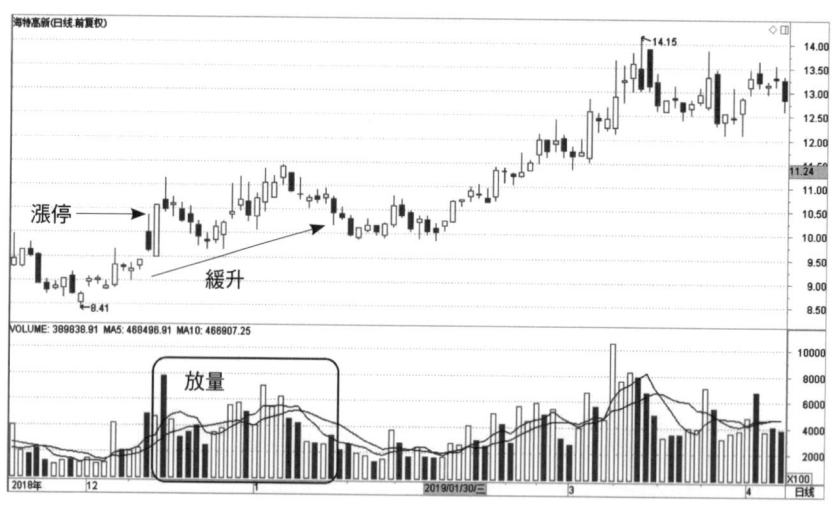

▲圖 8-14　海特高新 2018 年 11 月至 2019 年 4 月走勢圖

## 8.12 弱勢漲停板小量突破低位震盪區（醫藥製造類股）

　　弱勢型的漲停板是指，股價在漲停板附近反覆震盪並沒有牢牢鎖住。在這個盤中高點、接近漲停板的位置點，多空換手頻繁，至尾盤階段，股價才以漲停板收盤。

　　當股價以弱勢型的漲停板向上突破低位震盪區時，由於獲利浮額較多，且股價長時間不鎖住漲停板，因此勢必會加強投資人的拋售意願，從而出現較大幅度的放量。

　　但若股價以這種漲停方式突破時，量能僅是小幅度放出，略高於前期的均量水

準，則表示已有主力參與其中，市場浮額不多、獲利賣壓輕。結合股價剛剛突破低位震盪區、上升空間已完全打開的情形來看，個股有望成為中短線翻倍黑馬股，在實盤操作中，我們應在第一時間追漲買入。

### 實戰案例：達安基因

圖 8-15 為達安基因的走勢圖，股價的中線跌幅較大，短期內處於低位震盪區間。股價於 2019 年 8 月 19 日以漲停板突破低位震盪區，這是一個溫和放量型的弱勢漲停板，如圖 8-16 所示。

綜合股價走勢來看，主力此時已有一定的參與能力，股價突破時沒有引發較大賣壓，短線上攻才剛剛展開，股價馬上出現回檔的機率不大。在實盤操作中，我們應順應股價的這種突破走勢，在第一時間追漲買入。

▲圖 8-15　達安基因 2019 年 7 月至 10 月走勢圖

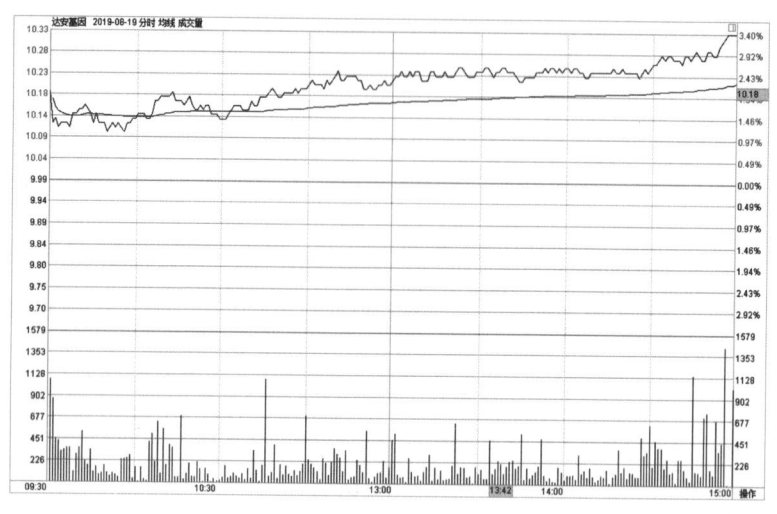

▲圖 8-16　達安基因 2019 年 8 月 19 日分時圖

## 8.13 平量式突破震盪區（機械類股）

　　平量式突破震盪區形態，是指股價在低位區出現了持續一段時間的橫向震盪走勢，隨後股價開始向上突破，在突破過程中，成交量未見明顯放大，與之前震盪時的均量水準相當，這就是所謂的「平量」。

　　平量式突破可以被看作是主力持股數量較多、參與能力較強的標誌。由於股價剛剛突破低位震盪區，在強勢主力的積極參與下，股價隨後的上升空間值得期待，個股

有成為**翻**倍黑馬股的潛質。在實盤操作中，我們可以在股價平量突破後的第一時間追漲買入；也可以再觀察一段時間，等股價短線出現回檔時，再擇機買入。

### 實戰案例：威海廣泰

圖 8-17 為威海廣泰的走勢圖，股價在突破低位震盪區時，呈「平量」狀態，這是主力持股數量多的標誌。若出現了一波上揚持續時間較長但漲速緩慢，在短線高點有連續長陰線回檔的走勢，則此時的短線回檔點就是我們買入的好時機。

▲圖 8-17　威海廣泰 2019 年 4 月至 8 月走勢圖

國家圖書館出版品預行編目（CIP）資料

用一本書詳解量價操作法，讓我股票賺3倍：200張 K 線圖看透主力和法人，在低價買進的軌跡！/楊金著. -- 第二版. -- 新北市：大樂文化有限公司，2025.08
256面；17×23公分. -- （優渥叢書；Money091）

ISBN 978-626-7745-07-6（平裝）

1. 股票投資　2. 投資技術　3. 投資分析

563.53　　　　　　　　　　　　　　　　　114008855

MONEY 091

## 用一本書詳解量價操作法，讓我股票賺3倍

### 200張K線圖看透主力和法人，在低價買進的軌跡！

（原書名：用3小時學會量價操作法 讓我股票賺3倍）

作　　者／楊　金
封面設計／蕭壽佳、蔡育涵
內頁排版／江慧雯、楊思思
責任編輯／林育如
主　　編／皮海屏
發行專員／張紜蓁
財務經理／陳碧蘭
發行經理／高世權
總編輯、總經理／蔡連壽

出　版　者／大樂文化有限公司
　　　　　　地址：220新北市板橋區文化路一段268號18樓之一
　　　　　　電話：（02）2258-3656
　　　　　　傳真：（02）2258-3660
　　　　　　詢問購書相關資訊請洽：2258-3656
　　　　　　郵政劃撥帳號／50211045　戶名／大樂文化有限公司

香港發行／豐達出版發行有限公司
　　　　　地址：香港柴灣永泰道 70 號柴灣工業城 2 期 1805 室
　　　　　電話：852-2172 6513　傳真：852-2172 4355

法律顧問／第一國際法律事務所余淑杏律師
印　　刷／韋懋實業有限公司

出版日期／2021 年 10 月 28 日　第一版
　　　　　2025 年 08 月 21 日　第二版
定　　價／350 元　（缺頁或損毀的書，請寄回更換）
Ｉ Ｓ Ｂ Ｎ／978-626-7745-07-6

版權所有，侵害必究　All rights reserved.
本著作物，由人民郵電出版社獨家授權出版，發行中文繁體字版。
原著簡體字版書名為《從零開始學量價分析》。
非經書面同意，不得以任何形式，任意複製轉載。
繁體中文權利由大樂文化有限公司取得，翻版必究。

優渥叢書

優渥叢書

優渥叢書

優渥叢書